Trinität und Kirche

Peter Miščík

Trinität und Kirche

Die Entwicklung trinitarischer Kirchenbegründung
in den Dokumenten der Kommission
für Glauben und Kirchenverfassung des ÖRK

Verlag Otto Lembeck
Frankfurt am Main

Die Deutsche Bibliothek – CIP-Einheitsaufnahme

Miščík, Peter:
Trinität und Kirche : die Entwicklung trinitarischer Kirchenbegründung in den Dokumenten der Kommission für Glauben und Kirchenverfassung des ÖRK / Peter Miščík. – Frankfurt am Main : Lembeck, 1999
Zugl.: Frankfurt (Main), Philos.-Theol. Hochsch. St. Georgen, Diss.; 1997
ISBN 3-87476-344-7

Gesamtherstellung: Druckerei und Verlag Otto Lembeck
Frankfurt am Main und Butzbach
ISBN 3-87476-344-7

INHALTSVERZEICHNIS

Vorwort und Dank

Die vorliegende Arbeit wurde im Januar 1997 von der Phil.-Theol. Hochschule St. Georgen in Frankfurt am Main als Dissertation zur Erlangung des Doktorgrades angenommen.
Prof. Dr. Werner Löser SJ hat als Moderator meine Arbeit betreut, ihm gilt mein besonderer Dank. Danken möchte ich auch Herrn Prof. Dr. Medard Kehl SJ, der freundlicherweise bereit war, das Zweitgutachten zu erstellen, und dem Verlag Lembeck, besonders Herrn Dr. Neumann, für die Veröffentlichung der Arbeit.

Ich fühle mich denen verbunden, die mir in irgendeiner Weise die Verwirklichung meiner Dissertation ermöglichten und erleichterten. An erster Stelle möchte ich Männern und Frauen aus der Fokolar-Bewegung für das geistliche und das materielle „Zuhause" in Deutschland und für viele Inspirationen danken. Meinem Freund Dr. Paul Hirtz bin ich in besonderer Weise verpflichtet. Mit Wort und Tat war er für mich die entscheidende Hilfe, ohne die meine Arbeit nicht zustandegekommen wäre. Dieter Rottenwöhrer und Franz Knittel danke ich für ihre unermüdliche Unterstützung. Meinen Mitbrüdern aus dem Priesterfokolar danke ich für viele wunderbare, im gemeinsamen geistlichen Leben verbrachte Stunden. Renata Simon, Heinz Barion, Frauen aus dem Fokolar-Frankfurt, Barbara und Wolfgang Cremer, Schwester Dr. Margareta Gruber, Martin Bräuer, Bernd Klotz, Emilie Schmidt, Rita und Alfons Leonard und vielen anderen bin ich dankbar für ihre Freundschaft.

Ich danke meinem Diözesanbischof Kardinal Ján Chrysostom Korec für seine Geduld und für seine ständige Ermutigung. Ebenso danke ich auch dem Weihbischof František Rábek. Bischof Franz Kamphaus möchte ich danken für seine Gesprächsbereitschaft und für seine großzügige Unterstützung. Für das Stipendium möchte ich dem Bischöflichen Ordinariat Augsburg und dem Bischöflichen Ordinariat Limburg danken. Der Arbeitsgemeinschaft Christlicher Kirchen in Deutschland e.V. danke ich für den Druckkostenzuschuß, Herrn Dr. Dr. habil J. Georg Schütz aus der Ökumenischen Centrale in Frankfurt danke ich für sein Interesse und Hilfe.
Der Gemeinschaft der Claretiner, besonders P. Alfons Schmidt bin ich dankbar für die Unterbringung im Claretinerseminar.
Prof. Dr. Günter Gassmann dem ehemaligen Vorsitzenden der Kommission für Glauben und Kirchenverfassung sei Dank für seine Unterstützung und Ermutigung, ebenso Frau Luzia Wehrle aus dem Ökumenischen Rat

der Kirchen in Genf für das Kopieren und Verschicken zahlreicher Dokumente der Kommission.

Mein Dank gilt auch Barbara Schoppelreich die das ganze Manuskript sorgfältig, schnell und engagiert korrekturgelesen hat. Ich danke Petra Breuer und Michael Parker: nach wie vor schätze ich sehr ihre tiefe Freundschaft. Dem ökumenischen Arbeitskreis „Dialog und Praxis“ danke ich für viele schöne Stunden im ökumenischen Streit und Frieden.

Last not least danke ich ganz besonders meinem Vater František Miščík und meiner – inzwischen verstorbenen – Mutter Anna Miščíková, ihnen möchte ich meine Arbeit widmen.

Nitra, Slowakei im Dezember 1998

Peter Miščík

1. Einleitung

Die trinitätstheologische Verankerung der Ekklesiologie des II. Vatikanischen Konzils und die theologischen Versuche ihrer Vertiefung in nachkonziliarer Zeit gehören zu den interessantesten und bedeutsamsten Perspektiven einer Erneuerung von Kirche und Theologie im 20. Jahrhundert. Gleichzeitig ist das trinitarische Konzept von Kirche, wie es im letzten Konzil entworfen wurde, heute nicht mehr anders als ökumenisch denkbar. Die ökumenische Dimension gehört daher zu den prägenden Merkmalen einer authentischen nachkonziliaren Ekklesiologie. Aus dieser Überzeugung heraus habe ich mich in der vorliegenden Untersuchung unter ökumenischem Gesichtspunkt mit dem Thema „Trinität und Kirche" beschäftigt.

Sowohl das trinitarische Kirchenverständnis wie die ökumenische Dimension der Ekklesiologie stellten mich persönlich vor eine große Herausforderung: im Laufe der Arbeit wurde mir schmerzlich klar, welch gewaltigen Rückstand ich als slowakischer Theologe aufzuholen hatte.[1] Die fünfzigjährige kommunistische Herrschaft, die ich selbst noch jahrzehntelang miterlebte, hatte mit ihrer ideologischen Abschottung von der sogenannten „freien Welt" nicht nur die Theologie in den Ländern des Ostblocks isoliert, sondern auch das ökumenische Engagement beargwöhnt und be-

[1] Mein Landsmann MIKLUŠCÁK, der als erster slowakischer Theologe nach der politischen Wende 1989 an der Theologischen Fakultät der Universität Freiburg promovieren konnte, schildert aus seiner persönlichen Erfahrung die damalige Situation in der Slowakei. Er erzählt, wie ihm noch vor der Wende das kleine Konzilskompendium von RAHNER / VORGRIMMLER an der Grenze mit der Begründung, dieses Buch beeinträchtige die Interessen des Staates, beschlagnahmt wurde. In der einheimischen offiziellen Ausgabe der Konzilsdokumente, die mit der „Genehmigung" der kommunistischen Regierung gedruckt worden war, fehlten nämlich einige Textteile. „Die vollständigen Dokumente des II. Vatikanums erschienen lediglich im Ausland und wurden in die Tschecho-Slowakei regelrecht geschmuggelt. Erst 1993 sind die vollständigen Dokumente des Vaticanum II in der Slowakei erschienen." In: MIKLUŠCÁK, Pavel; *Einheit in Freiheit,* Subsidiarität in der Kirche als Anliegen des Zweiten Vatikanischen Konzils, in der Reihe: Studien zur Theologie und Praxis 19, Seelsorge/Echter Verlag, Würzburg 1995, S. 4.

kämpft. Die angestrebte Verbindung der christlichen Kirchen miteinander galt den Regimen als eine Bedrohung ihres totalitären Herrschaftsanspruchs. Bei der ersten Lektüre der ökumenischen Dokumente begegneten mir daher zunächst schwer verständliche Zusammenhänge und Begriffswelten. Mir war und ist jedoch auch bewußt, daß gerade die Auseinandersetzung mit einer ökumenisch-trinitarischen Ekklesiologie der Theologie in Mittel- und Osteuropa wichtige Impulse sowohl für die kirchliche wie kulturelle Integration in dem einen europäischen Haus geben kann.

Zwei Veröffentlichungen haben mich bei der Erstellung dieser Untersuchung besonders motiviert und geprägt. Zum einen bestätigte das Apostolische Schreiben Johannes Pauls II. „Tertio millennio adveniente" die ökumenische und trinitarische Ausrichtung meiner Arbeit.[2] Zum anderen regten mich die thematischen Konkretisierungen eines Buches sehr an, das der Generalsekretär des Ökumenischen Rates der Kirche, Konrad Raiser, herausgegeben hat.[3] Raiser sieht die ökumenische Zukunft in einem neuen Paradigma, dessen zentralstes Element das trinitarische Kirchenverständnis ist. Er zeigt erste Elemente dieses Paradigmas in verschiedenen ökumenischen Dokumenten auf. Ausdrücklich formuliert er seine Überlegungen als Hypothese, die durch weitere Studien bestätigt oder korrigiert werden sollte.[4] Meine Arbeit sehe ich als einen Beitrag zu der von Raiser angekündigten trinitarischen Wende.

---

[2] JOHANNES PAUL II.; *Tertio millenio adveniente,* Verlautbarungen des Apostolischen Stuhls, Sekretariat der deutschen Bischofskonferenz, Bonn 1994.

[3] RAISER, Konrad; *Ökumene im Übergang*, Paradigmenwechsel in der ökumenischen Bewegung, Kaiser Taschenbücher, Chr. Kaiser Verlag, München 1989.

[4] Vgl. dazu die interessante Dissertation von Tobias BRANDNER: *Einheit-gegeben, verloren, erstrebt,* Denkbewegungen von Glauben und Kirchenverfassung Vandenhoeck & Ruprecht Göttingen, 1996. Eine kritische Betrachtung der trinitarischen Wende von Raiser findet sich im Artikel von Joseph RATZINGER; *Zur Lage der Ökumene*, S. 231-244. hier S: 235ff. In: *Perspectives actuelles sur l´oecumenisme.* Sous la direction de JEAN – LOUIS LEUBA, Artel, 1995. Vgl. auch WAGNER, H.; *Ekklesiologische Optionen evangelischer Theologie als mögliche Leitbilder der Ökumene,* S. 124-141. In: *Catholica*, 1993.

Mit dem Titel „Trinität und Kirche“ ist die Problemstellung der Untersuchung bereits umrissen. Daß die Kirche theologisch nicht anders als trinitarisch zu verstehen und zu interpretieren ist, kann als Allgemeingut der gesamten christlichen Tradition angesehen werden. Das trinitarische Kirchenverständnis wird von keiner Kirche oder Konfession grundsätzlich bestritten. Es scheint in diesem Punkt ein allgemeiner Konsens zu herrschen. Dennoch ist nach Auffassung namhafter Ökumeniker und Ökumenikerinnen nach fast einem Jahrhundert ökumenischer Dialoge die Suche nach einer kohärenten trinitarischen Ekklesiologie noch nicht an ihr Ziel gelangt. Ein Grund dafür ist unter anderem in der Tatsache zu sehen, daß die einzelnen konfessionellen Partner ihr konfessionsspezifisches Kirchenverständnis einbringen und gerade in diesem Punkt Unterschiede und sogar Gegensätze aufeinanderprallen. Die Frage nach einer ökumenischen trinitarischen Ekklesiologie steht somit weiter im Raum. Es ist zu vermuten, daß sich in ihr eine Lösung für die unbewältigte Trennung zwischen den Kirchenkonzepten verbirgt. Es geht also darum, durch eine Vertiefung des trinitarischen Gottes- und Kirchenverständnisses eine kohärente und komplementäre Ekklesiologie zu entwerfen, die offen und weit genug ist, alle konfessionellen Kirchenverständnisse aufzunehmen und zu integrieren, ohne sich jedoch mit einzelnen zu identifizieren. In diesem Sinne wird in der folgenden Untersuchung das Thema Trinität und Kirche angegangen.

Untersucht werden soll die Entwicklung des Gottes- und Kirchenverständnisses in den Dokumenten der Kommission für Glauben und Kirchenverfassung von 1927 bis 1993. Die Relektüre dieser Texte betreibe ich mit dem gerade beschriebenen erkenntnisleitenden Interesse. Der Duktus der Untersuchung ist vorrangig systematisch, beinhaltet jedoch auch themenbedingte historische Aspekte.

Die inhaltliche Perspektive und das Formalobjekt der Untersuchung lassen sich in einer Frage zusammenfassen: Wie muß die Kirche verstanden werden, wenn sie eine trinitarische Kirche ist; wie ist der dreifaltige Gott zu verstehen, wenn er den Grund der Kirche darstellt?

Die zu untersuchenden Texte sind begrenzt auf die Dokumente der Kommission für Glauben und Kirchenverfassung des Ökumenischen Rates der Kirchen. Das primäre Materialobjekt der Untersuchung bilden ausschließlich offiziell veröffentlichte Dokumente der Kommission, die einen explizit ekklesiologischen Behandlungsgegenstand aufweisen. Von den übrigen Dokumenten wurden diejenigen herangezogen, die sich zwar nicht vorrangig mit einer Thematik aus dem Bereich der Ekklesiologie beschäftigen, jedoch wichtige ekklesiologische Optionen enthalten. Weiterhin wird an entsprechenden Stellen auch auf relevante ekklesiologische Dokumente des Ökumenischen Rates der Kirchen, die häufig von der Kommission erstellt wurden, im Rahmen von Exkursen Bezug genommen. Nicht berücksichtigt werden mußten aufgrund der trinitarisch-ekklesiologischen Fokussierung einige andere wichtige Dokumente der Kommission wie z.B. »Die Gnade unseres Herrn Jesus Christus« (Edinburgh 1937) oder »Schrift, Tradition und Traditionen« (Montreal 1963).

In der Untersuchung folge ich einer heuristischen Methode, insofern die Arbeit eine Befunderhebung des trinitarischen Gottes- und Kirchenverständnisses in den ekklesiologischen Texten der Kommission für Glauben und Kirchenverfassung leistet. Die Gliederung der Arbeit folgt einem chronologischen Prinzip: die Weltkonferenzen und Sitzungen der Kommission werden als eine mehr oder weniger abgeschlossene Einheit betrachtet und den einzelnen Kapiteln zugeordnet. In der Zeit nach der Montrealer Weltkonferenz 1963 bis zu jener in Santiago de Compostela 1993 ging die Kommission vom Stil der Weltkonferenzen zu einem dreijährigen Sitzungsmodus über. Die Dokumente wurden bei diesen Sitzungen verabschiedet und darum richtet sich die Gliederung der Arbeit in dieser Phase chronologisch nach diesem Modus.
Die wichtigen Dokumente der Kommission wurden in unterschiedlichen Phasen der Geschichte verfaßt und spiegeln darum auch den jeweiligen Zeitgeist wider. In der Einführung zu den einzelnen Kapiteln versuche ich die jeweilige geschichtliche Situation zu charakterisieren, in der die Dokumente verfaßt wurden, um die Korrelation zwischen der Situation und den theologischen Ausdrucksmitteln zu verdeutlichen.

Die verwirrende Vielfalt der ökumenischen Texte wird bisweilen spöttisch „Papierökumene“ genannt. Die Texte variieren bezüglich der Thematik, der Methodik, der theologischen Sprache und Ansätze sehr stark. Die Befunderhebung der Arbeit unter der oben genannten Perspektive verwendet daher einen hermeneutischen Schlüssel, der es ermöglicht, trotz der Vielfalt der Texte und Inhalte die Überschaubarkeit zu wahren. Er besteht aus drei Aspekten:

1) aus der Wahrnehmung der Trennung oder des tiefsten Unterschiedes, insofern die Texte von dieser Ausgangsposition aus konzipiert wurden;
2) aus der Frage nach einem trinitarischen Gottesverständnis, insofern es die theologische Grundlage für die Überwindung der Trennung darstellt;
3) aus der Frage nach einem trinitarischen Kirchenverständnis, insofern dieses das gesuchte Konzept der einen Kirche Christi ist.

In der Arbeit wird zunächst nach dem tiefsten Unterschied gefragt. Dieser Begriff bezeichnet in der ökumenischen Literatur ursprünglich den tiefsten Unterschied zwischen einem katholischen und einem evangelischen Kirchenverständnis. Manchmal wird dieser Unterschied auch „Grunddifferenz" genannt, obwohl gestritten wird, worin er genau besteht, und sogar seine Existenz von manchen bezweifelt wird. In der Arbeit bezeichne ich mit dem Begriff des tiefsten Unterschiedes in einem weiteren Sinne die Situation der Trennung zwischen den Kirchen überhaupt. Insofern die Texte der Dokumente in der Situation der Trennung verfaßt wurden, wird im ersten Schritt der Befunderhebung danach fragt, worin der jeweilige Text die Trennung sieht und wie er ihn zum Ausdruck bringt.
Auch die Begriffe „katholisch" und „evangelisch" sind in einem weiten Sinne zu verstehen. Die einzelnen Konfessionen und Kirchengemeinschaften stehen in einer ausgeprägten Tradition, die in etwa unter die Begriffe „katholisch" bzw. „evangelisch" subsumiert werden kann. Jede dieser Traditionen enthält bestimmte konfessionsspezifische Merkmale, die im Dokument der ersten Vollversammlung des Ökumenischen Rates der Kirchen in Amsterdam 1948 benannt wurden und in dieser Arbeit im Kapitel »Lund 1952« aufgegriffen werden. Die einzelnen Kirchen vertreten im multilateralen Dialog, wie er in den Dokumenten der Kommission belegt ist, ihre eigene konfessionelle Tradition. Zur „katholischen" Tradition wird die Theologie der orthodoxen, anglikanischen und römisch-katholischen Kirche gezählt, zur „evangelischen" die Theologie der Kirchen der Reformation, besonders die lutherische und die reformierte. In jeder der beiden Traditionen findet man jedoch Vertreter, die auch Positionen der jeweils „anderen" Tradition teilen. Darum dürfen die einzelnen

Kirchenfamilien oder Konfessionen nicht mit der jeweiligen Tradition identifiziert werden.
Bei der Befunderhebung wird angenommen, daß zum trinitarischen Gottesverständnis ein christologischer, pneumatologischer und theozentrischer Aspekt gehören, weil sich in ihnen die personale Vielfalt der Dreifaltigkeit ausdrückt. Wenn in dieser Arbeit diese Aspekte an einigen Stellen auch einzeln behandelt werden, so sind sie implizit immer als komplementäre Teilaspekte eines umfassenden trinitarischen Gottesverständnisses gemeint.
Die Texte der Kommission stellen eine literarische Gattung dar, die als „Konsenstexte" bezeichnet werden könnten. In den theologischen Darstellungen und in der Argumentation wird auf die Fähigkeit der Texte geachtet, mehrere theologische Positionen durch eine einheitsstiftende Ausdrucksweise miteinander in Verbindung zu bringen. Außerdem stellen die Dokumente offizielle Texte dar, die in einem komprimierten Stil geschrieben wurden. Durch den Abstand zum Zeitpunkt ihrer Ent stehung ist es nicht immer unproblematisch, ihren präzisen theologischen Charakter richtig zu beurteilen. Weil also eine Relektüre der Texte leicht Gefahr läuft, sie überzuinterpretieren, wird bei der theologischen Auslegung darauf Wert gelegt, sehr nah am Text zu bleiben.

Das Ergebnis der Untersuchung wird als Auswertung am Ende der einzelnen Kapitel in vier Schritten zusammengefaßt:

1) Der theologische Befund wird zunächst geschichtlich eingeordnet und in den Kontext mit den vorhergehenden Phasen gestellt. Dabei spielt vor allem die Frage nach der Kontinuität oder Diskontinuität im Prozeß der theologischen Einheitssuche unter der Perspektive des Gottes- und Kirchenverständnisses eine Rolle.
2) Der zweite Schritt faßt die Entfaltung des trinitarischen Gottesverständnisses und seiner Aspekte – des christologischen, pneumatologischen und theozentrischen – zusammen.
3) Der dritte Schritt reflektiert auf das trinitarische Kirchenverständnis.
4) Im letzten Schritt wird abgewogen, welche Stärken und Schwächen sich bei der theologischen Entfaltung des Gottes- und Kirchenverständnisses in den jeweiligen Dokumenten zeigen und wie einheitsfähig das Ergebnis des multilateralen Dialogs in der jeweiligen Phase ist.

Meine Arbeit habe ich aus der Perspektive eines römisch-katholischen Christen und Theologen geschrieben. Mir ist meine konfessionelle Herkunft und die Treue zu ihr ein wichtiges Anliegen. In Übereinstimmung mit der ökumenischen Selbstverpflichtung meiner Kirche möchte ich die Elemente der wahren Kirchlichkeit in anderen Kirchengemeinschaften anerkennen, würdigen und sie in der Perspektive einer umfassenderen Einheit[5] sehen. Die Kirche Gottes verstehe ich nämlich als Gemeinschaft von Teilkirchen, die „ihrer Natur nach universal"[6] ist.

---

5 „Hinzu kommt, daß einige, ja sogar viele und bedeutende Elemente oder Güter, aus denen insgesamt die Kirche erbaut wird und ihr Leben gewinnt, auch außerhalb der sichtbaren Grenzen der katholischen Kirche existieren können: das geschriebene Wort Gottes, das Leben der Gnade, Glaube, Hoffnung und Liebe und andere innere Gaben des Heiligen Geistes und sichtbare Elemente: all dieses, das von Christus ausgeht und zu ihm hinführt, gehört rechtens zu der einzigen Kirche Christi." Dekret über den Ökumenismus *Unitatis Redintegratio,* Nr. 3. Vgl. auch Dogmatische Konstitution über die Kirche *Lumen Gentium,* Nr. 8. In: LEXIKON FÜR THEOLOGIE UND KIRCHE; *Das Zweite Vatikanische Konzil,* Konstitutionen, Dekrete und Erläuterungen, lateinisch und deutsch, Kommentare, Teil II, zweite, völlig neu bearbeitete Auflage, Herder Freiburg Basel Wien, 1967, S. 55, bzw. Teil I, S. 173. „Sicherlich wissen Katholiken, daß sie persönlich von den Gnadenmitteln, mit denen Christus seine Kirche ausgestattet hat, weder vollen Gebrauch gemacht haben noch machen." PÄPSTLICHER RAT ZUR FÖRDERUNG DER EINHEIT DER CHRISTEN; *Direktorium zur Ausführung der Prinzipien und Normen über den Ökumenismus,* Verlautbarungen des Apostolischen Stuhls 110, 25. März 1993; Herausgeber: Sekretariat der Deutschen Bischofskonferenz, Nr. 17.

6 Ebd., Nr. 13. Vgl. HOUTEPEN, A.; *Wachsende Gemeinschaft, abwartende Kirchen,* in: ÖR 43/1994, S. 2-16, hier S. 14.

2. Lausanne 1927

Im ersten Kapitel geht es zunächst um eine geschichtlich-theologische Bestandsaufnahme der doktrinalen Aspekte während der ersten Phase der ökumenischen Bewegung, wobei besonders die beginnende Arbeit der Kommission für Glauben und Kirchenverfassung, die damals noch kein Organ des ÖRK, sondern eine eigenständige Bewegung war, später berücksichtigt wird. Somit umfaßt die Untersuchung dieses Kapitels den Zeitraum vom Aufbruch der ökumenischen Gespräche über die Genfer Vorkonferenz 1920 bis zur ersten Weltkonferenz der Bewegung/Kommission für Glauben und Kirchenverfassung in Lausanne 1927.

Die ersten ökumenischen Begegnungen fanden unter der Zielsetzung statt, die christlichen Kirchen füreinander zu öffnen, die Erörterung theologischer Themen zu ermöglichen, die Standpunkte der anderen Kirchen kennenlernen und vergleichen zu können und den Grundstein für eine mögliche theologische Konvergenz zu legen.

Dieser Aufbruch der ökumenischen theologischen Diskussion soll nachgezeichnet und es soll versucht werden, die theologischen Positionen der großen Traditionen, die durch die beteiligten Kirchen vertreten waren, wahrzunehmen.

Dabei werden sowohl die explizit ekklesiologischen Diskussionsthemen untersucht, die in dieser ersten Epoche der ökumenischen Bewegung verhandelt wurden, als auch jene Themen, die zwar nicht explizit ekklesiologisch waren, jedoch auf eine ökumenische Ekklesiologie hinarbeiteten.

Daß die Arbeit stärker historisch berichtend beginnt und die Ergebnisse eher stichwortartig wiedergegeben werden, hat seinen Grund im Behandlungsgegenstand selbst: auch bei der Weltkonferenz in Lausanne wurden die Standpunkte der einzelnen Kirchen zunächst skizzenhaft markiert, um sie anschließend vergleichen zu können. Dies ist für den weiteren Fortgang der Untersuchung insofern von Bedeutung, als damit erst das „theologische Handwerkzeug" erarbeitet wird, mit dessen Hilfe die Relektüre der späteren Texte betrieben und erkannt werden kann, welche Option hinter einer theologischen Aussage steht. Denn eben diese Optionen machen den konfessionsspezifischen Charakter einer Position aus und werden in der Regel von einer Konfession vertreten. Das in diesem ersten Kapitel zu erarbeitende „theologische Handwerkzeug" soll diesen konfessionellen Charakter auch bei den weiteren Dokumenten der Kommission entschlüsseln helfen.

Zwar verfärbt sich damit der auf den ersten Blick konfessionell neutral wirkende Text eines Dokumentes, doch kann gerade die „konfessionelle Einfärbung“ eines auf Konsens angelegten Textes das Maß der Ausgewogenheit zwischen den einzelnen, konfessionell geprägten theologischen Aussagen aufweisen und läßt sich auf diese Weise die Stufe der tatsächlichen ekklesiologischen Konvergenz in den Texten beurteilen.

2.1. Der Aufbruch der ökumenischen Diskussion

„Wir glauben, die Zeit ist gekommen, da Vertreter der gesamten Familie Christi unter der Leitung des Heiligen Geistes gewillt sein werden, zu einer Beratung von Fragen des Glaubens und der Kirchenverfassung zusammenzukommen.“[1] So liest man 1910 in einem Bericht des Deputiertenhauses der Protestant Episcopal Church, der Anglikanischen Kirche in den Vereinigten Staaten. Diese Zeitansage wird mit dem Hinweis begründet, heute sei unter allen Christen ein wachsendes Verlangen zu bemerken, daß sich das Gebet Jesu um die Einheit seiner Jünger erfülle und die Welt dadurch zum Glauben komme. Darum beschlossen die Deputierten, *„daß eine gemeinsame Kommission ernannt werde zum Zweck der Herbeiführung einer Konferenz zur Beratung von Fragen, die den Glauben und die Kirchenverfassung betreffen, und daß alle christlichen Kirchen der Welt, die unsern Herrn Jesus Christus als Gott und Heiland bekennen, gebeten werden sollen, sich mit uns zur Vorbereitung und Veranstaltung einer derartigen Konferenz zu vereinigen.“*[2]

Der Initiative der Protestant Episcopal Church entsprachen parallele Entwicklungen in anderen Kirchen. Noch im selben Jahr faßten die Disciples of Christ Church und der Nationalrat der Kongregationalistischen Kirchen in den Vereinigten Staaten ebenfalls den Beschluß, eine ökumenische Weltkonferenz anzuregen.[3] Aus diesen Impulsen wuchs die Bewegung für Glauben und Kirchenverfassung.

---

1 SASSE, H.: *Die Weltkonferenz für Glauben und Kirchenverfassung*, deutscher amtlicher Bericht über die Weltkonferenz zu Lausanne 3.-21. August, Im Furche-Verlag, Berlin, 1929, S. 5f.

2 Ebd.

3 FRIELING, Reinhard: *Der Weg des ökumenischen Gedankens*, Vandenhoeck & Ruprecht, Göttingen, 1992, S. 47.

Wie der oben zitierte Text deutlich macht, gingen die Initiatoren mit großem Optimismus von folgenden Annahmen aus:

- die Kirchen werden bereit sein, miteinander über die theologischen Grundlagen einer Einheit der Kirchen in Dialog zu treten;
- sie werden ihr Selbstverständnis nicht mehr ausschließlich in Abgrenzung von den anderen Kirchen definieren, sondern sich um eine neue Öffnung bemühen;
- sie werden ihre Theologie so formulieren, daß ein ökumenischer Gesprächsprozeß mit anderen Positionen möglich wird.

Gleichzeitig entwickelte man bereits Vorstellungen, wie diese Bereitschaft der Kirchen zum theologischen Dialog konkrete Formen annehmen konnte. Es sollte eine Konferenz einberufen und den Kirchen Gelegenheit gegeben werden, einander kennenzulernen und Beratungen durchzuführen mit dem Ziel, das eigene Kirchenverständnis darzulegen und Gemeinsamkeiten und Unterschiede klarzustellen. Damit wurde jenes ökumenische Dialogverfahren grundgelegt, das allgemein als „*vergleichende Ekklesiologie*"[4] bezeichnet wird. Schließlich war die Initiative auch von der Überzeugung getragen, daß alle christlichen Kirchen sich auf der Basis eines christologischen Fundamentalkonsenses bewegten, und diese darum eine Plattform anbot, auf der sich die Kirchen treffen konnten.[5]
Die Einladung zu einer ökumenischen Weltkonferenz ging an die christlichen Kirchen und wurde von vielen angenommen.[6]

---

[4] Ebd.

[5] Bemerkenswert an der Entstehungsgeschichte der Bewegung für Glauben und Kirchenverfassung ist, daß eine kirchengeschichtlich bedeutsame Bewegung von vornherein mit so klaren Zielen und einem so präzisen Programm auftritt. Vgl. dazu SASSE, ebd., S. 8.

[6] Das Selbstverständnis der römisch-katholischen Kirche als der sichtbaren Darstellung der von Jesus Christus gestifteten, einen, heiligen, katholischen und apostolischen Kirche verhinderte die Teilnahme an der Weltkonferenz. Obwohl Papst Benedikt XV. bezüglich der Einladung zur ökumenischen Konferenz seine Freude über alles, was zur Brüderlichkeit beitrage, zum Ausdruck gebracht hatte, untersagte er mit einem Dekret am 4. Juli 1919 jede Teilnahme an Kongressen zur Förderung der Einheit ohne Erlaubnis des Heiligen Stuhls. Pius XI. kritisierte in der Enzyklika „Mortalium animos" die „Verhandlungen über die von Gott geoffenbarten Wahrheit" und äußerte die Absicht, daß die Teilnahme der katholischen Kirche an der ökumenischen Bewegung die Rückkehr der anderen Kirchen zu den Glaubensquellen, zum Evangelium

In den Jahren vor der für 1927 nach Lausanne einberufenen Weltkonferenz befaßten sich die teilnehmenden Kirchen intensiv mit ihrem eigenen Standpunkt, den sie im aufbrechenden ökumenischen Prozeß einnehmen wollten, und definierten ihre Haltung zur Einheit der Kirchen und ihre Aktivitäten in der Bewegung für Glauben und Kirchenverfassung. Die Stellungnahmen dreier kirchlicher Konfessionsfamilien, wie sie von der anglikanischen Kirche, der Orthodoxie und den Kirchen der Reformation formuliert wurden, können als richtungsweisend und entscheidend für den Verlauf der ersten Weltkonferenz angesehen werden. Da in ihnen bereits theologische und ekklesiologische Grundanliegen reflektiert werden, die im Zusammenhang unseres Themas von Bedeutung sind, seien diese drei Positionen als ekklesiologische „Typen" des Kirchen- und Einheitsdenkens hier eingehend vorgestellt. Die Ausführungen stützen sich auf einschlägige Dokumente oder Reden und beziehen sich auf die Teilnahme der angesprochenen Kirchen an der jungen Bewegung für Glauben und Kirchenverfassung. Darum erheben sie keinen Anspruch auf Vollständigkeit und sollen nicht als im vollen Sinne repräsentative Kirchenverständnisse der jeweiligen Traditionen angesehen werden. Vielmehr markieren sie deren spezifisch ökumenisch-ekklesiologischen Standpunkt.

2.1.1. Der anglikanische ekklesiologische „Typus"

Der Kirchenbegriff und die Vorstellung von einer wiedervereinigten Kirche entwickelten sich in der anglikanischen Kirche auf den sogenannten Lambeth-Konferenzen am Ende des letzen und zu Anfang dieses Jahrhunderts[7]

---

und zur Tradition als Ziel habe. Private Beobachter waren mit päpstlicher Erlaubnis dennoch bei den ökumenischen Konferenzen anwesend. Die sich anbahnende Erneuerung des II. Vatikanums machte sich durch ein vertieftes Selbstverständnis der römisch-katholischen Kirche bemerkbar, ermöglichte die Teilnahme der katholischen Delegation an der Vollversammlung des Ökumenischen Rates der Kirchen in Neu-Delhi 1961 und überwand damit die lange offizielle ökumenische Zurückhaltung. Vgl., JEDIN, Hubert; REPGEN, Konrad (Hrsg.): *Handbuch der Kirchengeschichte*, Band VII, Freiburg: Herder, 1979, S. 466ff.

[7] Seit 1867 trafen sich die Bischöfe der anglikanischen Gemeinschaft alle zehn Jahre im Londoner Sitz des Erzbischofs von Canterbury, in Lambeth Palace. Bei diesen Konferenzen wurden wichtige Angelegenheiten diskutiert und Beschlüsse gefaßt, die jedoch lediglich den Rang von Empfehlungen und nicht den von verbindlichen Dokumenten besaßen. Vgl. KRÜGER, H., LÖSER, W., MÜLLER-RÖMHELD, W.; *Ökumene Lexikon*, Kirchen, Religionen, Bewegungen, Verlag Otto Lembeck, Verlag

und wurden zum Teil von amerikanischen Kirchen verschiedener protestantischen Konfessionen übernommen.
Als das Wesen des anglikanischen Kirchenbegriffes kann die sichtbare Erscheinung der einen, heiligen, apostolischen und katholischen Kirche gelten. Die Notwendigkeit einer sichtbaren Kirche leitet sich von ihrer neutestamentlichen Bestimmung als „Leib Christi“ und von der Auffassung her, daß die Inkarnation des Gottessohnes sich in ihr fortsetzt.
Welche Grundelemente diese sichtbare Kirche zur Einheit führen, wurde zum ersten Mal 1888 als Lambeth-Quadrilateral formuliert und seitdem von den Anglikanern in der Geschichte der Ökumene immer wieder als Grundelemente auch einer wiedervereinigten Kirche eingebracht:

> *„1. Die Heilige Schrift Alten und Neuen Testamentes als ‘Zusammenfassung dessen, was zum Heil notwendig ist’ und als Regel und höchste Richtschnur des Glaubens. 2. Das Apostolikum als Taufsymbol und das Nicänum als hinreichende Darlegung des christlichen Glaubens. 3. Die beiden von Christus selbst eingesetzten Sakramente – Taufe und Heiliges Abendmahl –, verwaltet unter der obligatorischen Verwendung der Einsetzungsworte Christi und der von ihm verordneten Elemente. 4. Das historische Bischofsamt, das in den Methoden der Kirchenleitung des wechselnden Bedürfnisses der verschiedenen Nationen und Völker, die Gott zur Einheit seiner Kirche berufen hat, angepaßt sein muß.“*[8]

An dieser Stelle sei angemerkt, daß die anglikanische Kirche in die ökumenische Arbeit mit einem lebendigen Bewußtsein von der „alten ungeteilten Kirche“ hineingegangen ist. „Niemals hat die anglikanische Theologie diesen klassischen Begriff der ungeteilten Kirche des Altertums verloren.“[9] Auf diesem Hintergrund wird verständlich, warum sich die anglikanische Kirche als „via media“ zwischen der römisch-katholischen Kirche und den Kirchen des Protestantismus versteht und sich auf besondere Weise berufen fühlt, die Einheit der Kirche wiederherzustellen.[10]

Josef Knecht, Frankfurt am Main, 1987, S. 61. Ich beziehe mich im folgenden auf die Ausführungen von SASSE, ebd., S. 9-16.

[8] SASSE, ebd., S. 14.

[9] SASSE, ebd., S. 15.

[10] Vgl. SASSE, ebd., S. 9f.

Auf der Basis eines definierten Kirchenbegriffes und eines ökumenischen Sendungsbewußtseins wurde nun auf der Lambeth-Konferenz 1908 zum ersten Mal der Begriff der „wiedervereinigten Kirche der Zukunft“ geprägt. Mit ihm hängt nicht nur die ganze ökumenische Aktivität der anglikanischen Kirche zusammen, sondern wurde auch die eigentliche dogmatische Voraussetzung der Weltkonferenz für Glauben und Kirchenverfassung geschaffen.

> „*Wir müssen uns die Kirche Christi vor die Seele stellen, wie Er sie haben will: ein Geist und ein Leib, reich durch den Besitz all der Elemente der göttlichen Wahrheit, welche die getrennten Gemeinschaften der Christenheit jetzt jeweils für sich allein in Anspruch nehmen, stark durch das Miteinander und Ineinander der Gaben und der Gnaden, die durch unsere Spaltungen jetzt voneinander ferngehalten werden, erfüllt mit aller Gottesfülle. Wir dürfen nichts von den Schätzen, die uns anvertraut worden sind, um des Friedens willen preisgeben. Auch können wir nicht wollen, daß andere die ihnen anvertrauten Güter, welche ihnen ebenso heilig sind, treulos aufgeben. Wir müssen unsere Augen fest auf die Kirche der Zukunft richten, deren herrlicher Reichtum darin bestehen soll, daß sie alle Schätze besitzt, sowohl die, welche uns, als auch die, welche den anderen Kirchen anvertraut sind. Unser Verlangen darf nicht auf Kompromisse gehen, sondern es muß stets auf Zusammenfassung gerichtet sein, nicht auf die Uniformität, sondern auf Einheit.*“[11]

Die „Kirche der Zukunft“ meint in diesem Konzept nicht eine zur Weltkirche erweiterte anglikanische Kirche selbst, in der alle anderen Kirchen aufgehen. Die „Kirche der Zukunft“ wird vielmehr als eine universale Wirklichkeit verstanden, die mannigfache Gestaltungen des Christentums in sich enthält und dennoch nicht bloß ihre Summe darstellt.[12] Sie ist ein Organismus, dessen tiefstes Wesen in der Ganzheit liegt. Die einzelnen christlichen Konfessionen und vielgestaltigen Formen christlicher Frömmigkeit und kirchlichen Lebens sollen sich in etwas Drittes verwandeln und ihre Erfüllung im Gesamtleben dieser umfassenden Kirche finden. Die Fülle der Wahrheit als Grundlage der Universalität der Kirche wird als gegenseitige

---

[11] SASSE, ebd., S. 7.

[12] Hier kommt ein besonderer Aspekt des englischen und amerikanischen Denken zum Tragen, das Streben zur Synthese (comprehensiveness). Vgl. SASSE, ebd., S. 16.

Bereicherung durch die je eigene Gaben der verschiedenen Kirchen aufgefaßt, die in der zukünftigen vereinigten Kirche nicht nur neben- und miteinander, sondern auch ineinander gegenwärtig sein können. Es käme damit zu einer gewissen, nicht näher bestimmten „Perichorese“ dieser Gaben. An dieser Vision einer „Kirche der Zukunft“ ist die Konzeption der „Selbstübersteigung“ der einzelnen Kirchen bemerkenswert. Die zukünftige Gestalt der einen Kirche versteht sich als etwas Höheres als das Miteinander der einzelnen Konfessionen und ermöglicht dadurch, in ihr Einheit und Vielfalt zusammen zu denken.[13] Sie impliziert allerdings, daß die Konfessionen als solche ihre Eigenständigkeit, wenn nicht ganz aufgeben so doch zumindest einschränken. Wie sich die Konfessionen in die umfassendere Einheit der Kirche der Zukunft integrieren und gleichzeitig ihre Identität bewahren können, wird nicht näher erläutert. Auch scheint das Problem nicht gelöst, nach welchem Kriterium die Vielfalt in einer wiedervereinigten Kirche klar umschrieben und zugelassen werden kann. Denn anders gäbe es keine Unterscheidung zwischen den Gaben der Kirche als Gaben des Geistes, die eine Bereicherung für die Kirche bedeuten, und Elementen, die in der wiedervereinigten Kirche keinen Platz mehr beanspruchen können.

In dem Dokument der Lambeth-Konferenz 1908 wird weiterhin die anzustrebende Einheit der Kirche als eine „Einheit des Leibes und des Geistes“ beschrieben. Ziel des Einigungsprozesses zwischen den christlichen Kirchen ist es, die „Einheit des Leibes“, also die sichtbare Einheit der Kirche, zu konstituieren, da die „Einheit des Geistes“ bereits existiere.[14]

Eines der wichtigsten Dokumente der anglikanischen Kirche zu diesem Thema wurde bei der Lambeth-Konferenz 1920 verabschiedet und trägt den Titel »Die Wiedervereinigung der Christenheit, ein Aufruf an alle Christen«.[15] In diesem Dokument finden sich alle bereits angeführten Aussagen wieder:

---

[13] Vgl. den Vortrag von Bischof Headlam auf der Weltkonferenz von Lausanne, In: SASSE, ebd., 391ff.

[14] Vgl. SASSE, ebd., S. 8. Nachdrücklich betonte auf der Lausanner Weltkonferenz der anglikanische Bischof Headlam in seinem Vortrag: „... die Einheit der Kirche, wie Paulus sie uns lehrt, ist eine Einheit im Geiste, eine Einheit in Christus, eine Einheit in den Sakramenten, eine Einheit, die sich gründet auf ein von Gott eingesetztes und mit göttlichem Geiste ausgerüstetes geistliches Amt.“ SASSE, ebd., S. 391.

[15] SASSE, ebd., 43ff.

- Das Ideal einer wiedervereinigten sichtbaren Kirche ist anzustreben;
- Die Kirche ist der (sichtbare) Leib Christi; der Heilige Geist gibt ihr Leben;
- Die Elemente der Einheit der Kirche sind Schrift, Glaubensbekenntnis, Sakramente und Amt;
- Alle christlichen Kirchen (hier Kirchengemeinschaften genannt) werden durch den Geist zu dieser Einheit geführt werden;
- Keine Kirchengemeinschaft soll sich bereit erklären, in einer anderen aufzugehen;
- Die einzelnen Gaben der Kirchen sollen die Fülle der Wahrheit und der Gemeinschaft ausmachen.

Programmatisch wird erklärt:

> *„Das Idealbild, das vor uns steht, ist das einer Kirche, die ihrem Wesen nach katholisch ist, der ganzen Wahrheit treu, und die in ihre Gemeinschaft einschließt alle, 'die sich als Christen bekennen und bezeichnen'. Innerhalb der sichtbaren Einheit dieser Kirche sollen alle Schätze des Glaubens und der Kirchenverfassung (faith and order), die der Gegenwart als ein Vermächtnis der Vergangenheit überkommen sind, gemeinsamer Besitz sein und im Dienste des gesamten Leibes Christi stehen. Innerhalb dieser Einheit würden die christlichen Kirchengemeinschaften, die jetzt voneinander getrennt sind, viel von dem bewahren, was für sie in der Art und Weise ihres Kultus und ihres Dienstes lange bezeichnend gewesen ist. Nur durch eine reiche Mannigfaltigkeit des Lebens und der Frömmigkeit wird die ganze Gemeinschaft zur Vollendung kommen.*"[16]

Halten wir für unser leitendes Interesse vom Konzept der Anglikaner folgendes stichwortartig fest:

Die Einheit der Kirche wird christologisch begründet, denn die Kirche ist primär der Leib Christi.

Mit dem Konzept der Einheit im Geiste wird das engere Konzept der Einheit im Leibe Christi relativiert und die Situation der Kirchentrennung positiv zu bewerten.

Die eine Kirche der Zukunft wird von der Perichorese der Gaben der einzelnen Traditionen geprägt sein, die ineinander und miteinander existieren.

---

[16] SASSE, ebd., 44.

Zugleich wird die Wiedervereinigung der Kirche auf der Grundlage des Leib-Christi-Gedankens dynamisch konzipiert, insofern sie ein organisches Wachstum und die Möglichkeit und Notwendigkeit von Entwicklung impliziert.

2.1.2. Der ekklesiologische „Typus“ der Orthodoxie

War das Engagement in der ökumenischen Bewegung für alle beteiligten Kirchen nach Jahren des ökumenischen Schweigens eine völlig neue Erfahrung, dann galt dies für die östlichen Kirchen in besonderem Maße. Das allgemeine Selbstverständnis der Orthodoxie, das die Kirche Christi mit der orthodoxen Kirche innerhalb ihrer sakramental-juridischen Grenzen identifiziert, die „alte ungeteilte Kirche“ zum alleinigen Maßstab erklärt und alle späteren Kirchen als heterodox und folglich nicht mehr als Kirche Christi im vollen Sinne ansieht, verhinderte geradezu jeden Kontakt zu den anderen christlichen Kirchen.
Eine Öffnung hin zum ökumenischen Engagement wurde für die orthodoxe Kirche erst mit der Enzyklika »An die Kirchen Christi überall«[17] des Patriarchen von Konstantinopel von 1920 möglich, die eine Teilnahme der orthodoxen Theologen an den Verhandlungen der Konferenzen für Glauben und Kirchenverfassung motivierte und ihr Engagement verstärkte. Auch wenn politische Gründe für die Verfassung des Dokumentes eine wichtige Rolle spielten, ist die Enzyklika nichts desto trotz als ein wichtiges theologisches Dokument einzuschätzen. Schon die Bezeichnung „Enzyklika“ war für ein solches Dokument innerhalb der Orthodoxie neu, da dieser Begriff bereits eine Gemeinschaft von Kirchen voraussetzt und andere christliche Kirchen somit irgendwie als zur Kirche Christi zugehörig betrachtet.[18] Entsprechend heißt es im Text:

---

[17] Sendschreiben des ökumenischen Patriarchats von Konstantinopel „An die Kirchen Christi überall“ (Januar 1920), in: THON, N.; *Quellenbuch zur Geschichte der Orthodoxen Kirche*, Paulinus-Verlag Trier 1983, S. 492ff.

[18] Ich folge im weiteren der vorzüglichen Analyse der Enzyklika bei SLENCZKA, Reinhard: *Ostkirche und Ökumene*, Vandenhoeck & Ruprecht Göttingen 1962, S. 279ff. Die deutsche Übersetzung mit „Sendschreiben“ gibt nicht den theologischen Hintergrund des Wortes „Enzyklika“ wieder.

„Unsere eigene Kirche ist der Meinung, daß die gegenseitige Annäherung und ein Bund der verschiedenen christlichen Kirchen durch die zwischen ihnen bestehenden dogmatischen Unterschiede nicht verhindert wird und daß ein solches Zusammenrücken höchst erwünscht, notwendig und in vieler Beziehung nützlich ist für das recht verstandene Wohl jeder Teilkirche wie des gesamten Leibes Christi und zur Vorbereitung und Erleichterung einer – mit Gottes Hilfe – dereinstig vollständigen und gesegneten Einigung. ... Wir halten für das Wichtigste, daß die Liebe zwischen den Kirchen wieder angefacht und gestärkt wird, so daß einer den anderen nicht mehr als Feind und Fremdling, sondern als Verwandten und Hausgenossen in Christus ansieht ...“[19]

Der Schlüsselbegriff der Enzyklika lautet „Kirchenbund“ (griechisch: *koinonía tón ekklésion*)[20]. Gerade dieser Begriff ermöglichte es, das Sendschreiben des Patriarchen als Enzyklika zu bezeichnen. Kirchenbund meint nämlich für die Orthodoxie eine Liebesgemeinschaft. Es geht dabei nicht nur um eine Interessens-, sondern vor allem um eine Wesensgemeinschaft. Die Kirchen außerhalb der Orthodoxie werden im Dokument als Teilkirchen bezeichnet, was zu verstehen gibt, daß durch die Trennung eine fundamentale Einheit der christlichen Kirchen nicht zerstört wurde (vgl. Eph 3,6).[21]

Der Kirchenbund als „*koinonía tón ekklésion*“ wird zwar nicht explizit vom neutestamentlichen „koinonía“-Begriff hergeleitet, aber seine Begründung orientiert sich streng christologisch am Leib-Christi-Gedanken (vgl. Eph 4,15f). Er ist aber auch nicht identisch mit dem Verständnis der sicht-

---

[19] THON, N: ebd., S. 492.

[20] Unüberhörbar klingt die Analogie zum „Völkerbund“ durch, einer damals politisch breit diskutierten Idee.

[21] Auf der Weltkonferenz für das Praktische Christentum hat der orthodoxe Erzbischof Germanos in Anlehnung auf die christologische Grundlegung der Einheit der Kirche einen engeren und einen weiteren Einheitsbegriff gebracht: „... es ist unsere Pflicht, den Gedanken dieser weiteren Einheit zu pflegen und zu entwickeln, so daß, während jede Kirche in ihren eigenen Mitgliedern einen Leib bildet, sie gleichzeitig selbst als ein Glied eines größeren Leibes angesehen würde, indem alle diese Glieder den einen Leib unseres Herrn bilden ...“ (er bezieht sich hier auf 1 Kor 12, 12). In: DEISSMANN, D. A.; *Die Stockholmer Weltkonferenz*, amtlicher deutscher Bericht, Im Furche-Verlag Berlin 1926, S. 609.

baren Einheit der Kirche als Leib Christi, sondern wird als Vorstufe und Grundlage einer endgültigen Einheit der Kirchen gesehen.
Am Ende der Enzyklika waren elf Vorschläge für eine Wiederherstellung der Liebesgemeinschaft zwischen den Kirchen formuliert, die nicht nur breite Zustimmung fanden, sondern auch im Laufe des ökumenischen Prozesses weitgehend verwirklicht wurden, so z.B. *„der Austausch brüderlicher Briefe zu den großen Festen des Kirchenjahres und bei außergewöhnlichen Ereignissen*“; *„die historische Prüfung der dogmatischen Unterschiede*“; *„gegenseitige Unterstützung der Kirchen in der Arbeit des religiösen Aufbaus und der Liebestätigkeit*“.[22] Der Gedanke des Kirchenbundes wirkte ebenfalls nachhaltig weiter und kann als Grundlage der späteren Gründung des Ökumenischen Rates der Kirchen gelten.
Für unsere Perspektive kann an der orthodoxen Position festgehalten werden:

- Das Wesen und die Einheit der Kirche wird christozentrisch begründet.
- Die rein sakramental-juridischen Grenzen der Kirche werden überschritten, wenn diese Ausweitung theologisch auch noch ungenügend durchdacht bleibt.
- Der Begriff „koinonía tón ekklésion“ als Vorstufe zur Einheit der Kirche ist entwicklungsfähig und offen.
- Der charismatische Status anderer kirchlicher Gemeinschaften wird als Voraussetzung für die Zusammenarbeit und den theologischen Dialog anerkannt.

2.1.3. Der ekklesiologische „Typus“ der reformatorischen Tradition

Die reformatorische Ekklesiologie konzentrierte sich im Rahmen der aufbrechenden ökumenischen Auseinandersetzung auf die Unterscheidung zwischen der sichtbaren und der unsichtbaren Kirche.[23] Die sichtbare Kirche gilt dabei als menschliche Institution, während die Einheit der Kirche Christi allein von der im Glauben begründeten, unsichtbaren Kirche ausge-

---

[22] Zitiert nach SLENCZKA, ebd., S. 280.

[23] Vgl. FRIELING, Reinhard: *Die Bewegung für Glauben und Kirchenverfassung 1910-1937*, Vandenhoeck & Ruprecht in Göttingen 1970, S. 80.

sagt werden kann. Darum mußte das Ideal der sichtbaren Einheit, wie es besonders in der anglikanischen Vorstellung der wiedervereinigten Kirche der Zukunft propagiert wurde, bei den Lutheranern zunächst auf Zurückhaltung stoßen.[24] Der allumfassende organisatorische Zusammenschluß der Kirchen ist in der reformatorischen Ekklesiologie nicht von Bedeutung, jedenfalls kann sie darin nicht den Weg zur Wiederherstellung der Einheit der Kirche Christi sehen. Folgerichtig konzentrierte sich das reformatorische Engagement in der Ökumene auf praktische Fragen. Der Dialog über Glaubensfragen mit dem Ziel der sichtbaren Einheit der Kirche wurde als illusorisch eingestuft.

Dieses Engagement fand seinen Ausdruck in einer reformatorisch geprägten ökumenischen „Bewegung für Praktisches Christentum", gegründet vom lutherischen Bischof Nathan Söderblom von Uppsala. 1919 fand in Oud Wassenaer bei Den Haag eine Tagung statt, auf der die „Weltkonferenz für Praktisches Christentum" in Stockholm 1925 vorbereitet wurde. „Life and Work", wie diese Bewegung sich in Kontrast zu „Faith and Order" nannte, setzte sich für Fragen der Friedens- und Sozialarbeit ein und klammerte die dogmatischen Fragen aus. Die Bewegung für Praktisches Christentum erhielt im evangelisch-lutherischen Raum eindeutigen Vorzug vor der Bewegung für Glauben und Kirchenverfassung. Es galt das geflügelte Wort: *„Lehre trennt, Dienst eint"*.[25] Dennoch kooperierten einige Vertreter der Kirchen der Reformation mit der aufbrechenden Bewegung für Glauben und Kirchenverfassung. Treffend beschrieb der reformierte Professor Lang ihren inneren Konflikt:

> *„Es gibt nur zwei Wege der Einigung: 1. Der römisch-katholische: extra ecclesiam nulla salus. 2. Der Weg Luthers: die Unterscheidung der sichtbaren und der unsichtbaren Kirche. Wir können die Einigung der sichtbaren Kirche nicht voll durchführen. Trotzdem wollen wir uns nicht nur um die unsichtbare Kirche bemühen."*[26]

---

[24] Vgl. FRIELING, Reinhard: ebd., S. 66, (Anm. 125), S. 77.

[25] FRIELING, Reinhard: *Der Weg des ökumenischen Gedanken,* S. 164.

[26] SIEGMUND-SCHULZE, F.; *Bericht über die Präliminarversammlung der Weltkonferenz über Glaube und Kirchenverfassung in Genf vom 12. bis 20. August 1920*, In: *IKZ* 1921, S. 45; FRIELING, Reinhard: *Die Bewegung für Glauben und Kirchenverfassung 1910-1937*, S. 60f.

Im Unterschied zum hochkirchlich geprägten „organischen" Modell der kirchlichen Einheit von „Faith and Order" favorisierte das reformatorische Kirchenverständnis eher ein „föderatives" Modell, wie es von „Life and Work" vertreten wurde, wobei die konfessionelle Identität nachdrücklich betont wird.

Die Weltkonferenz für Praktisches Christentum war das repräsentative Forum, wo die ökumenischen Gedanken des Luthertums vertreten wurden.

Als besonders prägnante Darlegung des reformatorischen Kirchenverständnisses kann der Vortrag des evangelisch-lutherischen Bischofs Ihmels von Dresden auf der ersten Weltkonferenz für Praktisches Christentum 1925 in Stockholm gelten.

Ihmels geht vom Reich-Gottes-Gedanken aus, in dem er Sendung und Botschaft Jesu zusammengefaßt sieht. Die Herrschaft Gottes werde durch Jesu Sterben und Auferstehen in der Menschenwelt endgültig errichtet und vom Geist Gottes in der Geschichte durchgesetzt. Die Königsherrschaft Gottes habe ihren ersten Ort in den Herzen der Menschen, und zwar durch den Glauben, der die primäre subjektive persönliche Aneignung des Reiches besage. Das Ziel des Christuszeugnisses sei die Weckung des persönlichen Glaubens.

Von daher grenzt Ihmels das Reich Gottes deutlich von anderen Zusammenschlüssen oder Lebensordnungen menschlicher Natur ab und verweist darauf, daß das Reich in der Welt nicht durch menschlichen Beschluß immer mehr Wirklichkeit annehme. Wegen der Sünde bleibe die Durchdringung des natürlichen Lebens der Menschen immer unvollkommen. Darum sei es *„nichts als Schwärmerei, wenn man das Reich Gottes sich innerhalb dieses Äons in allmählicher Entwicklung vollenden läßt"*.[27] Für den Bischof muß das Reich Gottes vielmehr als eine Neuschöpfung verstanden werden: wie bei der Menschwerdung Christi so durch den Glauben im Herzen des Menschen und so auch bei der Wiederkunft Christi. Nichts sei verhängnisvoller als die Vorstellung, daß die Menschen es wären, die Gottes Reich in der Welt zu bauen hätten. *„Wir können nichts, wir haben nichts, wir sind nichts."*[28]

Die Kirche dürfe sich nicht darüber täuschen, daß bei den einzelnen wie in der Gemeinschaft wirklich christliches Leben doch nur aus dem Glauben

---

[27] Ebd., S. 134.

[28] Ebd., S. 135.

erwachse. Daher sei alle wirkliche Christianisierung auch des Gemeinschaftslebens innerhalb der natürlichen Lebensordnungen immer nur auf dem Umweg einer Bekehrung der Persönlichkeiten möglich, die das Gemeinschaftsleben tragen. Die Rolle der Kirche sei: in einer christozentrisch-theozentrischen Gestalt von Gott Zeugnis zu geben. Das hieße, auch die Gemeinschaft der Kirche sei bei aller Unvollkommenheit, die ihr anhaftet, eine Erinnerung, daß Gott an der Arbeit ist, gerade unter der Zerrissenheit der Menschen die zerstreuten Kinder Gottes unter dem Kreuz dessen zu sammeln, der für sie in den Tod ging, damit er sie zusammenbringe. Die konkrete Gemeinschaft der Kirche gebe das Zeugnis, daß *„der Herr schon im Kommen ist und nach einer Gemeinde ausschaut, die auf ihn wartet.*“[29]

Am Anfang des zwanzigsten Jahrhunderts spielte besonders in den innerreformatorischen Kreisen die Idee der sog. „evangelischen Katholizität“ eine wichtige Rolle.

Die theologische Grundlage der „evangelischen Katholizität“ hob auf den lebendigen Christus des Evangeliums als Prinzip der Einheit ab, weil sein Wesen niemals exklusiv, sondern allumfassend-universal-ökumenisch sei. *„In Christus – nicht in irgendwelchen Satzungen oder Bindungen religiös-kirchlichen Lebens – soll sich die Christenheit ihrer tiefen Wesenheit bewußt werden.*“[30] Dieser Ansatz beim Evangelium als lebendigem Christus führte die ökumenische Arbeit der lutherischen Theologie schließlich auch zur Auseinandersetzung mit der Christologie, über die sie sich wiederum auf die ökumenische Diskussion über Glaubensfragen einlassen konnte.[31]

Eine weitergehende Darstellung der „evangelischen Katholizität“ würde den Rahmen dieser Arbeit sprengen. Die theologische Grundlage dieses Phänomens möchten wir jedoch als einen wichtigen Punkt des reformatorischen Kirchenverständnisses festhalten.

Für unsere Perspektive ist in bezug auf das reformatorische Kirchenverständnis wichtig:

---

[29] Ebd.

[30] Ebd.

[31] Vgl. FRIELING, Reinhard: *Die Bewegung für Glauben und Kirchenverfassung 1910-1937*, S. 84ff.

- Die deutliche Unterscheidung zwischen der unsichtbaren Kirchen Christi und der konkreten geschichtlichen Erscheinung der Kirche.
- Dadurch eine tiefe Skepsis gegenüber einer menschlich organisierten „Wiederherstellung" der kirchlichen Einheit.
- Die fundamentale Bedeutung des persönlichen Glaubens für die Gemeinschaft der Kirche, der durch das Hören des Wortes entsteht. (Die zentrale Bedeutung des Wortes für die Kirche fehlt im Vortrag von Ihmels.)
- Die Kirche gibt Zeugnis, hat also eine göttliche Qualität, weil sie durch das Kreuz Christi gesammelt wird, und weil sie Zeugnis über das letzte Kommen Christi gibt.
- Christus ist schließlich der Mittelpunkt der kirchlichen und der eschatologischen Einheit der Menschheit.

2.2. Die Weltkonferenz von Lausanne 1927

2.2.1. Die Genfer Vorkonferenz

Mit der Beteiligung von 133 Delegierten aus über 80 Kirchen und über 40 Ländern trat am 12. August 1920 die Versammlung der Genfer Vorkonferenz zusammen.[32] Ihre Aufgabe bestand darin, die Weltkonferenz von Lausanne vorzubereiten, Fragen ihrer Organisation zu erörtern, die zu behandelnden Themen zu bestimmen und alle vorbereitenden Maßnahmen zu beschließen.

In den ersten Tagen der Vorkonferenz äußerten sich Vertreter der beteiligten Kirchen in programmatischen Reden zu ihrer Position in der Frage der Einigung. Sie bezogen sich dabei auf die einschlägigen Dokumente, die in den vorausgegangenen Jahren innerhalb ihrer Kirchen erstellt worden waren.

Die Vorkonferenz, die der anglikanische Bischof Gore leitete, wurde nach Beendigung dieser Statements mit der Diskussion über zwei Themen fortgesetzt:

1. Die Kirche und das Wesen der wiedervereinigten Kirche;
2. Die Bedeutung der Bibel und des Glaubensbekenntnisses für die Wiedervereinigung.[33]

---

[32] Vgl. SIEGMUND-SCHULZE, ebd., S. 30.

[33] Vgl. SASSE, ebd., S. 44ff.

Die Diskussion sollte dem besseren Kennenlernen der einzelnen Standpunkte dienen und ihre Unterschiede und Gemeinsamkeiten „archivieren". Bischof Gore gab sich mit einer bloßen Gegenüberstellung nicht zufrieden und brachte in seinem Vortrag deutlich die Überzeugung zum Ausdruck, daß schon vor Beginn der Konferenz von Lausanne eine gewisse Einigung angestrebt werden könnte. Er hielt eine Einigung zwischen Anglikanern, Orthodoxen und der schwedisch-lutherischen Kirche für möglich und appellierte an die protestantischen Kirchen, ein gewisses Maß an erforderlicher „Einförmigkeit" – wie er es nannte – anzunehmen.[34] Diese „Einförmigkeit", die in einem Konsens über das Glaubensbekenntnis, die Sakramente und das Amt bestehen sollte, wurde von den Lutheranern, Kongregationalisten und Baptisten jedoch als unannehmbar empfunden und starker Kritik unterworfen.

Die Diskussion machte deutlich, daß sich eine sogenannte „katholische" und eine „protestantische" Richtung gegenüberstanden: *„Die eine Gruppe legt den Hauptton auf die Autorität, die andere auf das Zeugnis, das Werk, und die Gemeinschaft des Geistes."*[35] Man kann diese Differenz aus der Tatsache ableiten, daß für die protestantische Theologie die Rechtfertigung ohne Verdienst, aus Gnade und allein durch den Glauben an den Sohn Gottes im Vordergrund steht, und sie insofern die unbedingte Freiheit des Geistes akzentuiert. Für das Kirchenverständnis der Anglikaner hingegen, die hier die „katholische" Richtung vertreten, spielt die Inkarnation die entscheidende Rolle, so daß für sie die Einheit der Kirche gerade durch ihre sichtbare Verfaßtheit konstituiert wird und daher ein unverzichtbares Element darstellt.[36]

Der Protestant Gleditsch versuchte eine vermittelnde Formulierung zu finden. Er stellte die Kirche als Versammlung der Gläubigen dar, die aus dem Wort Gottes geboren wird. Mit diesem Ansatz bemühte er sich, den Gegensatz zwischen dem „protestantischen" Freiheits- und dem „katholischen" Autoritätsdenken zu überwinden.[37] Dieser Vermittlungsvorschlag wurde aber nicht weiter verfolgt. Statt dessen sah man den einzig möglichen Ausweg in der *„gemeinsamen und fortgesetzten Rückkehr zu der zentralen*

[34] Vgl. ebd., S. 40.

[35] SIEGMUND-SCHULZE, ebd., S. 51.

[36] Vgl. FRIELING, ebd., S. 85.

[37] Vgl. SIEGMUND-SCHULZE, ebd., S. 43.

Tatsache unseres christlichen Bewußtseins, der anbetenden und dankbaren Beziehung zu Jesus Christus".[38]
Auf Antrag von Bischof Gore wurde beschlossen, daß der Fortsetzungsausschuß der Vorkonferenz die Frage, unter welchen Bedingungen die „notwendige" Einheit der Kirche erreicht werden könnte, sorgsam studieren und für die Weltkonferenz vorbereiten soll.[39]
Die Diskussionen auf der Genfer Vorkonferenz zeigten vor allem das Bemühen der Vertreter der anglikanischen Kirchen, wenigstens eine erste Stufe der wiedervereinigten Kirche zu erreichen. Die Vertreter der protestantischen Kirchen befürchteten hingegen, daß sie bei einem solchen Zusammenschluß Verluste ihrer Identität hinnehmen müßten und lehnten diesen Weg ab. So trat bereits bei den ersten Gesprächen ein tiefer Unterschied zwischen zwei theologischen Haupttraditionen zum Vorschein.
Natürlich ist es nicht ganz zutreffend, diese beide Traditionen als „katholisch" und „protestantisch" zu kennzeichnen. Denn eine solche Unterscheidung vereinfacht die komplexen Zusammenhänge und verletzt die Ganzheit der jeweiligen Tradition. Ebensowenig trifft eine Charakterisierung, die den Unterschied der Positionen im Freiheitsdenken auf der einen und Autoritätsdenken auf der anderen Seite sehen will, die tatsächliche theologische Haltung der Gesprächspartner, weil in jeder Tradition sowohl die Freiheit als auch die Autorität auf je eigene Weise integriert werden. Dennoch sind diese Differenzierungen insofern von Nutzen, als sie die in der jeweiligen Tradition besonders betonten theologischen Elemente hervorheben. Trotz der Vorbehalte soll darum im folgenden mit diesen Begriffspaaren gearbeitet werden, da sie den theologischen Blick für die Relektüre der späteren Dokumente sensibilisieren.

2.2.2. Die Konferenz von Lausanne

Der Fortsetzungsausschuß der Genfer Vorkonferenz, der sich aus Vertretern fast aller beteiligten Kirchen zusammensetzte, erarbeitete im Vorfeld die Themenvorschäge für die Weltkonferenz in Lausanne 1927, die aus diesen Vorlagen folgende Dokumente erstellte:

---

[38] Vgl. ebd., S. 51.

[39] Vgl., SIEGMUND-SCHULZE, ebd., S. 46.

- »Präambel«;
- »Der Ruf zur Einheit«;
- »Die Botschaft der Kirche an die Welt: das Evangelium«;
- »Das Wesen der Kirche«;
- »Das gemeinsame Glaubensbekenntnis der Kirche«;
- »Das geistliche Amt der Kirche«;
- »Die Sakramente«;
- »Die Einheit der Christenheit und das Verhältnis der bestehenden Kirchen zu ihr«.

Die Konferenz erklärte in der »Präambel«, daß sie darauf verzichte, die Bedingungen für eine künftige Wiedervereinigung der christlichen Kirchen festzulegen. Sie nahm aufgrund der Divergenzen in der Vorbereitungsphase davon Abstand, die Einheit der Kirchen bereits jetzt herbeiführen zu wollen. Dennoch brach sich während ihres Verlaufes immer wieder ein gewisser Einheitsenthusiasmus Bahn, der besonders auf Seiten der anglikanischen und amerikanischen Kirchen auf eine schnelle Einigung drängte.[40] Demgegenüber setzte sich in der Diskussion der Plan durch, bei dieser Konferenz zunächst in Form einer „vergleichenden Ekklesiologie" einerseits die offensichtliche Übereinstimmung in grundlegenden Fragen zwischen allen teilnehmenden Kirchen festzustellen, andererseits aber auch die schwerwiegenden Differenzen herauszuarbeiten. Außerdem sollten Anregungen für die weitere Denkarbeit gegeben und Richtlinien entwickelt werden, wie in Zukunft eine größere Übereinstimmung erreicht werden könnte.[41]

Der Text der Dokumente bemühte sich um eine Formulierung, mit der alle einverstanden sein konnten. In den Punkten, in denen die Meinungen auseinandergingen, wurden die unterschiedlichen Standpunkte nebeneinandergestellt.

Im Zusammenhang des Themas dieser Arbeit sind die Dokumente über das Wesen der Kirche und über die Einheit der Christenheit und das Verhältnis der bestehenden Kirchen zu ihr von vorrangigem Interesse. Ein flüchtiger

[40] Vgl. FRIELING, Die Bewegung für Glauben und Kirchenverfassung 1910-1937, S. 106.

[41] Vgl. *Präambel*, In: SASSE, ebd., S. 530f.

Durchgang durch die anderen Dokumente dient lediglich der Erhärtung des Befundes.

2.2.2.1. »Diskussion über das Wesen der Kirche«

Eines der wichtigsten und umstrittensten Themen der Weltkonferenz betraf das Wesen der Kirche.[42] Entsprechend steinig war der Erarbeitungsprozeß des geplanten gleichnamigen Dokumentes. Die Statements der Mitglieder der zuständigen dritten Sektion[43] lieferten die Grundlage, aus der ein vorläufiger Bericht über das Wesen der Kirche entstand, der in der Plenarsitzung der Konferenz vorgestellt und diskutiert wurde. Bei dem Abschlußbericht »Das Wesen der Kirche« handelte es sich demgemäß um einen Kompromißtext, der nur deswegen „nemine contradicente" angenommen werden konnte, weil er aus Formulierungen bestand, die für alle einigermaßen annehmbar waren.[44] Der Vorsitzende der dritten Sektion, Bischof W.A. Brown von der Anglikanischen Kirche, bezeichnete den Bericht als eine Reihe von Bemerkungen über gewisse Punkte, in denen bisher eine Einigung erreicht werden konnte.

Schon bei der Definition der Kirche ist zu erkennen, daß drei ekklesiologische Konzepte darin ihren Niederschlag fanden:

> „*Gott ... hat seine Kirche gestiftet. Das Haupt der Kirche ist Jesus Christus, der Heilige Geist ist ihr beständiges Leben*".[45]

Die göttliche Stiftung der Kirche, die Leitung durch Christus als ihr Haupt und das Lebensprinzip, der Geist, waren gleichsam die Losungen der drei Gruppen innerhalb der Sektion, auf deren Positionen Bischof Brown als Sektionsvorsitzende in seiner Berichterstattung vor dem Plenum ausführlich zu sprechen kam. In den Statements der Teilnehmer spiegelten sich

---

[42] Vgl. SIEGMUND-SCHULZE, *Die Weltkonferenz in Lausanne*, S. 109.

[43] Die Delegierten der ganzen Konferenz teilten sich in sogenannte Sektionen auf, denen jeweils eines der zu behandelnden Themen zugewiesen wurde.

[44] Der Text des Berichtes über das Wesen der Kirche entwickelt sich nach folgender Gliederung: 1. Die Definition der Kirche; 2. Die Funktionen der Kirche; 3. Die Eigenschaften der Kirche; 4. Die Merkmale der Kirche; 5. Die Anmerkungen zu Meinungsverschiedenheiten. In: SASSE, ebd., S. 533f.

[45] SASSE, ebd., S. 533.

dieselben drei theologischen Ansätze wider, wie bestimmte Kirchen sie vertraten. Sie verdienen eine genauere Darstellung.

(1) Der trinitarische Ansatz

Die orthodoxe, anglikanische und altkatholische Position hob darauf ab, daß die Einheit der Kirche in der Trinität begründet sei.

Die Orthodoxen vertraten die Auffassung, daß Gott, der Vater, Mittelpunkt und Gipfel der Einheit sei, der durch den Heiligen Geist in uns wohne. Die Kirche sei der Leib Christi: Christus ihr Herz, das Prinzip ihres Lebens, ihr Haupt und ihre Weisheit.[46] Die Orthodoxen betonten, daß die Kirche Christi in einer ununterbrochenen geschichtlichen Kontinuität mit der alten, ungeteilten Kirche stehe. Ihre Position wurde von der Überzeugung getragen, daß sie mit ihrer Auffassung vom Wesen der Kirche mit der alten, ungeteilten Kirche in Einklang stünden, und gipfelte in dem Wunsch, auch die anderen Kirchen möchten diese Verbindung mit der alten Kirche wiederfinden.[47] Die geschichtliche Kontinuität und das Erlösungswerk der Kirche muß ihrer Meinung nach durch eine Autorität, nämlich die der Apostel, gewährleistet werden. Die Hierarchie in der Kirche sei darum eine Hierarchie der Gnade, in deren Dienst an erster Stelle die Apostel stünden, die die Fülle der Gaben des Heiligen Geistes empfangen hätten. Das Apostelamt in seiner Hoheit könne nicht wiederkehren, aber die Zwölf hätten „Hirten“ als ihre unmittelbaren Nachfolger eingesetzt, deren Aufgabe und Pflicht es sei, das, was die Apostel in der Kirche eingepflanzt hätten, zu bewahren und dafür zu sorgen, daß diese Überlieferungen in der ganzen Christenheit und in allen einzelnen Christen wirksam bliebe.[48] Die Kirche als Einheit von Menschen, die durch die Gnade des Heiligen Geistes verbunden sind, sei unsichtbar, als Leib Christi jedoch sichtbar.[49] Aus dieser sichtbaren Einheit in Christus, die durchaus eine legitime Vielfalt beinhalten könne, fielen allerdings die durch Häresie und Schisma getrennten religiösen Gemeinschaften heraus.[50]

---

[46] Vgl. Stephan, Erzbischof und Metropolit von Sofia, In: ebd. S. 221.

[47] Vgl. Chrysostomos, Erzbischof und Metropolit von Athen, In: ebd., S. 191.

[48] Vgl. SASSE, ebd., S. 223.

[49] Vgl. ebd., S. 183f.

[50] Vgl. ebd., S. 186.

Die orthodoxe Vorstellung von Einheit schien die Kirche mit ihren juridisch-sakramentalen Grenzen zu identifizieren. Aus dem Konferenzbeitrag des Erzbischofs Stefan von Sofia ließ sich allerdings erahnen, daß sich innerhalb der Orthodoxie auch ein dynamischerer Begriff der Kirche und ihrer Einheit herausbildete. Die volle Einheit der Kirche, so Stefan, fehle noch und darum solle man weiter von Vollendung zur Vollendung schreiten, bis alle untereinander und mit Gott und mit dem Heiland eins sein werden.[51]

Eine modifizierte, aber inhaltlich den Orthodoxen nahestehende Position nahmen die Anglikaner ein, wie aus der Rede von Bischof Gore zu entnehmen war: Die „*Kirche ist die autoritative Repräsentantin des Reiches Gottes in der Welt*"; sie ist „*zwar mit dem Reich nicht identisch, sie ist seine erste Stufe, noch nicht das Reich in seiner vollen Kraft und Herrlichkeit.*"[52]

Die explizite trinitarische Grundlegung des Kirchenverständnisses, die wesentliche Bedeutung des Amtes in der Kirche, die geschichtliche Kontinuität zwischen der alten ungeteilten Kirche und der orthodoxen Kirchen sowie die Einheit zwischen der Kirche Christi und der konkreten Erscheinung der Kirche in der Gegenwart bilden die Hauptmerkmale dieses trinitarischen Ansatzes.

(2) Der pneumatologische Ansatz

Ein pneumatologischer Ansatz wurde vom Kongregationalisten Rev. Dr. S. Parkes Cadman, dem Präsidenten des Federal Council of the Churches of Christ in Amerika, entwickelt und charakterisierte die Position der Kongregationalisten, Baptisten, Disciples of Christ und Quäker.

Der Schlüsselbegriff in Cadman`s Vortrag lautete, die Kirche sei ein „lebendiger Organismus". Der Heilige Geist habe diesen Organismus mit Leben erfüllt und ihm Kraft zum ständigen Wachstum verliehen. Die Kirche bestehe aus der Gesamtzahl der Erwählten, der Gesamtheit der Bekennen-

---

[51] Vgl. SASSE, ebd., S. 224.

[52] SASSE, ebd., S. 231. Die Beurteilung der Beziehung zwischen Reich Gottes und Kirche müßte von daher etwas differenzierter ausfallen, als dies bei FRIELING geschieht: „Ein trinitarischer Ansatz mit einer heilsgeschichtlichen Identifizierung von Kirche und Reich Gottes" (Unterstreichung von mir). Diesen Ansatz stellt er dem pneumatologischen gegenüber, der zwischen Reich Gottes und Kirche unterscheidet. Siehe FRIELING, ebd., S. 104f.

den, der Gesamtsumme der Einzelgemeinden. In apostolischer Zeit wäre aus dem kleinen Kreis von Frommen die allumfassende Vereinigung der sichtbaren katholischen Kirche hervorgegangen. Die Einheit der Gemeinschaft im Geist und der sichtbaren Gemeinschaft aller Gläubigen wäre an das Bischofsamt gebunden gewesen, um sie gegen zentrifugale Kräfte zu schützen. Das Amt habe folglich gegenüber dem sich dynamisch entwikkelnden Organismus der Gesamtkirche dienende Funktion, darum sei die Form des Amtes immer bedingt, historisch und veränderungsbedürftig. Es stehe nicht in menschlicher Macht, die endgültige Organisation der Kirche zu bestimmen. Die Basis der Gesamtkirche gründe auf der Freiheit der einzelnen Gläubigen und darum solle jede Kirchenverfassung auch mit der Freiheit beginnen und mit der Freiheit enden. Im Widerspruch zu dieser Freiheit stehe die römisch-katholische Behauptung der „*Unfehlbarkeit eines Amtes*“ und die protestantische Behauptung der „*Unfehlbarkeit eines Buches*“. Verstehe man die Kirche als Organismus, dann schließe dies Entwicklung ein. Genau in diesem Prinzip liege die Kontinuität und Katholizität der Kirche. Deshalb sei die wesentliche Einheit der Kirche nie verlorengegangen, obwohl sich verschiedene Konfessionen und Kirchengemeinschaften gebildet hätten. Sie seien „*als notwendige Teile eines organischen Ganzen im Reiche des Heiligen Geistes anzuerkennen*“.[53]
Hauptcharakteristik des pneumatologischen Ansatzes bildet der Begriff vom „dynamischen Organismus“, der besonders dem Wirken des Heiligen Geistes zugeordnet ist. Folglich spielt die Form des Amtes in einem solchen Kirchenverständnis keine wesentliche Rolle, sondern hängt vielmehr von der Entwicklung der Kirchengemeinschaft ab. Die geschichtliche Kontinuität der Kirche konstituiert sich darum auch nicht durch Übergabe des Amtes und Aufeinanderfolge der Amtsträger, sondern durch das Fortdauern des Lebens in der kirchlichen Gemeinschaft. Das Ganze der Gemeinschaft hat Priorität und bestimmt alle anderen kirchlichen Elemente.

(3) Der christologische Ansatz

Ein christologischer Ansatz wurde von Lutheranern, Reformierten, Presbyterianern und Methodisten vertreten.

[53] Ebd., S. 189-202.

Er gründet in anderen theologischen Konzepten: Die Kirche sei der Leib Christi, der von seinem Geist regiert wird.[54] Sie sei eine unsichtbar-geistige Gegenwart Gottes und Christi, aber grundsätzlich unabhängig von ihren sinnlich-sichtbaren Darstellungen.[55] Die verfaßten Kirchen trügen in sich das Wesen dieser Welt, darum dürfe man die Kirche im Sinne des Neuen Testamentes niemals mit einer der verfaßten Kirchen oder mit ihrer Gesamtheit identifizieren. Auch eine wiedervereinigte Kirche der Zukunft könne an diesem Sachverhalt ebensowenig ändern wie der Einheit der Kirche eine allgemeingültige menschliche Verfassung zu verordnen sei, denn die Kirche sei und bleibe eine göttliche Heilswirklichkeit.[56] Die Kirche sei überhaupt kein Selbstzweck, sondern Mittel und Rahmen. Sie helfe den Gottsuchern und Gottliebenden als Wegweiser, um sie Gott zuzuführen und bei Gott zu halten.[57]

Die Protestanten brachten den für sie so zentralen Begriff des Wortes Gottes in die Diskussion ein und stellten ihn in seiner verbindenden Funktion dar.

Durch die Treue zum Gotteswort würden im lebendigen Organismus der Kirche die zentrifugalen, das heißt die konfessionsbildenden und vorwärtsdrängenden, und die zentripetalen, zur Erstarrung neigenden orthodoxen Kräfte im Gleichgewicht gehalten.[58] Weil es nur einen Leib Christi und nur einen Geist gebe, gehörten die scheinbaren Gegensätze zusammen: Die Kirche sei gleichzeitig

- corpus mysticum und menschliche Institution,
- ein Leib und verschiedene Glieder,
- in diesem Äon leidende und triumphierende erhöhte Gemeinde.

Auch wenn es den Protestanten nicht gelang, in der Diskussion von Lausanne diese Idee durchzusetzen und fruchtbar zu machen, formulierten sie damit doch einen wichtigen Grundsatz für die weitere Entwicklung der theologischen Entwürfe: die als Gegensätze erscheinenden Aspekte des

[54] Vgl. SIEGMUND-SCHULZE, ebd., S. 218.

[55] Vgl. Ménégoz, ebd., S. 213.

[56] Vgl. Schmitz, ebd., S. 229.

[57] Vgl. Raffay, ebd., S. 204.

[58] Vgl. Raffay, ebd., S. 203.

Wesens der Kirche müssen nicht als Aporien, sondern können in ihrer Spannung als konstitutiv für die Einheit der Kirche gedacht werden.[59]
Der christologische Ansatz der protestantischen Gruppe betonte den Unterschied zwischen der göttlichen Wirklichkeit der Kirche und ihrer historischen, sichtbaren Erscheinung. Die auf Gott hinweisende Funktion der Kirche entspricht eher ihrer paradoxen menschlich-göttlichen Wirklichkeit als der Charakter der Vergegenwärtigung des Reiches Gottes in ihr.

Alle drei Ansätze versuchten die konfessionelle Vielfalt durch ihr eigenes Kirchenverständnis in der Einheit zu denken, um eine Versöhnung der sichtbar gewordenen Gegensätze zu erreichen. Der trinitarische Ansatz nahm den Weg über die historische Kontinuität des Amtes und der Lehre sowie über die Rückkehr der anderen zur Einheit. Der pneumatologische Ansatz legte den Akzent auf die dynamische und wachstumsfähige Wirklichkeit des kirchlichen Organismus, die durch die Trennung nicht verloren gegangen sei. Der christologische Ansatz schließlich brachte die paradoxe, richtende und sammelnde Funktion des Wortes Gottes ins Spiel.
In der Definition der Kirche von Bischof Brown verbergen sich diese drei ekklesiologischen Ansätze in der Form, wie sie in etwa von den konfessionellen Hauptgruppen vertreten wurden. An dieser Stelle muß jedoch noch einmal betont werden, daß die Ansätze nicht absolut mit den Gruppen identifiziert werden dürfen. Die zum Teil scharfe Konturierung der Ansätze und ihre Zuordnung zu den konfessionellen Gruppen trägt in unserem Zusammenhang lediglich dazu bei, die damalige konfessionstheologische Grundlage der Diskussion über das Wesen der Kirche zu beschreiben.
Im Text des Dokumentes über das Wesen der Kirche wurden auch noch andere biblische Bilder der Kirche erwähnt:

> *„Die Kirche als die Gemeinschaft der an Jesus Christus Glaubenden ist nach dem Neuen Testament das Volk des Neuen Bundes, der Leib Christi, der Tempel Gottes ...“*[60]

Auch das sakramentale Kirchenverständnis war Gegenstand der Diskussion, wie weitere Passagen des Dokumentes belegen:

---

[59] Vgl. SIEGMUND-SCHULZE, ebd., S. 217-219.

[60] Ebd., S. 533.

„Die Kirche ist das von Gott erwählte Werkzeug, mittels dessen Christus durch den Heiligen Geist die Menschen durch den Glauben mit Gott versöhnt...“[61]

Die anderen biblischen Bilder für die Kirche und der Begriff des Werkzeuges wurden nicht ausführlicher behandelt und fanden in den Ergebnissen der theologischen Diskussion keinen weiteren Niederschlag. Sie wurden in ihrer Konvergenzfähigkeit noch nicht wahrgenommen.

Die Diskussion über das Wesen der Kirche warf die Frage auf, ob man sich auf ein Kirchenbild, das allen drei theologischen Ansätzen plausibel erscheint, einigen könnte.

Wie bereits in der Behandlung der theologischen Ansätze gezeigt, überwog in der Gruppe der Orthodoxen und der Anglikaner das Bild des Leibes Christi. Die Protestanten verwendeten es zwar auch, aber so, daß die äußere Gestalt der Kirche die Wirklichkeit des Leibes Christi nicht entscheidend prägte. Die Gruppe der Kongregationalisten, Baptisten, Disciples und Quäker arbeitete mit dem Bild der Kirche als Gemeinschaft des Geistes.

Zunächst sah es danach aus, als ob die Beschreibung der Kirche als „lebendiger Organismus“ für alle drei Gruppen konsensfähig werden würde. Der Bischof der anglikanischen Kirche, Dr. William Temple, kam in seinem Plädoyer auf diese Beschreibung zu sprechen und kritisierte, daß sie die strukturelle und Institutionelle Verfassung der Kirche nicht genügend auszudrücken vermöge. Der Aspekt der Dynamik allein reiche für eine tragfähige Beschreibung der Einheit der Kirchen nicht aus. Als Alternative forderte er in seiner Rede eine radikale Überprüfung der Beziehung zu Christus: „*...wir werden in neuer Weise die Notwendigkeit tieferer persönlicher Jüngerschaft für uns selbst und für alle Glieder unserer vielen Teilkirchen verstehen lernen als die erste Bedingung, die erfüllt werden muß, bevor die äußere Einheit der Kirche wiederhergestellt werden kann*“.[62]

Die drei konfessionsspezifischen ekklesiologischen Ansätze mit ihrem je eigenem Integrationskonzept blieben die markantesten Ergebnisse der Diskussion über das Wesen der Kirche. Die Unfähigkeit, sich auf eine einigende Grundlage festzulegen, zeigte sowohl die noch ziemlich scharfe konfessionelle Konturierung der einzelnen Standpunkte als auch die Scheu vor einer zu schnellen „organisatorischen“ Einheit auf der Basis des kleinsten

[61] Ebd.

[62] Ebd., S. 211.

Nenners wie die Angst vor einem damit verbundenen Identitätsverlust. Auf diesem eher ernüchternden Hintergrund klang die Aufforderung, zu Christus umzukehren, ein wenig resignativ, während sie sich jedoch später als ein ekklesiologischer Ansatz erwies, der die Diskussion weiter führen konnte.

2.2.2.2. »Die Einheit der Christenheit und das Verhältnis der bestehenden Kirchen zu ihr«

Der Bericht über diesen Verhandlungsgegenstand sollte ein gewisser Höhepunkt der Konferenz werden, weil er das Ziel der ganzen Bewegung zum Thema hatte und als Zusammenfassung der vorherigen Berichte gesehen wurde. Die Vertreter der anglikanischen und der amerikanischen Kirchen als Vorkämpfer der Bewegung für Glauben und Kirchenverfassung drängten darauf, ein konkretes Ergebnis zu erzielen. Die Sektion wollte den eigenen Bericht als abschließende Synthese aller Diskussionen formulieren. Dieses Vorhaben scheiterte aus mehreren Gründen, vor allem erwies sich das Ziel, eine Form von sichtbarer Einheit als Folgerung aus den Diskussionen zu finden, für die erste Begegnung mit ihrer Vielfalt an Konfessionen und Ansichten als Überforderung. Außerdem waren die behandelten Themen sehr grundlegend und die Zeit zu knapp.
Schon um den ersten Berichtsentwurf entfachte sich eine so heftige Diskussion, daß es unmöglich wurde, während der Konferenz noch einen endgültigen Bericht zu erstellen.
Auch eine zweite Lesung brachte keine Übereinstimmung. Es wurde entschieden, den zweiten Berichtsvorschlag dem Fortsetzungsausschuß zuzuleiten, dessen Kommission einige Monate nach Abschluß der Weltkonferenz einen neuen Bericht verfaßte, der an die Kirchen weitergeleitet wurde.
In der Diskussion über den ersten Berichtsentwurf prallten zwei Richtungen der ökumenischen Bewegung aufeinander.

(A) Die erste Richtung, die von der Anglikanischen Kirche vertreten wurde, propagierte das Einheitsmodell einer organischen Union, das gemeinhin als „katholisches Modell“ gilt und von folgenden Grundannahmen ausging:

- Die Kirche der Zukunft übersteigt die ursprünglichen Konfessionen,
- sie besitzt eine einheitliche Struktur,
- erfordert die Verschmelzung der Konfessionen und damit ihre Selbstaufgabe, also eine Art Tod[63],
- und strebt die sichtbare Einheit an.

(B) Die protestantischen Kirchen vertraten hingegen das Modell einer föderativen Einheit, wie es teilweise in der Bewegung für Praktisches Christentum verwirklicht war. Seine Prinzipien lauteten:

- Grundlage der Einheit ist der persönliche Glaube,
- der Weg zur Einheit ist die Liebe,
- zwischen der Kirche Christi und der sichtbaren wiedervereinigten Kirche ist klar zu unterscheiden,
- eine sichtbare Einheit ist sekundär,
- eine Verschiedenheit zwischen den Konfessionen muß zugelassen werden.

Der norwegische Bischof Hognestad trat in einem Plädoyer für die Bewahrung der Einzelkirchen ein und sprach sich gegen das „vereinheitlichende" anglikanische Modell aus. Er untermauerte sein Statement mit einem trinitarischen Argument:

> *„Wir Lutheraner können uns, gemäß dem 7. Artikel der Confessio Augustana, keine kirchliche Einheit denken, die alle Einzelkirchen aufhebt. Wenn Gott triunus ist, warum kann seine Kirche nicht multiuna sein? Es scheint Einigkeit darüber zu herrschen, daß wir eine Einheit wollen, die die Verschiedenheiten nicht ausschließt. Die Verschiedenheit würde im Äußeren, die Einheit im Inneren der Kirche liegen, nicht so sehr in ihrer Seele, die auch noch individualisiert werden muß, sondern im Geist, im heiligen Geist."* [64]

Hognestad führte aber auch nicht weiter aus, wie die sichtbare Einheit der Kirche „im Heiligen Geist" aussehen würde.

---

[63] Vgl. GEMEINSAME RÖMISCH-KATHOLISCHE EVANGELISCH-LUTHERISCHE KOMMISSION: *Einheit vor uns*, Modelle, Formen und Phasen katholisch/lutherischer Kirchengemeinschaft, Verlag Bonifatius-Druckerei Paderborn, Verlag Otto Lembeck, Frankfurt am Main, 1985, S. 14f.

[64] SIEGMUND-SCHULZE: ebd., S. 186f.

Das „katholische“ und das „protestantische“ Verständnis der Einheit standen sich vom Beginn des ökumenischen Prozesses an zwar nicht als konkurrierende Konzepte gegenüber, in der direkten Konfrontation jedoch traten ihre verschiedenen theologischen Schwerpunkte als unversöhnlicher Gegensatz in Erscheinung.
Die theologischen Standpunkte der „protestantischen“ und der „katholischen“ Auffassung spitzten sich in der Frage der äußeren Gestalt der Einheit zu. Der Text des Berichtes offenbart eine unüberwindliche Gegenüberstellung von Einheit und Vielfalt, von Autorität und Freiheit:

> *„Nun wird die Frage verschieden beantwortet, welche endgültige Gestalt die Kirche nach Gottes Willen haben soll. Manche sind der Ansicht, daß diese Gestalt von Christus selbst bestimmt und daher unveränderlich sei; andere, daß die eine Kirche sich unter der Leitung des Heiligen Geistes in mannigfachen Bildungen ihre Ausdrucksform schaffen könne“.*[65]

In der Frage, welche Rolle für den weiteren Aufbau der Einheit der Kirche die Modelle der „Föderation“ und der „organischen Union“ jeweils spielten, gingen die Meinungen naturgemäß ebenfalls auseinander. Die Kirchen konnten sich schließlich auf die Idee eines Ökumenischen Rates der Kirchen einigen.
Das Ringen um die sichtbare Einheit der Kirche, wie es der Text des Berichtes durchscheinen läßt, konnte keinen konkreten Erfolg verbuchen. In Lausanne trat noch deutlicher in Vorschein, was sich bereits während der Vorkonferenz in Genf herauskristallisiert hatte: in der Frage der sichtbaren Einheit standen sich die sog. „katholische“ und die sog. „protestantische“ dergestalt gegenüber, daß hier die Verständigung auf eine Gemeinsamkeit kaum möglich war. Dennoch erhielt auch für die Protestanten die trinitarische Sichtweise Bedeutung, insofern sie die Pluralität der Konfessionen in der Einheit der einen Kirche Christi bewahren half.

2.2.3. Andere theologische Fragestellungen

Alle übrigen Verhandlungsgegenstände der Konferenz standen in einem inneren Zusammenhang mit dem, was über das Wesen und die Einheit der Kirche ausgesagt worden war. In den entsprechenden Dokumenten schlu-

---

[65] SASSE, ebd., S. 544.

gen sich die beschriebenen Probleme und unterschiedlichen theologischen Ansätze nieder.
Es soll hier nur eine kurze Erörterung der theologischen Positionen der konfessionellen Kirchenvertreter erfolgen. Eine ausführlichere Darstellung der Erörterungen würde den Rahmen dieser Arbeit sprengen. Die Berichterstattung über die Verhandlungsgegenstände dient dem Vergleich der einzelnen Standpunkte und der Erarbeitung des theologischen Handwerkzeugs für die Untersuchung späterer Dokumente.

2.2.3.1. »Der Ruf zur Einheit«

Die Teilnehmer äußerten unterschiedliche Meinungen, was die Grundlage der Einheit betrifft:

- Die Lutheraner sahen sie in der Übereinstimmung mit der Lehre des Evangeliums;
- Die Orthodoxen hingegen forderten Einheit in der Rezeption der altkirchlichen Symbole und der Lehrentscheidungen der sieben ökumenischen Synoden;
- Die Anglikaner wiederum schlugen als Basiseinheit die Bildung einer „organischen Union" vor, die auf die „Einheit des Leibes" zielt, der aber die „Einheit des Geistes" vorausgehen muß;
- Die übrigen protestantischen Kirchen (Reformierte, Presbyterianer, Methodisten) betonten die Einheit in der Mannigfaltigkeit und in der Liebe, forderten die Freiheit als wesentliches Kennzeichen dieser Einheit ein und hielten die Konzentration des Christentums in der Person Christi selbst für den entscheidenden Einigungsweg.[66]

2.2.3.2. »Die Botschaft der Kirche an die Welt: das Evangelium«

Dieses Dokument wurde als „Botschaft von Lausanne" bezeichnet und als wichtigstes Ergebnis der Konferenz betrachtet. Der Bericht wurde ohne Gegenstimmen angenommen. Im Text konnten zwar alle ihre eigene Position wiederfinden, aber für die Einigung blieb er praktisch ohne Folgen.[67]

---

[66] Vgl. FRIELING, ebd., S. 96f.

[67] Vgl. FRIELING, ebd., S. 99f.

Während im Bericht keine Lehrunterschiede dargestellt wurden, entfachte bei den theologischen Gespräche in den Sektionssitzungen jedoch ein Streitgespräch über die Beziehung zwischen Evangelium und Kirche. Dabei trat die Spannung zwischen einem christologischen und einem pneumatologischen Ansatz noch einmal deutlich hervor: Während die orthodoxe Seite die Überordnung der Kirche über das Evangelium verteidigte, behaupteten vor allem die anglikanischen Freikirchen, daß keine Ordnung, nicht einmal die Kirche selbst, das Evangelium als leitendes und schöpferisches Gestaltungsprinzip der kirchlichen Lehre und Praxis verdrängen darf.[68] Dieser Gegensatz zieht sich durch alle weiteren Fragen.
Die „katholische“ Auffassung der orthodoxen Vertreter sah die Kirche als Pfeiler und Grundfeste der Wahrheit, die allein die unverletzbare und unbedingte Autorität der Schrift sicherstellt und von Beginn an das Amt des Wortes mit der Weihe überträgt. Die Kirche sei demnach der Leib Christi, der durch Amt und Sakramente garantierte Ort seiner Gegenwart. Das Evangelium vermittle die Botschaft von der Gnade Gottes.[69]
Dieser Linie steht die „protestantische“ gegenüber, nach der das Entscheidende durch die Verkündigung des Evangeliums und die Annahme des Wortes im Glauben geschieht, die zur Rechtfertigung des Sünders führt. Die Kirche sei die Gemeinschaft der durch den Gekreuzigten Gerechtfertigten, ihre Botschaft konzentriere sich im Wort vom Kreuz. Kurz: das Evangelium sei nicht mit der Kirche, das Christentum nicht mit Christus und die Kirche nicht mit ihrem Haupt identisch.[70]

2.2.3.3. »Das gemeinsame Glaubensbekenntnis«

Im Text dieses Berichtes, der deutlich den Charakter einer Kompromißerklärung trägt, ist die Spannung der Meinungen und die Tatsache der Trennung nur ansatzweise erkennbar.
Die Vertreter der Kirchen erklären, daß sie trotz aller bestehenden Lehrunterschiede im gemeinsamen christlichen Glauben, wie er in der Schrift ver-

---

[68] Vgl. SASSE, ebd., S. 149f.

[69] Vgl. ebd., Vorträge der orthodoxen Teilnehmer: Glubokovsky S. 149, von Arseniew S. 180.

[70] Vgl. ebd., Vorträge der protestantischen Teilnehmer: Gogarten S. 178, Keller S. 175, Deißmann S. 128, Zwemer S. 179, Monod S. 166.

kündet und im Nicaenum und Apostolikum bezeugt und bewahrt wird, übereinstimmen. Der Text des Berichtes bekräftigt, daß beide Aspekte des Glaubens, der Glaubensinhalt und der Glaubensakt, zusammengehören.

> *„Wir möchten feierlich ein einmütiges Zeugnis dafür ablegen, daß äußere, geschriebene Glaubensnormen etwas ganz Unzulängliches sind, wenn nicht die innere, persönliche Erfahrung des Christen von seiner Verbundenheit mit Gott in Christo hinzukommt.*“[71]

Die Unterschiede traten dabei in einer unterschiedlichen Betonung der Objektivität und der Subjektivität zutage.

Die Orthodoxen und ein Teil der Anglikaner legten Wert auf die Selbstevidenz des Glaubens aus den Bekenntnissen und aus der Lehre. Wo die eine Kirche sei, dort sei auch eine christliche Wahrheit, ein christlicher Glaube, ein christliches Bekenntnis.[72]

Die Protestanten führten in ihrer Argumentation die Unterscheidung zwischen fides quae und fides qua ein und gaben dem Akt des Glaubens Vorrang vor dem Inhalt des Glaubens.[73]

In fast allen Vorträgen wurde betont, daß fides quae und fides qua zusammengehören und sich gegenseitig bedingen: *„Der stärkste Ausdruck der inneren Einheit wird das Bekenntnis sein, das im Leben und in der Tat besteht.*“[74]

2.2.3.4. »Das geistliche Amt der Kirche«

Der Text dieses Berichtes bekräftigt einige Aspekte der Amtstheologie, die alle konfessionellen Gruppen übereinstimmend aussagen konnten. Das geistliche Amt sei eine Gabe für die Kirche, heißt es, es sei wesensnotwendig, werde durch Christus und seinen Geist verliehen, habe vermittelnde und leitende Funktion, die Beauftragung der Amtsträger geschehe durch die Ordination.[75]

Es wurde unterstrichen, daß jeder Gläubige unmittelbaren Zugang zu Gott in Jesus Christus durch den Heiligen Geist hat. Das „Wie“ der Gnadenver-

---

[71] Ebd., S. 536.

[72] Vgl. ebd., S. 254.

[73] So der Kongregationalist Bartlet, ebd., S. 267.

[74] Ebd., S. 248.

[75] Vgl. ebd., S. 537.

mittlung wurde zum Gegenstand der Diskussion, weil damit auch andere Streitpunkte, wie das Wesen des Amtes, der Ordination und der apostolischen Sukzession zusammenhängen.
Orthodoxe und Anglikaner sagten, das Amt sei ein besonderes Charisma, das dem Amtsträger von Gott durch den Ordinator verliehen werde. Die Gnade sei darum an die Form des Amtes gebunden, die Amtsträger seien besondere Vertreter Christi und das Amt sei ein besonderer Stand, der aus drei Stufen (Bischof, Priester, Diakon) bestehe, und setze das Sakrament der Ordination und die apostolische Sukzession notwendig voraus.[76]
Die Lutheraner betonten hingegen, die Gnade Gottes werde durch Wort und Sakrament vermittelt. Da es für sie im Grunde nur ein Amt des Wortes gibt, bleibt die Form eines spezifischen kirchlichen Amtes sekundär und erfordert die Sukzession des Evangeliums nicht die Verleihung der Gnade durch die Ordination; im Gegenteil, eine so verstandene Ordination würde die alleinige Mittlerschaft Jesu ausschließen und das allgemeine Priestertum der Gläubigen zu etwas Untergeordnetem machen.
Die Kongregationalisten und Freikirchler sahen die Gnade des Amtes dort, wo der Geist Gottes wohnt, nämlich unter den Gliedern des Gottesvolkes. Von daher behaupteten sie: Der Konsens der Brüder sei das wichtigste Urteil nach dem Urteil Gottes. Die Amtsträger stünden der Kirche nicht gegenüber, sondern seien die Verwalter der der Kirche gegebenen Gnaden Gottes. Das Wesen des geistlichen Amtes bestehe – unabhängig von der Form des Amtes – in den notwendigen Aufgaben und Funktionen der Gemeinde. Ob jemand von Gott berufen sei, habe nicht der einzelne Bischof (der sich im Irrtum befinden kann), sondern die Gemeinde zu entscheiden. Die Ordination verleihe nicht die Gaben, sondern sie anerkenne sie bloß, damit kein Zweifel besteht, daß Gott den Betreffenden auch tatsächlich berufen hat. Die Sukzession bestehe in der Kontinuität der Gemeinde und des Geistes in ihr.[77]
Im Text des Dokumentes wurden alle drei Verfassungsformen der Kirche erwähnt und für die wiedervereinigte Kirche als notwendig angesehen.

> *„In Anbetracht dessen, daß jede der drei Verfassungsformen, die bischöfliche, die presbyterische und die kongregationale, von ihren Anhängern als notwendig für die richtige Verfassung der Kirche be-*

[76] Ebd., Palmer S. 297ff., Bulgakov S. 320ff.

[77] Ebd., Fyffe S. 334ff.

trachtet wird, sprechen wir als unsere Überzeugung aus, daß alle diese Elemente ..., ihren angemessenen Platz in der Lebensordnung einer wieder geeinten Kirche haben müssen".[78]

Es wurde nicht weiter ausgeführt, wie diese Verfassungsformen in der wiedervereinigten Kirche ihren Ausdruck finden sollen.

2.2.3.5. Exkurs: Koinonia

Als besonders bemerkenswert darf der Vortrag des orthodoxen Theologen Bulgakov in diesem Zusammenhang angesehen werden, weil er die Amtstheologie der Orthodoxie in den Begriff der „Sobornost'" (Koinonia) einbettete. Seinen Gedanken seien in diesem Exkurs kurz wiedergegeben, da sie einen interessanten Bezugsrahmen für unsere Fragestellung liefern.

Das Originelle am Entwurf von Bulgakov ist die Tatsache, daß er keinen Aspekt – weder das Amt der Sakramente noch das Amt des Wortes noch die Gemeinschaft – in einem Bezugsrahmen der Über- und Unterordnung darstellt, sondern die Pole aufeinander bezieht.

Bulgakov`s Ansatzpunkt ist das traditionelle ostkirchliche Verständnis der Kirche als Koinonia: „Sobornost'". Diese Gemeinschaft wird gedacht als ein „Organismus", d.h. als eine zusammenhängende lebendige Ganzheit. „Sobornost'" bezeichnet für Bulgakov das Wesen der Kirche. Mit der Verwendung dieses Konzeptes wird es ihm möglich, die juridisch-sakramentale Gestalt der Kirche einerseits zu bejahen, aber das Wesen der Kirche nicht mit dieser Erscheinungsform zu identifizieren.[79] Konkret: Hierarchie und Priestertum gehören wesentlich zur Gestalt von Kirche. Doch als „Sobornost'", als Koinonia-Gemeinschaft, kann sich Kirche nicht mehr pyramidal strukturieren. Das Verhältnis von Priestertum und Laienschaft beschreibt Bulgakov folgerichtig mit „*geistlicher Wechselbeziehung*", „*Einigung in der Liebe*", „*Einmütigkeit der Gedanken*", „*Prinzip des Organismus, nicht der Organisation*".[80] Von diesem Blickwinkel aus kritisiert er die protestantische Überbetonung der Laiengemeinschaft und den römisch-

---

[78] Ebd., S. 538.

[79] „Das Leben der Kirche hüllt sich in das juridische Gewand, aber ist mit ihm nicht identisch ...", SASSE, ebd., S. 320.

[80] Vgl. ebd., S. 322.

katholischen Verlust des Eigenwertes der Laien als Übertreibungen.[81] In der wechselseitigen Verbundenheit einer Kirche „Sobornost'" finden Priestertum und Laienschaft ihren je angemessenen Platz: *„Nur mit den Laien kann der Priester die heiligen Sakramente vollziehen."*[82] Für Bulgakov begründet gerade das Sakrament der Firmung, das sich in der Salbung ausdrückt, eine Mitbeteiligung der Laien an der Kirche. Das Vorhandensein beider, des königlichen wie des charismatischen Priestertums, bildet die Voraussetzung für das Heil in der Kirche.
Bulgakov versucht zu zeigen, daß alle drei Elemente der kirchlichen Verfassung: die Hierarchie, die Laienschaft und die Gemeinschaft, in der Vorstellung der Kirche als Koinonia ihren Platz haben. Sein Entwurf stellt die einzelnen Aspekte als radikal unterschiedliche und doch aufeinander bezogene dar. Auch wenn das Kirchenkonzept von Bulgakov ein typisches ostkirchliches Kirchenverständnis widerspiegelt, zeigt es sich aufgrund des Aufeinanderbezogenseins der unterschiedlicher Aspekte als äußerst konvergenzfähig.

2.2.3.6. »Die Sakramente«

Zu Beginn des Berichtstextes wird knapp angeführt, in welchen Punkten der Sakramentstheologie zwischen den verschiedenen Kirchen eine Übereinstimmung herrscht: Zu den konstitutiven Elementen der Sakramente gehört ihre göttliche Stiftung, sichtbares Zeichen und innere Gnadengabe.
Auch eine kurze theologische Grundlegung der sakramentalen Gnadenvermittlung wird von allen bejaht:

> *„... der Heilige Geist ist es, der die Gnade übermittelt; denn Er nimmt aus dem, was Christi ist, und bringt es der Seele nahe durch den Glauben."*[83]

Das Trennende bei diesem Thema lag in der unterschiedlichen Gewichtung des objektiven und des subjektiven Faktors der Sakramente, wie es besonders im Gnadenverständnis zum Ausdruck kommt. Die Trennungslinie verlief zwischen dem Verständnis der Orthodoxen und der Anglikaner auf

[81] Vgl. ebd., S. 321.

[82] Ebd.

[83] Ebd., S. 540f.

der einen und zwischen dem der Kongregationalisten und der Baptisten auf der anderen Seite, während die Evangelischen eine vermittelnde Rolle einzunehmen versuchten.

Für den sogenannten „katholischen Typus“ (Orthodoxe und Anglikaner) ist die Gnade des Sakramentes mit dem Zeichen verbunden und wirkt durch dessen Vollzug. Ein Beispiel: „*Diese* [besondere] *Gnade* [der Ordines] *gibt Er* [Gott der Heilige Geist] *durch den Akt der Handauflegung*“.[84] Oder eine andere Äußerung, die zugleich eine Kritik des „protestantischen“ Sakramentenverständnisses enthält: „*Der Hauptzweck* [der Sakramente] *liegt nicht in der Erinnerung an Tatsachen der Vergangenheit, nicht darin, das wir uns gegenseitig zu einem christlichen Wandel stärken wollen, sondern in dem Empfang der vollen Wirkung der im Sakrament geschehenden Tat Gottes.*“[85]

Die Vertreter des „protestantischen“ Typus sagten deutlich, daß die Gnade der Sakramente auch unabhängig von den Zeichen wirke. Entscheidend sei die individuelle Bereitschaft, sie zu empfangen, und der persönliche Glaube. Besonders prägnant äußerten die Baptisten ihren unterschiedlichen Standpunkt:

> „*Die Heiligen Handlungen an sich übermitteln oder bewirken gar nichts. Sie sind bloße Symbole, welche wesentliche Elemente der inneren Erfahrung des Christen im Herzen des Gläubigen lebendig erhalten und sie ihm immer wieder einprägen. Sie sind Stützen des Glaubens und sollen seine Wahrheiten dem Menschen immer wieder ins Gedächtnis rufen.*“[86]

Die Trennungslinie zwischen den beiden Ansätzen verlief hier zwischen der Auffassung von der Funktion der Sakramente: zwischen einem bewirkenden und einem bezeichnenden Verständnis. Sakrament als Werkzeug und als Zeichen waren die entscheidenden Begriffe.

Der Protestant Jakob Schoell sah dieses unterschiedliche Verständnis der Sakramente im unterschiedlichen Verständnis der Gnade. Beim „katholischen“ Typus sei die Gnade etwas Neues, das sich in einem physich-hyperphysischen Vorgang in die menschliche Natur einsenke und den Menschen in ein Kind Gottes verwandle. Wort und Sakrament seien hier

---

[84] Bischof Nicholai, ebd., S. 345.

[85] Canon Quick, angl., ebd., S. 361.

[86] Baptist Robert Ashworth, ebd., S. 368.

gleichsam zwei Kanäle für zwei unterschiedliche Gnaden Gottes. Bei dem „protestantischen" Typus hingegen sei die Gnade immer und überall ein- und dieselbe. Sie meine den in Christus geoffenbarten Liebeswillen Gottes, der den Sünder richtet und rettet, so daß der Mensch der Gotteskindschaft gewiß werde. Wort und das Sakrament seien gleichsam eins, das Sakrament nur Wortverkündigung unter sichtbarem Zeichen. Folglich gebe es nur einen Kanal für die eine Gnade Gottes.

Diese Interpretation demonstriert Schoell an den unterschiedlichen Eucharistieauffassungen: „*Bei der ersten Auffassung* [katholischen] *hängt alles davon ab, daß die Elemente wirklich die Träger des physisch-hyperphysischen Heilsgutes sind. Ihre rechtmäßig vollzogene Weihe durch den selber rechtmäßig Geweihten ist darum sakramentalen Opfers und eine besonders ehrfürchtige Behandlung der geweihten Elemente liegen hier nahe. Die Wirkung ist die geistig-leibliche Vereinigung mit Christus. Nach der zweiten Auffassung* [protestantischen] *ist das Wesentliche der geistige Vorgang. Die sinnenfällige Bezeugung, daß Christus Leib und Blut für uns dahingegeben hat, soll dienen zur Stärkung des Glaubens, zum Trost des Gewissens, zu gewisser Versicherung der Vergebung der Sünden und zur Besserung des Lebens.*"[87]

Hinter diesen beiden Gnadenverständnissen stünden – so schließt Jakob Schoell – Unterschiede, keine Gegensätzlichkeiten im Gottesgedanken. Im ersten Typus werde Gott metaphysisch als eine überweltliche Wesenheit gedacht, im zweiten Typus Gottes heilige Liebesgesinnung streng personalistisch und voluntaristisch verstanden, und das Ethische, Gesinnungsmäßige in Gott betont.[88]

Die Analyse von Schoell ist weiterführend. Sie legt den Gedanken nahe, daß eine Vielfalt der konfessionsspezifischen Sakramentsverständnisse nicht eine Häresie zur Ursache haben muß, sondern daß sie etwas mit Gott zu tun hat und sogar eine gewisse Pluralität in Gott selbst offenbart.[89]

---

[87] Ebd., S. 366.

[88] Vgl. ebd., S. 364ff.

[89] Ebd., S. 542.

2.3. Auswertung

Geschichtliche Einordnung:

Die Untersuchung ekklesiologisch relevanter Texte der Weltkonferenz von Lausanne 1927 unter Hinzuziehung der Diskussionsbeiträge ihrer Teilnehmer gibt ein recht komplexes Bild ab. Nach der Befunderhebung aus der ekklesiologisch-trinitarischen Perspektive können nun einige Gemeinsamkeiten und abweichende Positionen festgehalten werden.

Der multilaterale Dialog der Konfessionen offenbarte einen tiefgehenden Unterschied in den konfessionell geprägten Auffassungen über das Wesen der Kirche und über ihre Einheit.

Einige Vorträge der Kirchenvertreter waren scharf konfessionell konturiert und enthielten teilweise überzogene Formulierungen. Darin spiegelte sich die theologische Situation der einzelnen Kirchen zu dieser Zeit wider, die sich heute weitgehend geändert hat. Die manchmal überspitze Absicht, sich gedanklich von den anderen konfessionellen Standpunkten abzusetzen, wirken heute schematisch, damals dienten sie dem konfessionellen Vergleich und dem gegenseitigen Kennenlernen. Sie waren notwendig für die Schaffung einer möglichen gemeinsamen Grundlage. Alle Konfessionen gingen in die Diskussion mit der Absicht, den eigenen Standpunkt nicht nur konfessionell geprägt, sondern auch konvergenzfähig darzustellen. Von daher sind die Gemeinsamkeiten zu verstehen.

Alle konfessionellen Gruppen waren bereit, eigene Grenzen zu übersteigen. Dies ist beim anglikanischen ekklesiologischen Typus in der Tatsache der organischen Einheit und im Austausch der Gaben zu sehen, während es sich beim Typus der Orthodoxie im Konzept der Koinonia und im reformatorischen Typus in der vermittelnden Funktion des Wortes niederschlägt.

Trinitarisches Gottesverständnis:

Es zeigte sich, daß gegenüber einem osttheologisch geprägten trinitarischen Ansatz mit der Betonung der Einheit eine Alternative im trinitarischen Ansatz der protestantischen Richtung als Garant der Vielfalt ins Spiel gebracht wurde (Bischof Hognestad).

Die Umkehr zu Christus oder eine christologisch begründete Argumentation bei verschiedenen Verhandlungsgegenständen zeigten weiterhin, daß die Christuszentrierung eine echte Basis legte, auf der eine spätere theologische Diskussion aufgebaut werden konnte.

Trinitarisches Kirchenverständnis:
Im Verständnis des Wesens der Kirche kristallisierten sich bei den Erörterungen drei ekklesiologische Positionen heraus, die jeweils andere Aspekte betonten, so daß von einem trinitarischen, christologischen und pneumatologischen Ansatz gesprochen werden konnte. Diese drei Verständnisse von Kirche tauchten in den Vorträgen am häufigsten auf. Kirche als

- Leib Christi, mit der Betonung des juridisch-sakramentalen Aspektes, der Einheit des göttlichen und des menschlichen Elementes in ihr;
- Gemeinschaft des Heiligen Geistes, mit der Betonung der Freiheit und Ganzheit der Gemeinde sowie der Gestaltungsnotwendigkeit des kirchlichen Amtes;
- Gemeinschaft des Wortes mit der Betonung des subjektiven Glaubens, des Unterschiedes zwischen dem göttlichen und dem menschlichen Aspekt in ihr.

Die Auffassungen über die sichtbare Gestalt der wiedervereinigten Kirche gingen in zwei grundsätzliche Richtungen auseinander, die als „katholische“ und eine „protestantische“ Richtung beschrieben wurden.
Der „katholische“ Standpunkt betrachtet die sichtbare Verfassung der Kirche als unverzichtbar für ihre Einheit. Er betont das Äußere, Objektive, Strukturelle, Institutionelle. Die geschichtliche Kontinuität wird als verbindlich angesehen, weil sie sich von Christus herleitet. Von diesem Ausgangspunkt beim Geschichtlich-Konkreten ergeben sich in der Folge bestimmte Akzentuierungen:

- Die Einheit des Leibes besitzt Priorität vor der Vielfalt.
- Die Kirche ist dem Evangelium vorgeordnet und nur sie verkündet das Evangelium verbindlich
- Glaubensbekenntnis, Glaubensinhalt (d.h. die fides quae), Gestalt des Amtes, Ordination, Sukzession, Wirkursächlichkeit des Sakramentes gehören so zur Struktur der Kirche, daß ihre Einheit unlösbar daran geknüpft ist.

Kurz: Die Einheit der Kirche ist auch von ihrer äußeren Gestalt abhängig.
Der „protestantische“ Standpunkt betrachtet die sichtbare Verfassung der Kirche als veränderbar. Sie betont daher das Innere, Subjektive, Induktive, Ereignishafte, Unverfügbare. Sie sieht Vielfalt und Freiheit in der Gnade des Heiligen Geistes begründet und betont die Vielfalt vor der Einheit. In der Konsequenz werden hervorgehoben: das Hören des Wortes, der Akt des Glaubens (d.h. die fides qua), die Gnade als von der äußeren Gestalt des Amtes oder des sakramentalen Zeichens unabhängig. Zusammenfassend: es kommt auf die innere Einheit an, die nicht von der äußeren Gestalt der Kirche abhängt.
Zwei Einheitsmodelle wären folgerichtig diesen Auffassungen zuzuordnen: die organische Einheit der „katholischen“ Richtung, die föderative Einheit der „protestantischen Richtung.

Fazit:

Von allen Teilnehmern wurde mehr oder weniger bekräftigt, daß die Einheit der Kirche Christi „organisch“ im Sinne von Wachstum, Dynamik und Unverfügbarkeit und nicht organisatorisch im Sinne einer menschlichen Wiederherstellung verstanden werden muß.
Zwei Beiträge von Teilnehmern werden sich als äußerst zukunftsträchtig zeigen. Einmal das Koinonia-Konzept von Bulgakov, das zwar konfessionell geprägt bleibt, doch mit seiner starken Betonung der Aufeinanderverwiesenheit der unterschiedlichen kirchlichen Aspekte sich als äußerst konvergenzfähig erweist. Sein ekklesiologischer Ertrag wurde während der Weltkonferenz zwar nicht besonders beachtet, das Koinonia-Verständnis in späteren Jahren jedoch aufgegriffen.
Auf der anderen Seite wies die minutiöse Analyse von Schoell von der Pluralität der konfessionellen Auffassungen über die Sakramente auf die nicht näher differenzierte Pluralität in Gott selbst hin. Damit wurde ein Weg zur Vertiefung des Gottesverständnisses aufgetan und indirekt die Bedeutung des Trinitarischen in Gott hervorgehoben.

3. Edinburgh 1937

3.1. Einführung

Nach der Lausanner Weltkonferenz arbeitete der Fortsetzungsausschuß an dem Punkt weiter, an dem sich in Lausanne der Dissens zwischen den Kirchen am deutlichsten gezeigt hatte. Es war, wie wir sahen, vornehmlich um unterschiedliche Verständnisse von Einheit und von der Kirche gegangen. Darum schlug der Fortsetzungsausschuß für die Weltkonferenz in Edinburgh unter anderem drei Studienarbeiten vor, in denen ekklesiologische Fragen behandelt werden sollten.
In der Studienarbeit »Die Einheit der Kirche in Leben und Gottesdienst« beschäftigte sich die Bewegung für Glauben und Kirchenverfassung mit dem bereits seit Lausanne vertrauten Thema der Einheitsmodelle. In den weiteren Arbeiten »Die Kirche Christi und das Wort Gottes« und »Die Gemeinschaft der Heiligen« wurde die Ekklesiologie unter den in den Überschriften genannten unterschiedlichen Blickpunkten entfaltet.

3.2. Die tiefere Untersuchung der kirchlichen Trennung

Für die drei ekklesiologischen Dokumente von Edinburgh bildet die Feststellung des Unterschiedes zwischen den konfessionsspezifischen Kirchenverständnissen den Ansatzpunkt für ihre weiteren Ausführungen. Und in allen drei Dokumenten wird eine tiefere Analyse dieses Unterschiedes dargelegt.

a) »Die Einheit der Kirche in Leben und Gottesdienst«
Dieses Dokument deckt die Wurzel des ekklesiologischen Dissenses in besonders aufschlußreicher Weise auf. Es befaßt sich mit der bekannten Frage, wie die Einheit der wiedervereinigten Kirche aussehen soll. Wie es schon in Lausanne der Fall war, stellt das Dokument zwei unterschiedliche Auffassungen der Einheitsmodelle fest. Auf der einen Seite das „föderative", auf der anderen Seite das „organische" Modell, das in Edinburgh auch „körperschaftliche Vereinigung" genannt wird.[1] Das Dokument

[1] Das Dokument der Edinburgher Weltkonferenz 1937: *„Die Einheit der Kirche in Leben und Gottesdienst"*, Nr. 111-197. In: VISCHER, Lukas (Hrsg.); *Die Einheit der*

von Edinburgh bleibt jedoch nicht bei dieser bekannten Feststellung stehen, es geht weiter und findet heraus, daß hinter diesen unterschiedlichen Einheitsmodelle unterschiedlich gewichtete Kirchenkonzepte stehen. Demnach erfordert die „föderative“ Vorstellung der Einheit:

- keine Gleichheit im Glauben oder Bekenntnis,
- keine Gleichheit im nicht-sakramentalen Gottesdienst,
- keine Gleichheit in der Sakramentenlehre und in der Verfassung der Sakramente,
- keine Gleichheit der Ämter,
- keine Gleichheit der Verfassung. [2]

Das organische Modell verlangt dagegen Gleichheit in all den oben genannten Elementen. In Lausanne war festgestellt worden, daß das föderative Modell eher die Kirchen reformatorischer, das organische Modell eher die Kirchen katholischer Provenienz vertrat. Die Betonung der Vielfalt bei den kirchlichen Strukturelementen der protestantischen Richtung und die Betonung der Einheit in denselben in der katholischen Richtung wurde in Edinburgh tiefer hinterfragt. Als Ursache des Dissenses stellt das Dokument »Die Einheit der Kirche in Leben und Gottesdienst« „tief voneinander abweichende Kirchenbegriffe“[3] fest. Diese Begriffe wurden im vorbereitenden Bericht der Kommission noch tiefgreifender analysiert. Der erste, einer föderativen Einheitsvorstellung zugeordnete Begriff wird darin als der „personelle“ Kirchenbegriff, der zweite, der einer organischen Einheitsvorstellung zuzuordnen ist, als der „autoritäre“ Kirchenbegriff bezeichnet.[4]
Der „personelle“ Kirchenbegriff wird folgendermaßen beschrieben:
Eine *individualistische* Auffassung der Kirche leite das Leben der Kirche von individuellen Lebenszentren ab, die spontan und in gegenseitiger Un-

---

Kirche, Material der ökumenischen Bewegung, Chr. Kaiser Verlag München, 1965, S. 67-82. Hier in Nr. 121ff.

[2] Ebd., Nr. 113ff.

[3] Ebd., Nr. 146.

[4] Vgl. das vorbereitende Dokument als Bericht der Kommission IV über *»Die Einheit der Kirche in Leben und Gottesdienst«* mit der Überschrift: *„Was verstehen wir unter Einheit“*, Faith and Order Papers Nr. 82, deutsche Ausgabe, hier auf S. 54-58.

abhängigkeit aufbrächen und die Tendenz besäßen, sich infolge ihrer natürlichen Anziehungskraft zu vereinen. Dies sei eine vitale Auffassung der Kirche. Die institutionellen Formen in der Kirche stammten nicht „de iure divino", sondern aus einem geschichtlichen Prozeß, sie seien Werkzeuge, die weiteren Veränderungen unterlägen.

Der „autoritäre" Kirchenbegriff wird dagegen so beschrieben:

Eine *ganzheitliche* oder *körperschaftliche* Auffassung der Kirche leite ihr Dasein von einem ihr anfänglich verliehenen Leben ab. Das Persönliche hänge vom Sozialen und Ganzheitlichen ab. Dieser „autoritäre" Kirchentyp betone das *Institutionelle* der Kirche, das von Gott selbst direkt Eingesetzte oder Eingerichtete oder den Menschen Gegebene, irgend etwas Bestimmtes, Objektives und Unveränderliches, auf das man als auf etwas Göttliches zeigen könne.

Im letzten Schritt stellt das Dokument fest, daß der Unterschied in den Kirchenbegriffen auf die Beziehung Gottes zur Welt und sein Handeln an den Menschen hinweist.

Der „personelle" Kirchenbegriff stelle sich die Beziehung Gottes zur Welt mehr auf *immanente Weise* vor. Natur und Menschen würden vom Geist Gottes unterstützt und gestaltet, aber seien nicht sein passives oder mechanisches Ergebnis. Der transzendente Gott sei hier ein *persönlich-sittlicher Gott* und behandele den Menschen darum auch als ein persönliches und sittliches Gegenüber.

Der „autoritäre" Kirchenbegriff betone im Handeln Gottes eher die *Transzendenz, die Macht und sein Ganz-Anders-Sein*. Gottes Tun werde als *unvermitteltes und durch nichts bedingtes Tun* aufgefaßt. Was geschieht, werde als *vollkommen und endgültig* angesehen.[5]

Die Analyse des tiefsten Unterschiedes zwischen den Kirchenverständnissen zeigte noch differenzierter als es in Lausanne der Fall war, daß die erste Ursache dieses Unterschiedes in der Gottesvorstellung lag.

b) »Die Kirche Christi und das Wort Gottes«

Beim tiefsten Unterschied zwischen den ekklesiologischen Auffassungen der „katholischen" und der „protestantischen" Richtung setzte auch die

[5] Ebd., S. 58.

Studienarbeit am weiteren Dokument der Weltkonferenz von Edinburgh »Die Kirche Christi und das Wort Gottes« an.[6]
Die Theologen des Fortsetzungsausschusses von Lausanne, denen die Vorbereitung der Weltkonferenz in Edinburgh anvertraut war, wählten deutsche protestantischen Theologen als Moderatoren der vorbereitenden Sektion, die schließlich auch das Dokument »Die Kirche und das Wort Gottes« verfaßte.[7] Diese protestantischen Theologen waren der Meinung, die schwerwiegendsten Unterschiede befänden sich dort, wo die Reformation angesetzt hatte, nämlich im Verständnis der Offenbarung, der Kirche und ihrer gegenseitigen Beziehung.[8] Wie schon in Lausanne angesprochen, handelte sich um die Zuordnung dieser beiden Aspekte.

c) »Die Gemeinschaft der Heiligen«
Wenn die Beziehung zwischen Wort Gottes und der Kirche ein relevantes Thema der reformatorischen Tradition ist, dann ist Gemeinschaft der Heiligen als Kirchenverständnis vor allem in der östlichen Theologie beheimatet. Die orthodoxen Theologen schlugen das Thema Gemeinschaft der Heiligen für die Weltkonferenz vor und lieferten auch das meiste Material dazu.[9]
Besonders in der vorbereitenden Studie zum Dokument »Gemeinschaft der Heiligen« wurden die unterschiedlichen Standpunkte der konfessionellen

---

[6] Vgl. *»Die Kirche Christi und das Wort Gottes«*, Nr. 19-49. In: VISCHER; *Die Einheit der Kirche*, S. 46-54.

[7] Vgl. den Bericht *»Die Kirche und das Wort Gottes«* als das vorbereitende Dokument für die Weltkonferenz von Edinburgh 1937, Faith and Order Papers Nr. 87, deutsche Ausgabe.

[8] So Sasse bei der Sitzung des Fortsetzungsausschusses in Hertenstein: „Die Lehre der Reformation über das Wort Gottes und die Beziehung zwischen Wort Gottes und Kirche ist gegen zwei Gegnern gerichtet, gegen Sentimentalismus, wie bei den enthusiastischen Baptisten, welche unterordnen die Schrift unter direkte persönliche Offenbarung, und gegen die Römische Kirche, welche unterordnet die Bibel unter das Lehramt der Kirche, erklärend, daß das Lehramt gibt die gültige Interpretation der Schrift und kann eine Lehre verkünden, die hinter die Schrift geht.“; Drucksache: Faith and Order Papers Nr. 71, S. 17.

[9] Vgl. *»Gemeinschaft der Heiligen«*, Nr. 50-62. In: VISCHER: *Die Einheit der Kirche*, S. 54-57. Der Text des Berichtes der vorbereitenden Sektion IV über die Gemeinschaft der Heiligen, als Faith and Order Papers Nr. 83, liegt im Buch: *Programm für die zweite Weltkonferenz für Glauben und Kirchenverfassung zu Edinburgh (Schottland) 3.-18. August 1937*, vor.

Traditionen zusammengetragen, verglichen und so der Unterschied zwischen denselben ermittelt.

Die voneinander abweichenden Auffassungen zeigten sich vor allem in der Frage, wie die Menschen an der Heiligkeit Gottes teilnehmen und so zur Gemeinschaft der Heiligen werden könnten.[10]

In Lausanne wurde deutlich, daß die „katholische" und die „protestantische" Richtung die Verbindung des göttlichen Aspektes in der Kirche mit ihrer konkreten historischen menschlichen Erscheinung unterschiedlich verstanden. Auf der „katholischen" Seite wurde eher die Einheit, auf der „protestantischen" Seite eher die Differenz zwischen beiden betont. Dieselbe Gewichtung offenbarte die philosophisch-theologische Untersuchung über die Teilhabe der Gemeinschaft der Menschen an der Heiligkeit Gottes.

Diese Untersuchung befindet sich im vorbereitenden Dokument »Die Gemeinschaft der Heiligen«. Es heißt dort, die Heiligen Gottes in der Kirche hätten Gemeinschaft mit Gott dem Vater, dem Sohn, dem Heiligen Geist, mit den Engeln, mit den Menschen, die keine Heilige sind, mit den Heiligen in der Kirche und mit den verstorbenen Heiligen.[11] Nach dieser Beschreibung unterscheidet das vorbereitende Dokument zwischen den platonischen oder neuplatonischen Realisten, welche die Kirche als eine mystisch-geistliche substantielle Einheit betrachten, in der einzelne Glieder völlig aufgehen (Orthodoxe, Quäker);

den aristotelischen Realisten, welche die Kirche als eine geistliche Einheit von wiedergeborenen Individuen sehen, die in sittlicher und geistlicher Vereinigung mit Christus vereint sind (Kirchen des Protestantismus);

den Konzeptualisten, für die Kirche und Gemeinschaft der Heiligen ein bloßer Begriff ist (Hier werden keine Vertreter genannt.).[12]

Die „platonische" Anschauung betont Gottes Handeln und eine sofortige Verwandlung des Menschen, wie es der östlichen „theosis" entspricht. Die „aristotelische" betont ihrerseits den Prozeß der Heiligung und ihren eschatologischen und ethischen Charakter: „Wir sind, was wir werden sollen."[13]

---

[10] *»Die Gemeinschaft der Heiligen«,* der vorbereitende Bericht der Sektion IV, S. 53.

[11] Vgl. das vorbereitende Dokument, S. 11.

[12] Vgl. ebd., S. 51.

[13] Ebd., S. 42.

Alle drei ekklesiologisch ausgerichteten Dokumente von Edinburgh 1937 beschäftigten sich mit der Untersuchung des in Lausanne festgestellten Unterschiedes. Sie entdeckten die Wurzel des tiefen Unterschiedes zwischen der „katholischen" und der „protestantischen" Richtung in der abweichenden Betonung der Transzendenz oder Immanenz Gottes, in der Beziehung zwischen dem Wort Gottes und der Kirche und in der Weise, wie der göttliche Aspekt der Kirche mit ihrer empirischen Erscheinung verbunden ist. Eines der Ergebnisse dieser detaillierteren Untersuchung ist die Erkenntnis, daß die begriffliche Unterscheidung zwischen „katholisch" und „protestantisch" ungenügend sei. Auch lehnte die Kommission die vereinfachenden Gegensatzpaare „Kirchen des Wortes" und „Kirchen der Sakramente" ab. Die Kommission behauptete, der Gegensatz sei nicht ausschließlich konfessionell bedingt. Daher dürfe man ihn auch nicht mit der Gegenüberstellung bischöflicher und nicht-bischöflicher Verfassungen erklären wollen.[14]

Das vorbereitende Dokument »Die Kirche und das Wort Gottes« lehnte entschieden jede Form einer nachträglichen, auf dem Wege der Formulierung und Organisation zu verwirklichenden Einheit ab. Das Recht der Kirchen zur konfessionellen Eigenart wird bekräftigt. Daraus leitet sich das Postulat ab, die Einheit dürfe auf keinen Fall auf Kosten der Wahrheitsfrage gesucht werden. Statt dessen wird vorgeschlagen, daß alle Konfessionen sich mit eigenen Gaben gegenseitig beschenken und so zu einer authentischen Einheit beitragen sollen.[15] Diese Vision wurde nicht weiter entfaltet, immerhin stellt sie die Vision einer zukünftigen, nicht konfrontierenden Gegenseitigkeit dar.

---

[14] Vgl. *»Die Einheit der Kirche in Leben und Gottesdienst«*, Nr. 153. In: VISCHER; *Die Einheit der Kirche*.

[15] „Wir glauben vielmehr, daß diese Verschiedenheit nicht nur Irrtum, Eigensinn und Sünde ist, sondern daß die verschiedenen Kirchen verschiedene Aufgaben und Funktionen innerhalb der Una Sancta haben; ... um zwei Beispiele zu nennen, die besondere Gabe und Funktion der Reformations-Kirchen ist der Glaube an die Rechtfertigung, und die der anglikanischen Kirche ist die Lehre von der Sakramenten und der Inkarnation. Nur dürfen diese Unterschiede nicht als kirchentrennende Gegensätze, sondern als Verschiedenheiten verstanden werden, die zum Dienst an den anderen Kirchen verpflichten." Der vorbereitende Bericht *»Die Kirche Christi und das Wort Gottes«*, Faith and Order Papers Nr. 87, S. 28.

3.3. Die theologische Grundlage und ekklesiologische Ausführungen in Edinburgh

(1) »Die Einheit der Kirche in Leben und Gottesdienst«

Die Stärke des Dokumentes »Die Einheit der Kirche in Leben und Gottesdienst« liegt in der Analyse der Faktoren, welche die Trennung verursachten. Die Absicht der Analyse ist:

„... *unter der Leitung des Heiligen Geistes das Wesen der Kirche, wie sie von Gott in Christus geschaffen worden ist, seinem ganzen Umfang nach entdecken*“ (Nr. 111).

Der Beitrag des Dokumentes wurde oben bereits wiedergegeben.

(2) »Die Gemeinschaft der Heiligen«

Das Dokument »Die Gemeinschaft der Heiligen« bringt in Edinburgh auf knapp drei Seiten eine Zusammenfassung des fünfzigseitigen vorbereitenden Dokumentes. Das Dokument erweckt ähnlich wie »Die Einheit der Kirche in Leben und Gottesdienst« eher den Eindruck einer Analyse und einer Feststellung. Die Gemeinschaft der Heiligen wird trinitarisch begründet:

„*...alle, die ‚in Christus‘ sind, sind durch den Heiligen Geist in einer Gemeinschaft zusammengefaßt*“ (Nr. 50).[16]

Sie umfaßt nicht nur die sichtbare Kirche, sondern auch die verstorbenen Christen, Engel, Selige Jungfrau Maria (Nr. 50). Unter keinen Umständen soll das Festhalten an dieser Lehre das alleinige Mittlertum Jesu Christi verdecken oder verdunkeln (Nr. 61).

Aus diesen beiden Dokumenten werden keine unmittelbare Folgerungen für ein ökumenisches ekklesiologisches Konzept gezogen.

Die Erklärung »Bezeugung der Einheit im Gehorsam gegen unsern Herrn Jesus Christus« gibt die Enttäuschung über die ungelöste Trennung zwischen den Kirchen nach Jahren theologischer Annäherung offen zu. Die Uneinigkeit der Kirchen führte die Teilnehmer der Konferenz zum Bekenntnis zu Christus:

„... *Angesichts der Zerrissenheit und der Uneinigkeit unserer heutigen Zeit möchten wir sagen, daß Christus allein unserer Welt die Hoffnung auf Einigkeit bietet.*“ (Nr. 197)

---

[16] Im vorbereitenden Dokument steht: „Gemeinschaft der Heiligen ist Gottes Erwählung durch den Heiligen Geist in Christus.“ Faith and Order Paper 83, S. 21.

(3) »Die Kirche Christi und das Wort Gottes«

Das Dokument der Edinburgher Weltkonferenz »Die Kirche Christi und das Wort Gottes« (weiter: KWO) stellt das wichtigste ekklesiologische Dokument dar. In ihm wird versucht, nicht nur die festgestellten Unterschiede zu archivieren, sondern auch einen ersten Ausweg aus der Aporie des Vergleiches zwischen den Kirchen zu zeigen.

Der erste theologische Grundzug von KWO ist ein christologischer.

Den ersten Abschnitt über „Das Wort Gottes" beginnt KWO mit dem Bekenntnis zu Gott, dessen Tun mit dem Wort untrennbar verbunden sei (Nr. 19).[17] Es wird in Anlehnung an den Johannesprolog die Einzigartigkeit der Offenbarung in Jesus Christus unterstrichen. Gott offenbare sich in Jesus Christus, „um persönliche Gemeinschaft mit ihm wiederherzustellen" (Nr. 19). Die christliche Kirche sei die Stiftung des ewigen Wortes Gottes (Nr. 26).

Der deutlich christologische Charakter von KWO hat seinen Ursprung im vorbereitenden Dokument gleichen Titels.[18] Da die Lausanner Weltkonferenz den grundlegenden Unterschied zwischen den Kirchen als den Unterschied zwischen dem „katholischen" und dem „protestantischen" Typus charakterisierte, legte es sich nahe, daß die Arbeit der Edinburgher Konferenz genau an diesem Punkt ansetzte. Die Beziehung zwischen Wort Gottes und Kirche als Mittelpunkt der „katholisch-protestantischen" Kontroverse wurde unter Federführung zweier reformatorischen Theologen im vorbereitenden Bericht thematisiert.[19]

Der Text betont die Zuordnung der beiden Größen „Wort" und „Kirche". Die wechselseitige Beziehung von Wort und Kirche macht die alles beherrschende Perspektive aus: die Begründung der Kirche durch die Offenbarung, und die Bezeugung der Offenbarung durch die Kirche. So sei die Kirche zugleich Heils*gemeinschaft* und Heils*anstalt*. Alle anderen Aspekte der Kirche – Schrift, Tradition, Predigt, Amt und Sakramente – hätten ihren rechtmäßigen Platz und ihre Funktion in der Kirche nur innerhalb dieser grundlegenden Perspektive.

---

[17] *»Die Kirche Christi und das Wort Gottes«*, Nr. 19-49, In: VISCHER; *Die Einheit der Kirche*, S. 46-54.

[18] *»Die Kirche und das Wort Gottes«* als das vorbereitende Dokument für die Weltkonferenz von Edinburgh 1937, Faith and Order Paper 87, deutsche Ausgabe.

[19] Vgl. ebd., vor allem S. 9-14.

Die Kirche entstehe durch das Wort und habe die Aufgabe, das Wort zu bezeugen und durch Wortverkündigung und Sakramentenspendung zu verwalten. Die Kirche sei zunächst eine göttliche Gemeinschaft, weil sie aus Gottes Handeln entstanden sei. Christus sei das unsichtbare Haupt des sichtbaren Leibes der Kirche.

Im offiziellen Dokument von Edinburgh KWO im Abschnitt „Die Kirche: Unser gemeinsamer Glaube“ (Nr. 27-33) wird diese, etwas einseitige christologische Perspektive des vorbereitenden Dokumentes durch einen trinitarischen Aspekt erweitert.

Der zweite theologische Grundzug von KWO ist darum ein trinitarischer.

„*Wir anerkennen, daß Gottes allmächtiger Wille die Kirche auf Erden gestiftet hat durch Jesus Christus, und im besonderen durch die Tatsache Seiner Auferstehung, der Sammlung seiner Jünger um ihren gekreuzigten, auferstandenen und siegreichen Herrn und der Ausgießung des Heiligen Geistes.*“ (Nr. 27)

Diese Aussage ist auf eine „trinitarische Intervention“ der orthodoxen Theologen zurückzuführen.[20]

So erhält der christologisch verfaßte Text des vorbereitenden Dokumentes, in dem der Vater gar nicht und der Heilige Geist nur zwei Mal (in Bezug auf die Inspiration und die Auslegung der Schrift erwähnt) wird, eine trinitarische Entfaltung. Es wird über die heilsgeschichtliche Handeln aller drei Personen der Trinität in und an der Kirche berichtet. Die Kirche sei der Haushalt Gottes, in der Gottes Vaterschaft verwirklicht werden solle (Nr. 28), das Volk Gottes werde durch Christus zum Allerhöchsten geführt (Nr. 30).

Der Heilige Geist verteile die Gaben Gottes, führe Einzelne in alle Wahrheit und erfülle sie mit aller göttlichen Fülle. (Nr. 29) Vor allem aber mache er, laut KWO, Christus in seiner Kirche gegenwärtig (Nr. 30).

---

[20] Bulgakov schlug diese trinitarische Formulierung vor, um zu vermeiden, daß das Wesen der Kirche durch das christologische Motiv der Inkarnation auf rein zeitliche (irdische, weltliche, „temporale“) Kategorien reduziert würde: „We cannot say that the church is created by the eternal Word, who was incarnate; it comes from the whole Trinity.“ „Wir können nicht sagen, daß die Kirche durch das fleischgewordene Wort erschaffen wurde, sie geht aus der ganzen Trinität hervor.“ (Übersetzung von mir) In: BERGJAN; *Ecclesiology in Faith and Order Texts*, The ecumenical Review, 1/94, S. 49.

Die „Gegenwart Christi in der Kirche" fungiert hier als zentraler theologischer Begriff, der in KWO christologisch-pneumatologisch begründet wird: Der Heilige Geist mache Christus in der Kirche gegenwärtig und mache sie so zum Leib Christi und zum Volk Gottes (Nr. 28, 32). KWO bekräftigt, daß Christus in seiner Kirche seit ihrer Gründung beständig gegenwärtig gewesen sei und daß er trotz aller menschlichen Untreue der Verheißung seiner Gegenwart treu bleibe bis ans Ende der Zeiten (Nr. 31).
Das Motiv der „Gegenwart Christi in der Kirche" erfüllt hier zwei Aufgaben: einmal kann dadurch an der Kontinuität der Einheit der Kirche auf ihrem Weg durch die Geschichte trotz der Trennung festgehalten werden; andererseits macht der göttliche Faktor der „Gegenwart Christi in der Kirche" das vereinfachende konfessionelle Schema katholisch-evangelisch bzw. Sakramentskirchen-Wortkirchen überflüssig und unhaltbar.
Das göttliche Element in der Kirche wird nicht nur in ihrer Gründung gesehen, wie es noch in Lausanne geschah, wo ausgeführt wurde, daß Gott seine Kirche gestiftet und durch seinen Willen gegründet habe. Vielmehr wird mit dem Begriff der „Gegenwart Christi in der Kirche durch den Heiligen Geist" die Kontinuität des Göttlichen in der Geschichte ausgesagt, auch wenn die Frage nach dem Wie des Göttlichen und des Menschlichen in unverminderter Schärfe bleibt.[21] Es wird dadurch aber bekräftigt, daß das göttliche Element auch in der geschichtlich-empirischen Gestalt der Kirche zu finden ist.
Der Begriff „Gegenwart Christi" besitzt im Text eine einheitsstiftende Funktion. Jede Kirche begründet mehr oder minder stark ihre Legitimität mit der Gegenwart Christi, welche sie ganz selbstverständlich für sich beansprucht. Es bleibt also nach wie vor die Frage, die schon in Lausanne auftauchte, wie die Gegenwart Christi mit bestimmten konfessionsspezifischen Elementen der Kirche wie Sakramente, Wort, oder Gemeinschaft zusammenhängt, wie sie von diesen abhängig oder mit ihnen verbunden ist.[22] Wenn nämlich eine Kirche die Gegenwart Christi als von ihrem eige-

---

[21] Vgl. KÜRY, U.; *Die dritte Weltkonferenz für Glauben und Kirchenverfassung in Lund vom 15. bis 29. August 1952*; in: IKZ 43/1953, S. 5-24, hier S. 7.

[22] „... in welchem Maße hängt die christliche Gewißheit, daß man in lebendiger Berührung mit Christus ist, von dem Amte und den Sakramenten, oder dem Worte Gottes in der Kirche, oder dem inwendigen Zeugnisse des Heiligen Geistes oder von allen diesen Momenten ab?" *»Die Kirche und das Wort Gottes«*, Nr. 33. In: VISCHER; Ebd.

nen konfessionsspezifischen Element, z.B. den Sakramenten, unbedingt abhängig erklären würde, müßte sie alle anderen Kirchen, denen dieses Element fehlt, oder in denen es nicht so entfaltet ist, als defizient betrachten.
Die unterschiedlichen Standpunkte der christlichen Kirchen, die man in Lausanne als trinitarischen, christologischen und pneumatologischen Ansatz qualifiziert hatte, tauchen hier im Bezug auf die „Gegenwart Christi" wieder auf: „Amt und Sakramente" betonen die „autoritäre", mehr trinitarische Richtung, „das Wort Gottes" die christologische, die Wirkung des Heiligen Geistes die pneumatologische Richtung.[23] Die Aporie, die durch den Vergleich unterschiedlicher konfessionsspezifischer ekklesiologischer Typen in Lausanne entstand, bleibt demnach trotz des einheitsstiftenden Begriffes „Gegenwart Christi in der Kirche" bestehen.
KWO stellt fest: *„Verschiedene Kirchen unterscheiden sich im Gebrauch des Wortes 'Kirche'"* (Nr. 35).

3.4. Auswertung

Geschichtliche Einordnung:
Die Weltkonferenz von Edinburgh kann man durch die Begriffe Erweiterung und Vertiefung charakterisieren.[24] Vertiefung bezieht sich auf die Analyse des tiefsten Unterschiedes zwischen den konfessionsspezifischen Standpunkten in der Ekklesiologie. Erweiterung bezieht sich auf den trinitarischen Entwurf der Kirche, in dem der Begriff der „Gegenwart Christi" zentral ist.

Trinitarisches Gottesverständnis:
Die etwas einseitige christologische Perspektive des vorbereitenden Dokumentes über die Kirche wurde durch eine dynamische trinitarische Ausdrucksweise erweitert. Besonders das Dokument »Die Kirche und das

---

[23] Vgl. FRIELING, R.; *Die Bewegung für Glauben und Kirchenverfassung 1910-1937*, S. 103ff.

[24] Vgl. SCHÄFER; *Eucharistie im ökumenischen Kontext*, 70ff.

Wort Gottes« trägt einen christologisch-trinitarischen Charakter. Die christologische Zentrierung zeigte sich in den Texten als das theologische Fundament, auf dem die unterschiedlichen Kirchenverständnisse weiter im Gespräch bleiben konnten.

Trinitarisches Kirchenverständnis:
Das Wesen der Kirche wird tiefer und ausführlicher beschrieben, als es in Lausanne der Fall war. Der Begriff der „Gegenwart Christi in der Kirche" entwirft die Grundlage einer ekklesialen Wirklichkeit, auf der alle Kirchen eine bereits vorhandene Einheit feststellen und bejahen können. Offen bleibt, wie diese Gegenwart Christi näher theologisch mit bestimmten konfessionsspezifischen kirchlichen Elementen konkretisiert wird.

Fazit:
Der tiefste Unterschied, in Lausanne als Unterschied zwischen dem „katholischen" und „evangelischen" Typus der Kirche charakterisiert, wird in Edinburgh neu analysiert und als Unterschied im Kirchen- und Gottesverständnis entdeckt. Die Untersuchung offenbart die Verknüpfung der Ekklesiologie mit der Gotteslehre und verweist folglich auf die Analogie zwischen der Gotteslehre und dem Kirchenverständnis, auch wenn sie diese Analogie nicht weiter darlegt. Die Feststellung, daß im Gottesverständnis, nämlich in der Dualität von Transzendenz und Immanenz der tiefste Unterschied im Verständnis der Kirche ihre Wurzel hat, leistet die Konferenz aus der trinitarischen Perspektive ihren wichtigsten Beitrag. Er weist auf die Notwendigkeit hin, sich mit der Trinität auseinanderzusetzen. Mit dem Begriff „Gegenwart Christi in der Kirche" wurde ein erster Schritt in Richtung konsensfähige ekklesiologische Grundlage getan. Das Schema „katholisch"-„evangelisch" wird nicht nur als ungenügend bezeichnet, sondern durch die Behauptung der Gegenwart Christi auch ansatzweise verlassen.

4. *Lund 1952*

4.1. Einführung

Vor und während der Weltkonferenz der Kommission für Glauben und Kirchenverfassung in Lund (Schweden) sprach man oft von Ratlosigkeit und Krise angesichts der unüberwindbar scheinenden Unterschiede zwischen den Konfessionen, auch wenn zugleich die Schwierigkeiten immer wieder als ein wichtiger Bestandteil des ökumenischen Prozesses angesehen wurden.[1] Ein neuer Impuls war für den gemeinsamen Weg der Kirchen notwendig. Diesen sah man vorgezeichnet in der Grundoption der Konferenzen von Lausanne und Edinburgh, daß ein Fortschritt nur durch ein weiteres Zugehen auf Christus zu erreichen sei. Man glaubte jenseits aller Spaltungen an das tiefere Geheimnis der gottgegebenen Einheit in Christus, die die Kirchen trotz der Uneinheit zusammenhielt und zu der man durchdringen wollte.[2]

Diese – zunächst rein methodologische – Entscheidung für die Konzentration auf die Christologie sollte sich künftig in den Dokumenten auch inhaltlich-theologisch auswirken.

Mit dem Hauptdokument »Christus und seine Kirche« wurde in Lund zum ersten Mal die Frage nach dem Wesen der Kirche mit einer ausdrücklich ekklesiologischen Abhandlung unmittelbar angegangen. Schon in Edinburgh war sichtbar geworden, daß die virulenten konfessionellen Divergenzen im Kirchenverständnis wurzeln. Dabei war von untergeordneter Bedeutung, ob sie im einzelnen stärker in der Sakramentenlehre, der Amtstheologie oder der Frage nach den Möglichkeiten der Wiederherstellung der Einheit der christlichen Kirchen liegen.

Die folgende Untersuchung der Texte von Lund konzentriert sich deshalb auf das zentrale Ekklesiologie-Dokument »Christus und seine Kirche«.

---

[1] Vgl. STÄHLIN, Wilhelm; *Lund,* Dritte Weltkonferenz der Kirchen für Glauben und Kirchenverfassung, Witten 1954, S. 21. „Die Kirche erlebt in unserer Zeit von neuem das Bewußtsein einer drängenden Krise, wie es das apostolische Zeitalter kennzeichnet. Verfolgungen machen die Trennwände der Christenheit durchsichtig, Leiden ist ein Teil des normalen Erlebens der Kirche.“ Ebd., S. 60.

[2] „... wir suchen, durch die Spaltungen der Kirche auf Erden, zu unserem gemeinsamen Glauben an den einen Herrn hindurchzustoßen. Von der Einheit der Person Christi und Seines Leibes versuchen wir, diese Einheit im gegenwärtigen Zustand unserer Trennung als eine Wirklichkeit zu erkennen.“ Ebd., S. 21.

Andere Dokumente wie »Kontinuität und Einheit«, »Formen des Gottesdienstes« und »Interkommunion« werden herangezogen, um die relevanten ekklesiologischen Punkte zu relativieren oder zu bestätigen.
Die vorbereitenden Berichte zum Text »Christus und seine Kirche« bestehen aus zwei Studiendokumenten, die die Kommission für Glauben und Kirchenverfassung in der vorbereitenden Phase von einer amerikanischen Sektion: »Nature of the Church« und von einer europäischen Sektion: »Die Kirche« anfertigen ließ. Besonders der Bericht der amerikanischen Kommission ist für diese Untersuchung von Bedeutung und wird darum eigens berücksichtigt.

4.2. Die christologische Wende von Lund

In Lausanne 1927 trafen sich Theologen aus den großen Konfessionen, um die theologischen Standpunkte ihrer Kirchen zu artikulieren, kennenzulernen und die Positionen zu vergleichen. Aus diesem Vergleich sollten erste Elemente einer konsensfähigen Ekklesiologie, Sakramententheologie, Amtstheologie, usw. erhoben werden. Der unmittelbare Vergleich der einzelnen konfessionsspezifischen Standpunkte brachte eine Ernüchterung in die ökumenische Aufbruchstimmung. Die in vielen Punkten gegensätzlichen Äußerungen und die wenigen konsensfähigen Aussagen, die notwendigerweise sehr allgemein ausfielen, ließen die Ergebnisse der Weltkonferenzen als eine tiefe Enttäuschung erscheinen. Ein Punkt, auf den sich alle einigen konnten, war die zentrale theologische Bedeutung von Jesus Christus.
Auf der Lunder Weltkonferenz vollzog die Kommission für Glauben und Kirchenverfassung mit dem Dokument »Christus und seine Kirche« die sog. „christologische Wende“[3]. Diese Wende war zum Teil bereits auf der Weltkonferenz von Edinburgh eingeleitet worden. In Lund entschied man, nicht mehr die einzelnen Standpunkte der Kirchen vergleichen, sondern durch den Bezug auf Christus über die bereits festgestellten Hindernisse hinausgehen zu wollen. Das geflügelte Wort: „Indem wir Christus näher-

[3] Angekündigt durch Prof. E. Schlink und Generalsekretär O. Tomkins als eine methodologische Wende und als Abschied von der bloß vergleichenden Kirchenkunde von Lausanne und Edinburgh; Vgl. STÄHLIN, W.; *Lund*, S. 105f., bzw. S. 113f.

kommen, kommen wir auch einander näher" bestimmte als methodische Regel den ganzen Text. In diesem Kontext wurden die konfessionsspezifischen Standpunkte zum Teil als Hindernis der zukünftigen Einheit betrachtet. Die Kirchen sollten diese Standpunkte zunächst aufgeben und auf Christus zugehen.[4]

4.3. Christus, der Herr, als das Miteinander der Gegensätze

Daß mit der methodologischen Wende der tiefste Unterschied zwischen dem „katholischen" und dem „evangelischen" Kirchenverständnis keineswegs aus dem Weg geräumt war, konnte schon der Eröffnungsansprache des theologischen Sekretärs der Kommission, Leonard Hodgson, entnommen werden. Dieser nämlich bemerkte, der Unterschied sei ein Paradoxon, das sich im Zentrum des christlichen Lebens befinde. Es bestehe aus zwei grundlegenden Geheimnissen, der Initiative Gottes und der Antwort der Menschen. Hodgson bemerkte, daß die Teilnehmer sich mit diesem Problem befassen müßten, insofern die Trennung aufgrund dieses Paradoxon dann entstehe, wenn ein Aspekt überbetont werde. Die Einheit sei das Miteinander der beiden Elemente, die darum beide ihren Platz in der vereinten Kirche haben müßten.[5]

---

[4] Der Tenor im Dokument »*Christus und seine Kirche*« ist feierlich, nirgends findet man Stellen, an denen verschiedene Meinungen miteinander konfrontiert würden, wie es in den einschlägigen Texten von Lausanne und Edinburgh der Fall war. Die konfessionsspezifischen Charakteristika sollten in Hinblick auf Christus korrigiert werden. „Nur indem wir ihm, der das Haupt des Leibes und der Herr seines Volkes ist, gleich werden, können wir zusammen hineinwachsen in die Fülle und Einheit, die in Christus ist. Wenn wir uns in unseren Kirchen unter sein Gericht stellen und seinem Ruf und Auftrag gehorsam sind, werden wir erkennen, daß wir unsere Einheit und unseren Anteil an seiner Fülle nicht bezeugen können, ohne daß wir gewandelt werden. Einige von uns, die davon überzeugt sind, daß sie das rechtmäßige Amt und die rechten Sakramente haben, werden sich dazu aufgerufen fühlen, der Predigt vom lebendigen Wort den Platz einzuräumen, der ihr zukommt. Andere, die die Sakramente vernachlässigt haben, werden dem begegnen, der sich selbst in der Taufe erniedrigte, das Brot brach und den Kelch austeilte, um uns an seinem Leiden und Sterben teilhaben zu lassen. Jene, die versucht haben, die Herrlichkeit der Kirche als Leib und Braut Christi darzustellen, müssen sich unter das Gericht seiner Schlichtheit und seiner Knechtgestalt stellen." In: STÄHLIN; *Lund*, S. 25

[5] Vgl., ebd., S. 87ff.

Der tiefste Unterschied – von Hodgson „Paradoxon“ genannt – wurde im Konferenzdokument über die Kirche ekklesiologisch als falscher Gegensatz zwischen

- dem Wesen der Kirche und ihrem Herausgerufensein aus der Welt und der Mission der Kirche und ihrem Hineingesandtsein in die Welt
- und der Kirche als der Gemeinschaft der begnadigten Sünder auf dem Weg zur vollständigen Erlösung entlarvt.

Die Beziehung zu Christus, so die Grundannahme in Lund, helfe, diese Dichotomie zu überwinden. An mehreren Stellen des Dokumentes über die Kirche wird wiederholt, die Verbundenheit mit Christus sei für die Kirche grundlegend und in ihr liege die Einheit der Kirche.
In unserem Zusammenhang interessiert, welche theologische Begründung dieser Option zugrunde liegt. Oder präziser gefragt: Wie wird über Christus im Dokument »Christus und seine Kirche« gesprochen?

4.4. Die zentrale Bedeutung Christi

Mit der Aussage:

„Christus ist der König des neuen Gottesvolkes“[6]

leitet das Dokument »Christus und seine Kirche« einen theologischen Entwurf ein, bei dem Christus vor seiner Kirche steht. Er ist der Heiland und Erlöser, der Sieger über die Mächte und Gewalten, der Richter, er ist der Herr. Christus erhebt sich in dieser Ausdrucksweise vor der Kirche als König seines Gottesvolkes, als Eck- und Schlußstein, auf dem der ganze Bau zu einem heiligen Tempel im Herrn wächst. Christus werden Prädikate der Herrlichkeit, der Macht und des Sieges zugesprochen. Dies hat die Funktion, die universale Bedeutung Christi für die Kirche zu unterstreichen.
Der stark christologische Charakter des ganzen Dokumentes ist zwar trinitarisch eingebettet, doch wirkt die eher kurz gehaltene trinitarisch-heilsgeschichtliche Darstellung formal und bekenntnishaft.[7] Für die

---

[6] Ebd., S. 22.

[7] Vgl., ebd., S. 23. Es handelt sich im Dokument *»Christus und seine Kirche«* um eine trinitarische Beschreibung der ganzen Heilsgeschichte von der Sendung des Sohnes

theologische Akzentsetzung hat die trinitarische Formulierung fast keine Bedeutung und aus ihr gehen auch keine ekklesiologisch relevante Folgerungen hervor.
Vereinzelt wird auch das heilsgeschichtliche Wirken des Vaters und des Heiligen Geistes angesprochen. Gott – der Ausdruck steht für Vater – habe die Menschen nicht den Mächten der Zerstörung ausgeliefert und ihnen seinen Sohn gegeben. Er ermögliche der Menschheit durch das Versöhnungswerk Christi einen neuen Anfang. Christus sei durch seinen Geist in der Kirche gegenwärtig, und durch die Einwohnung des Heiligen Geistes der neue Äon bereits angebrochen. Diese und ähnliche Beschreibungen besitzen im Text vor allem die Funktion, die Rolle Christi zu unterstreichen und ihn als den Gipfel der Heilsgeschichte aufzuzeigen.

4.5. Die Kirche als Leib Christi

Zunächst wird in der Frage nach dem Wesen und der Sendung der Kirche bekräftigt, daß Christus, der Herr, durch sein Wort und durch seinen Geist die Kirche aus der Welt herausruft, indem er Sünden vergibt, von der Herrschaft der Mächte der Zerstörung befreit und sein Volk sammelt.
Durch sein Wort und seinen Geist sende Jesus Christus dann seine Kirche in die Welt, gebe er ihr durch seinen Geist die Macht, sein Evangelium zu predigen und die Völker zum Gehorsam dem Willen Gottes gegenüber aufzurufen, damit er als Erlöser unter den Menschen wirken und sich durch das Zeugnis der Kirche als Herr und König der Welt alle Dinge untertan machen könne.[8] Christus erscheint als Zentrum des Wesens und der Sendung der Kirche.
Einen ähnlichen Tenor weist der Abschnitt auf, in dem die Geschichte und die Eschatologie behandelt wird. Christus steht im Zentrum der Spannung

---

in diese Welt bis zu seinem Wiederkommen als Herr und König. „Das Leben in der Kirche hat seinen Grund im Wirken des Dreieinigen Gottes. Wir halten es aber für besonders notwendig, das Verhältnis der Kirche zu Christus zu untersuchen." Im Dokument *»Kontinuität und Einheit«*, ebd., S. 28. „Unser Gottesdienst gilt dem einen Gott, Vater, Sohn und Heiligen Geist, dem dreieinigen Gott, dessen Geist allen wahren Gottesdienst schafft und erfüllt und dem aller christliche Gottesdienst dargebracht wird." So die trinitarische Beschreibung im Dokument *»Formen des Gottesdienstes«*, ebd., S. 41.

[8] Vgl. ebd., S. 24.

zwischen dem göttlichen Element, der Erlösung, und dem menschlichen, der Sünde. Zwischen dem ersten und letzten Kommen Christi höre die Kirche als eine Gemeinschaft der begnadigten Sünder dennoch nicht auf, in der Kraft Jesu Christi zu leben und zu wirken. Er werde am Ende der Pilgerfahrt der Kirche als der Gekreuzigte und Auferstandene und als der Richter wiederkommen und seiner Kirche begegnen.

Der neue Äon sei mit der Einwohnung des Heiligen Geistes bereits angebrochen, und durch die Vereinigung mit dem auferstandenen Christus habe die Kirche auf Erden schon Anteil an der Macht der Auferstehung. In der gottentfremdeten Welt gehöre die Kirche wesenhaft zum neuen Äon und der neuen Schöpfung. Sie sei aufgerufen, das alte Leben abzulegen und in ständiger Erneuerung ihrer Gesinnung, Christus gleichförmig zu werden.[9]

Es fällt auf, daß die Kirche fast ausschließlich auf Christus bezogen wird. Die Betonung der Rolle Christi für die Kirche und in der Kirche wird in Lund bereits in der Einführung zu den Dokumenten »Wort an die Kirchen« deutlich.[10] Wurde in Edinburgh noch an einer gewissen Beziehung der Kirche zum Vater und zum Geist festgehalten oder ein solche zumindest angedeutet, so kommt es in Lund in dieser Hinsicht zu einer fast vollständigen Verschiebung auf Christus. In Edinburgh wird z.B. der Begriff „das Volk des Neuen Bundes" im Zusammenhang mit dem Vater gesehen, während der Geist die Gaben des erhöhten Herrn vermittelt und austeilt.[11]

Auf den trinitarischen Begriff „Gemeinschaft der Heiligen" wird in diesem ekklesiologischen Bericht gar nicht zurückgegriffen. Man kann ihn im Bericht »Kontinuität und Einheit«[12] und »Formen des Gottesdienstes« finden, aber in diesem Kontext besitzt er kaum ekklesiologische Implikationen.

---

[9] Vgl. ebd., S. 24.f.

[10] „... die alleinige Herrschaft Christi zu bezeugen, der sein Volk aus allen Nationen, Rassen und Sprachen sammelt." Ebd., 21.

[11] Vgl. »*Die Kirche und das Wort Gottes*«, 28f. In: VISCHER, L.; *Die Einheit der Kirche*. Material der ökumenischen Bewegung. Chr. Kaiser Verlag München, 1965.

[12] Vgl., STÄHLIN; *Lund*, S. 27. An dieser Stelle wird sie christologisch und pneumatologisch beschrieben: „Aus der Tatsache, daß die Kirche eine Gemeinschaft im Heiligen Geist ist, folgt, daß sie eine communio sanctorum ist, d.h. eine Gemeinschaft der Geheiligten, denen vergeben wurde, die durch den Glauben gerechtfertigt und in Christus neu geboren sind." Die Betonung der Rechtfertigung läßt eine theologische Hand reformatorischer Herkunft hinter dieser Interpretation vermuten.

Die Beziehung Christus – Kirche hat in den Beschreibungen des Dokumentes einen dialektischen, ja sogar perichoretischen Charakter.

> „*Christus lebt in seiner Kirche und die Kirche lebt in Christus. Christus ist niemals ohne seine Kirche; die Kirche ist niemals ohne Christus. Beide gehören untrennbar zusammen ... Was gilt für Christus, das gilt auch für seinen Leib.*“[13]

So steigert das Dokument die Verbundenheit der Kirche mit Christus bis hin zur „Teilhabe“. Wie und in welchem Maße diese Teilhabe akzentuiert wird, darüber gehen bekanntlich die Meinungen auseinander.[14]
Die zentrale Bedeutung Christi für die Kirche, wie sie dem Dokument »Christus und seine Kirche« entnommen werden kann, tritt noch deutlicher in Erscheinung, wenn dieses Dokument von Lund mit dem Dokument der Vollversammlung des Ökumenischen Rates der Kirchen in Amsterdam 1948 verglichen wird.[15]

4.5.1. Exkurs: Amsterdam 1948

Über dem offiziellen Dokument der ersten Vollversammlung des ÖRK in Amsterdam 1948[16] steht kein zusammenfassender Titel. Es besteht aus vier Teilen, aus der Botschaft der Vollversammlung und aus drei Berichten (der Sektionen I und II und des Ausschusses IV).

---

[13] Ebd., S. 23. Das Dokument »Kontinuität und Einheit« unterstreicht den Unterschied zwischen Christus und Kirche mit dem Begriffspaar Solidarität und Souveränität. „Wir betonen einhellig die Solidarität des Hauptes und der Glieder, aber auch die Souveränität des Hauptes über die Glieder am Leibe Christi." S. 28. Diese Ausdrucksweise verdankt der Text dem großen Einfluß der dialektischen Theologie und nicht zuletzt auch dem Engagement von Karl Barth. In: TOMKINS O., *Um die Einheit der Kirche*, S. 35

[14] Vgl. das Dokument *»Kontinuität und Einheit«*, in: STÄHLIN; *Lund*, S. 28. „Hinsichtlich der Art und Weise der Teilhabe der Glieder am Haupte wurden indes unter uns die Akzente verschieden gesetzt.“

[15] Das Dokument von Amsterdam gehört nicht zu den Dokumenten der Kommission für Glauben und Kirchenverfassung, darum wird es in einem Exkurs behandelt. Text abgedruckt in: VISCHER, L., *Die Einheit der Kirche*, 82-93.

[16] In Amsterdam wurde der Ökumenische Rat der Kirchen gegründet und die Bewegung für Glauben und Kirchenverfassung wurde in ihn eingegliedert als Kommission für Glauben und Kirchenverfassung.

Auch im Dokument von Amsterdam findet man die Betonung der Beziehung zwischen Christus und der Kirche als Fundament kirchlicher Einheit. Dieses Dokument, das noch vor Lund 1952 verfaßt wurde, belegt eine andere Christozentrik als sie in Lund vorherrschend war.
Vorwiegend im Teil II. »Die Kirche in Gottes Heilsplan« wird dieser unterschiedliche theologische Stil greifbar. Der Text setzt sich mit „dem tiefsten Unterschied", mit den „gemeinsamen Glaubensbekenntnissen und gemeinsamen Problemen", mit der „Einheit in unserer Trennung" und mit der „Herrlichkeit der Kirche und der Schande der Kirchen" auseinander. Er bringt also die interkonfessionelle Spannung der ökumenischen Einheitssuche klar erkennbar zum Ausdruck.
So führt das Dokument z.B. aus, daß die Kirchen im Licht der zwar schon geschenkten, aber noch nicht erreichten Einheit dem tiefsten Unterschied zwischen ihnen ins Auge sähen, sich in Christus gegenseitig liebten und im Glauben an ihn allein wandelten (Nr. 5). Der tiefste Unterschied wird weiter als der Mittelpunkt der ökumenischen Erwägungen angesprochen und mit großem Vorbehalt als Unterschied zwischen „katholischer" und „protestantischer" Grundhaltung beschrieben (Nr. 7).[17] Der Text bekräftigt, daß es sich um zwei verschiedene Seiten des christlichen Glaubens und Lebens als eines geschlossenen Ganzen handle und diese zwei Auffassungen des Ganzen sich nicht miteinander in Einklang bringen ließen (Nr. 6). Es wird weiter festgestellt, daß die Kirchen es nicht vermocht hätten, einander die Ganzheit des Glaubens so darzustellen, daß sie wechselseitig annehmbar wäre (Nr. 8).
Auch der Text von Amsterdam legt den Schwerpunkt auf den Bezug Christus- Kirche und sieht darin die Einheit verwirklicht. Die Kirche sei sein Leib, und der Text fährt fort:

---

[17] „Die eine Seite, die man gewöhnlich 'katholisch' nennt, wird gekennzeichnet durch eine starke Betonung der sichtbaren Kontinuität der Kirche in der apostolischen Sukzession des Bischofsamtes. Die andere, die man gewöhnlich 'protestantisch' nennt, betont in ihrer Lehre der Rechtfertigung *sola fide* vor allem die Initiative des Wortes Gottes und die Antwort des Glaubens." Ebd., S. 84f. Hier wird zum ersten mal in einem offiziellen Text beschrieben, was in etwa mit „katholisch" und „protestantisch" gemeint wird. Der Text betont, daß man keine der beiden Grundhaltungen und Tendenzen in Kürze beschreiben könne, ohne ihnen Gewalt anzutun und daß es sich hierbei lediglich um Verdeutlichungen handle, zumal innerhalb vieler Konfessionen Vertreter sowohl der einen wie auch der anderen Grundhaltung zu finden seien.

„... *indem wir gemeinsam nach dieser Kirche fragen, entdecken wir unsere Einheit untereinander in der Verbindung mit dem, der ihr Herr und ihr Haupt ist.*“ (Nr. 4)[18]

Die Trennungen, die der Text von Amsterdam häufig anspricht, sind ein Zeichen, daß die interkonfessionelle Spannung und die Gegenseitigkeit der Kirchen wahrgenommen wird. Der Ausweg aus dieser Spannung wird in der gemeinsamen Ausrichtung auf Christus gesehen:

„...*Christus hat uns zu seinem Eigentum gemacht, und er ist nicht getrennt. Wo wir ihn suchen, finden wir einander.*“ (Nr. 1)

Im Abschnitt über „Die Herrlichkeit der Kirche und die Schande der Kirchen“ wird bekräftigt, daß der Herr sich in seiner großen Liebe erniedrigt habe, um die Kirche zu erlösen und sie als seine Braut zu krönen. Daraufhin werden einige positive Erscheinungen der ökumenischen Bemühungen erwähnt. Diese Erfolge werden als Gnade erfahren:

„... *manchen Teilen der Christenheit ist geschenkt worden, neu zu entdecken, was es heißt, eine 'Kirche unter dem Kreuz‘ zu sein.*“ (Nr. 25)

Der Ausdruck „Kirche unter dem Kreuz“ ist sehr ungewöhnlich. Es ist das erste mal, daß dieser Ausdruck in einem ökumenischen Text über die Kirche auftaucht. Obwohl er nicht weiter expliziert wird, kann man aus dem Kontext schließen, daß es sich hier um eine ekklesiologische Abwandlung der reformatorischen Rechtfertigungslehre handelt. Damit wird die Einheit als Gnade des Kreuzes für die getrennten Kirchen erfahren.

Der Abschnitt des Amsterdamer Dokumentes „Das christliche Verhalten gegenüber den Juden“ (Nr. 34-39) verdeutlicht einmal mehr eine andere Christozentrik als sie in Lund zu Tage treten wird. Das christlich-jüdische Verhältnis wurde bei der Weltkonferenz von Edinburgh an einer Stelle schon einmal thematisiert[19], während es im Dokument von Lund nicht angesprochen wurde.

---

[18] Dieser Satz ist Teil einer Formulierung, die die Heilsgeschichte trinitarisch beschreibt. Außerdem wird über die Einheit gesagt: „Gott hat in Jesus Christus seinem Volk eine Einheit gegeben; nicht wir haben sie erreicht, sondern er hat sie geschaffen. Wir loben ihn und danken ihm für die mächtige Tat seines Heiligen Geistes, durch die wir zusammengeführt wurden und durch die wir erkennen, daß wir trotz unserer Trennungen in Jesus Christus eins sind.“ (Nr. 2)

[19] „Die Kirche ist das Volk des Neuen Bundes, das all das erfüllt und übertrifft, worauf das Israel des alten Bundes hindeutete.” Ebd., im Dokument »*Die Kirche und das Wort Gottes*«, Nr. 28.

Der Text der Vollversammlung in Amsterdam stellt zunächst das Evangelium in seiner universalen Größe heraus, die den Einschluß des jüdischen Volkes fordert. Jesus Christus erscheint in diesem Kontext als der Messias, der Erlöser der Menschheit, und diese Botschaft soll dem jüdischen Volk in demütiger Überzeugung „im Lichte des Kreuzes" und mit Bedauern für die getane Ungerechtigkeit verkündigt werden. Im Rahmen der Beziehung zum Volk Israel werden Begriffe wie „Christus als König des Gottesvolkes", „Herr der Welt" und „Richter" nicht verwendet.
Die Untersuchung des Textes von Amsterdam zeigt im Vergleich mit dem von Lund, daß es sich in Lund nicht nur um eine stärkere Betonung der Christozentrik handelt, sondern daß diese Christozentrik eine andere christologische Sprache und andere theologische Optionen verwendet.
Es ist verwunderlich, daß die Dokumente der Weltkonferenz von Lund das Verhältnis der Kirche zum Volk Israel nicht aufgreifen, zumal der vorbereitende Bericht der amerikanischen Sektion sich ausführlich mit diesem Thema auseinandersetzte.[20]

4.6. Der vorbereitende Bericht »Nature of the Church«

Der Fortsetzungsausschuss der Edinburgher Weltkonferenz 1937 ernannte eine internationale theologische Kommission, die sich mit der Ekklesiologie befassen und aus zwei Sektionen, einer europäischen und einer amerikanischen, bestehen sollte. Der Bericht der amerikanischen Sektion »The Nature of the Church« beinhaltet elf „denominationelle Berichterstattungen", die Kirchenverständnisse elf verschiedener nordamerikanischer Kirchengemeinschaften wiedergeben und den zusammenfassenden Bericht »Report on the Study of the Church«, der die wichtigsten ekklesiologischen Übereinstimmungen und divergierende Konzepte darstellt und in dem auch die Christozentrik und die Beziehung Christus-Kirche zur Sprache gebracht werden.
Die Theologen dieser Kommission griffen bei der Untersuchung des Wesens der Kirche auf deren historischen Anfang zurück. Darum kamen sie nicht umhin, die historische und theologische Kontinuität zum Volk Israel zu beachten. Ihr Bericht führt aus, daß zwei jüdische Auffassungen

---

[20] Vgl. »*The Nature of the Church*«, a report of the American Theological Committee, Faith and Order Papers; Nr. 100.

für die Entwicklung der jungen Kirche grundlegend geworden seien, die mit den Begriffen „Volk Gottes" (qahal) und „Königreich" oder „Herrschaft Gottes"[21] verbunden waren. Dabei sei für das christliche Denken vor allem der Volk-Gottes-Gedanke ausschlaggebend geworden. Beide Auffassungen seien in diesem geschichtlichen jüdisch-christlichen Kontext zunächst nicht christozentrisch, sondern theozentrisch zu verstehen: das Volk Gottes aufgrund der Erwählung, das Königreich aufgrund der Schöpfung.[22] In diesem Kontext erscheint Jesus als einer, der in der prophetischen Tradition des Volkes Israel steht, das Reich Gottes predigt und deshalb entschieden in der Kontinuität mit Israel wirkt. Von daher überrascht es nicht, wenn behauptet wird:

> *„Trotz der Meinungsverschiedenheiten in diesem Punkt würden die meisten Mitglieder des Ausschusses zustimmen, wenn gesagt wird, daß Jesus nicht die Absicht besaß, eine neue Religion zu gründen."*[23]

Die ersten Jünger – führt der Bericht weiter aus – hätten sich zunächst nicht vom Judaismus getrennt, sondern am Gottesdienst im Tempel weiter teilgenommen. Erst später, als die Hauptgruppe der Juden den Glauben an Jesus ablehnte, sei die „Sekte der Nazarener" eine getrennte Gruppe geworden. Es habe unter den Christen Heiden- und die Judenchristen gegeben, Christus habe die Trennmauer zwischen beiden niedergerissen und aus Juden und Heiden ein neues Volk gemacht.

> *„Sie beanspruchen für sich alle heiligen Namen für das 'Volk Gottes', wie sie im Alten Testament zu finden sind. Einer von diesen lautete 'ecclesia'."*[24]

---

[21] „kingdom or rule of God", siehe ebd., S. 9.

[22] Vgl., ebd., „Israel`s prophets felt that she (religious unity of the Jews-qahal) was of God`s own choosing." und „God as creator was king in the world which he had made.", S. 9. „Die Propheten von Israel spürten, daß die religiöse Einheit der Juden auf Gottes Erwählung basierte." „Gott als Schöpfer war der König der Welt, die er geschaffen hat." (Übersetzung von mir)

[23] Ebd., S. 10 (Übersetzung von mir); „Despite the differences of opinion at this point, most members of the Committee would agree that Jesus did not intentionally found a new religion."

[24] Ebd., S. 11 (Übersetzung von mir): „They applied to themselves all of the holy names for the 'people of God', as they were found in the Old Testament. Among these was the *ecclesia*."

Nach Meinung der amerikanischen Sektion unterstreicht das Verständnis der Kirche als Volk Gottes und als Reich Gottes die historische Einheit mit dem Volk Israel und weitet das Verständnis der Kirche über die nur christologischen Grenzen der Kirche als Leib Christi hinaus. Die universale, schöpfungstheologische Sicht des Reiches Gottes ermögliche eine gewisse Öffnung auch über die Grenzen Israels hinaus. Christus sei in dieser Sicht der universale Gesandte Gottes, und die Christologie fange mit seinem irdischen Leben an.

4.7. Auswertung

Geschichtliche Einordnung:
Überblickt man die Entwicklung der ökumenisch-theologischen Diskussion, so muß festgehalten werden, daß das Maß der Übereinstimmung in Lund seinen Höhepunkt erreicht. Die christologische Wende von Lund war für die Kirchen eine Grundlage, auf die sich alle einigen konnten. Die starke Christozentrik läßt sich mit der Erfahrung des Krieges und der ökumenischen Krise erklären. In diesem Kontext wird Christus vorwiegend als Gott, Richter, Erlöser der Welt und Herr tituliert, welcher die Mächte und Gewalten richtet. Die Unterschiede, die unter den Kirchen trotzdem bestehen blieben, sollten durch eine aus der Beziehung zu Christus erfolgende Umkehr relativiert werden. Jede Kirche wurde aufgefordert, diese Umkehr für sich selber zu vollziehen.

Trinitarisches Gottesverständnis:
In Lund tritt die christologische Akzentuierung in der Darlegung über das Wesen der Kirche noch stärker in den Mittelpunkt als dies in Edinburgh der Fall war. Mit dieser spezifischen Betonung Christi geht aber auch eine gewisse „Vergessenheit" der beiden anderen Personen der Trinität einher, die ich als eine „trinitarische Reduktion" bezeichnen möchte. Neben der

positiven christologischen Wende mag die theologische Abwesenheit der orthodoxen Theologen, die sonst stets die Trinität als einen Schwerpunkt ihrer Theologie in die ökumenische Diskussion einbrachten, ein möglicher Grund für diese Akzentverschiebung gewesen sein.[25] Das Hauptdokument von Lund hebt die göttliche Würde und Erhabenheit Christi, die in seiner göttlichen Natur gründet, besonders hervor, während es die irdische Realität Christi vernachlässigt. Diese Tendenz tritt deutlich zutage, wenn man den Bericht der amerikanischen Sektion »The Nature of the Church« zum Vergleich heranzieht, denn dort wird die Christozentrik von der Heilsgeschichte her entworfen und die menschliche Natur Christi stärker in Betracht gezogen, Christus im Kontext des jüdischen Volkes als Prophet gesehen und konstituiert sich die christliche Gemeinde in Kontinuität und Diskontinuität zum Volk Israel.

Trinitarisches Kirchenverständnis:
In der Zeit von Lausanne 1927 bis Lund 1952 zeigte sich eine gewisse Polarität in der Auseinandersetzung mit dem Wesen der Kirche, bei der sich zwei Vorstellungswelten als unüberwindliche Gegensätze gegenüberstanden.
Das katholische und das protestantische Kirchenverständnis, ein institutionelles und ein personales Kirchenverständnis, das Herausgerufensein der Kirche aus der Welt und ihr Gesandtsein in die Welt, die Kirche der Sünder in diesem Äon und die Kirche der Vollendung standen in dieser Phase teils neben-, teils gegeneinander. Die Differenz dieser Auffassungen gründet

[25] Die orthodoxen Theologen haben in Lund ihre Teilnahme an den Diskussionen abgelehnt und beriefen sich auf die Erklärung von Erzbischof Athenagoras. „Die Delegation der orthodoxen Kirche könne nur positive und definitive Feststellungen über den orthodoxen Glauben abgeben, sich aber nicht auf Diskussionen einlassen oder sich an Abstimmungen beteiligen, die Fragen des Glaubens, des Gottesdienstes oder der Ordnung betreffen." KÜRY, U.; *Die dritte Weltkonferenz für Glauben und Kirchenverfassung in Lund vom 15. bis 29. August 1952*, IKZ 42/1952. Diese Erklärung des Erzbischofs Athenagoras basiert auf seiner Enzyklika „Zur ökumenischen Bewegung" aus dem 31. Januar 1952: „Es gehört sich, daß jegliche Beteiligung der Orthodoxen Kirche an den Diskussionen und Maßnahmen dieser Kommission (für Glauben und Kirchenverfassung) vermieden wird, da ja diese Kommission die Kirchenunion durch das Mittel der dogmatischen Diskussion zwischen Delegierten der zutiefst getrennten Kirchen zum Ziel hat ..." THON, N.; *Quellenbuch zur Geschichte der Orthodoxen Kirche*, S. 500. Vgl. auch SLENCZKA, R.; *Ostkirche und Ökumene*, S. 285ff.

zutiefst im Gottesverständnis, da bei dem ersten Konzept mehr die Transzendenz, bei anderen mehr die Immanenz betont wird. Das Paradoxon unterscheidet zwischen der Initiative Gottes und der Antwort des Menschen. Der Text von Lund will aus dieser Polarität einen Ausweg suchen und findet ihn in der Zentrierung in Christus.

Die Auseinandersetzung mit der Beziehung zwischen Kirche und Volk Israel brachte in den Dokumenten von Amsterdam und im vorbereitenden Bericht »The Nature of the Church« eine gewisse Ausweitung des Kirchenverständnisses. Der schöpfungstheologisch begründete Begriff „Volk Gottes" geht über das engere, an sakramental-juridischen Grenzen orientierte Verständnis der Kirche als Leib Christi hinaus. Das Dokument von Lund übernimmt die Problematik des Volkes Israel in der ekklesiologischen Perspektive nicht und bleibt beim Verständnis der Kirche als Leib Christi.

Fazit:

Die Christozentrik von Lund entwirft ein ekklesiologisches Konzept, in dem sowohl die Spannung des direkten Vergleiches und der Gegenseitigkeit der Kirchen wegfällt als auch die Aporie der Trennung in die Macht und göttliche Würde Christi verlagert wird, der als Grund der Einheit gilt. Das Christusbild, das ihn in seiner erhabenen, überweltlichen Größe zeichnet, hebt den göttlichen Grund der Kirche hervor und favorisiert somit ein „hochkirchliches Verständnis vom Wesen der Kirche".[26] Hinter dieser Gestalt von Ekklesiologie steckt eine „Christologie von oben", welche dazu neigt, die historisch-empirische Erscheinung der Kirche zu vernachlässigen und sich somit der Gefahr eines ekklesiologischen Doketismus und Spiritualismus aussetzt.[27]

Im Kontrast zu dieser Christologie der Herrlichkeit steht die Christozentrik des Dokumentes von Amsterdam, in dem die Gegenseitigkeit und die Spannung des kirchlichen Binnenbereiches deutlich artikuliert wird und der Begriff „Kirche unter dem Kreuz" eine Spur eines kreuzestheologischen Ansatzes im Kirchenverständnis aufweist.

---

[26] KÜRY, Urs; Die dritte Weltkonferenz für Glauben und Kirchenverfassung in Lund vom 15. bis 29. August 1952, IKZ 42/1952, S. 250.

[27] Vgl. die Ansprachen des theologischen Sekretärs von Glauben und Kirchenverfassung L. Hodgson und von Schlink, In: STÄHLIN, W.; *Lund*, S. 88, bzw. 108.

Das Lunder Konzept mit der Überbetonung der Herrlichkeit Christi öffnet den zwischenkirchlichen Raum für eine erneute Annäherung. Der Höhepunkt der christozentrischen Betonung bedeutet eine wichtige Stufe in der christologisch-trinitarischen Phase. Die Lunder Christozentrik neigt aber zu einem gewissen Monismus und muß vorerst als ein trinitarischer Rückschritt bewertet werden.

5. *Montreal 1963*

5.1. Einführung

Die eher krisenhafte Atmosphäre der Nachkriegszeit wurde in den sechziger Jahren von einer allgemeinen Aufbruchsstimmung und einem enormen Fortschrittsoptimismus abgelöst. Den politischen Bemühungen um eine friedliche „Koexistenz" zwischen Ost und West und einer großen Reformbereitschaft entsprach im kirchlich-ökumenischen Kontext die aktive Teilnahme der orthodoxen Kirchen an der ökumenischen Bewegung. An der dritten Vollversammlung des Ökumenischen Rates der Kirchen in Neu Delhi 1961 nahmen außerdem im Vorgriff auf die Erneuerung durch das II. Vatikanische Konzil auch fünf offizielle römisch-katholische Beobachter teil.[1]

Nach Lund wurden bei der Vorbereitung der Weltkonferenz von Montreal 1963 unter anderem zwei Vorgaben für die theologische Arbeit der Kommission für Glauben und Kirchenverfassung wirksam. In Lund empfahlen die Vertreter der Kirchen der Kommission einerseits, die Lehre von der Kirche sowohl in enger Beziehung zur Lehre von Christus als auch zur Lehre vom Heiligen Geist zu behandeln.[2] Diesem Schwerpunkt sollte in der Arbeit der Kommission ein wichtiger Platz zukommen. Andererseits wurde gefordert, am bisherigen Kirchenverständnis grundlegende Korrekturen vorzunehmen und die diesem zugrundeliegende Christologie der Herrlichkeit zu überdenken.

Der Bericht der Sektion I. der Weltkonferenz von Montreal »Die Kirche in Gottes Plan« darf als das ekklesiologisch relevanteste Dokument gelten. Unmittelbar zu ihm gehören noch die vorbereitenden Berichte über das Kirchenverständnis einer europäischen und einer amerikanischen Kommis-

---

1 Vgl., FRIELING, R.; *Der Weg des ökumenischen Gedankens*, Kleine Vandenhoeck-Reihe, Vandenhoeck & Ruprecht in Göttingen, 1992, S. 80ff.

2 Vgl., VISCHER, L.; *Einheit der Kirche*, S. 100. Im Vorbereitungsprozeß der Weltkonferenz von Montreal 1963 wurde an die Überbetonung der Rolle Christi im ekklesiologischen Dokument von Lund die Kritik geübt, daß die „theologische Grundlage der Einheit zu exklusiv mit den christologischen Termini beschrieben werde und daß es an ausreichenden Hinweisen auf das Werk des Heiligen Geistes, und auf Gott den Vater fehle." Vgl. Die Antworten der Kirchen auf das Dokument der Vollversammlung des ÖRK von Evanston 1954 »*Unsere Einheit in Christus und unsere Uneinigkeit als Kirchen*«, Herrenalb 1956, Faith and Order Papers; 23, S. 25.

sion. Ekklesiologisch von besonderer Bedeutung ist ebenfalls der Bericht der Sektion V der Konferenz »‚Alle an jedem Ort‘: Der Vorgang des Zusammenwachsens«.
Diese Dokumente sind unter anderem Früchte des theologischen Schaffens in den fünfziger Jahren, in denen grundlegende theologische Optionen für die spätere Entfaltung getroffen wurden. Die wichtigsten Ergebnisse dieser Arbeit wurden in dem Studientext »One Lord one Baptism« veröffentlicht. Der erste Teil dieses Textes behandelt die Taufe und ihre ökumenische Bedeutung, der zweite beschäftigt sich mit dem Thema „Die göttliche Trinität und die Kirche“.
Schließlich werden in der Untersuchung dieses Kapitels noch die ekklesiologisch wichtigen Texte der Vollversammlungen des ÖRK in Evanston 1954 und Neu Delhi 1961 herangezogen.

5.2. Kreuzestheologische Betonung der Christologie

Die christologische Wende von Lund veränderte die Fragestellung in der ekklesiologischen Einheitssuche. Sie lautete nun nicht mehr: „Was unterscheidet uns?“, sondern „Was verbindet uns?“. Aus dem Maximum des Dissenses der vergleichenden Ekklesiologie wurde das Maximum des Konsenses der christologischen Zentrierung.
Die Kirchen bewegten sich seit der ersten Weltkonferenz auf die gemeinsame Mitte des theologischen Gesprächs zu, die sie in Jesus Christus erkannten und bekannten. In ihm bestand nach übereinstimmender Überzeugung schon jetzt die Einheit, die sich in der wiedervereinigten Kirche manifestieren sollte.
Das proklamierte Einssein der Kirchen sah in Christus primär den göttlichen Gründer der Kirche, der seine Kirche als König des Gottesvolkes aus der Welt herausruft, und den Richter, der einst in Herrlichkeit wiederkommen wird. Beide christologischen Aussagen unterstrichen seine Göttlichkeit und blendeten die menschliche Realität Jesu Christi fast vollständig aus.
Offensichtlich waren die Teilnehmer der Weltkonferenz von Montreal für die Mängel dieser Christologie der Herrlichkeit sehr sensibel. So wird im Dokument »Die Kirche in Gottes Plan« (weiter: KGP) die theologische Arbeit der Kommission in der vorbereitenden Phase deutlich kritisiert. Einige Mitglieder der Sektion monierten, daß die Lehre von Christus, wie sie in

den vorbereitenden Dokumenten verwendet wurde, „die Bedeutung des Kreuzes unzulässig schmälert".[3] Insofern enthält KGP die eindeutige Option für eine kreuzestheologische Verankerung der Christologie.

> „*Wir bekennen den Sieg, den er durch sein Kreuz errungen hat und der durch seine Auferstehung besiegelt worden ist.*" (Nr. 7)

Weiter äußert sich KGP auf eine paradoxe Weise über die Kirche und bedient sich einer Sprache, die die Erniedrigung und die Herrlichkeit der Kirche einschließt. Das Dokument handelt über „Kreuz und Sieg" (Nr. 7, 11), über „die Niedrigkeit der Kirche", die von Christi Herrlichkeit in der Welt Zeugnis ablegen soll (Nr. 13), über die „neue Schöpfung" und die „Solidarität mit allen Geschöpfen" (Nr. 11, 15). Weiter wird gesagt, daß der Herr der Kirche „das Lamm mit den Kreuzesmalen" sei und auch in der Erhöhung immer der Gekreuzigte bleibe (Nr. 11). So hält KGP an der Grundaussage fest:

> „*Die Kirche muß ... als der Leib des gekreuzigten und auferstandenen Christus verstanden werden. Ihre Existenz ist bestimmt durch die Teilhabe an Tod und Auferstehung ihres Herrn, der ihr Haupt ist.*" (Nr. 11)

Mit dieser Akzentverschiebung in Christologie und Ekklesiologie liegt bereits der Schwerpunkt von KGP fest. Die kreuzestheologische Verankerung eröffnet dem Dokument die Möglichkeit, die bestehende Trennung zwischen den Kirchen kritisch zu hinterfragen und die Diskrepanz zwischen dem Vorbild Christi und der ihm nachfolgenden Kirche aufzudecken.[4]
Diese kreuzestheologische Verankerung beruht auf einer Vorarbeit, die im Dokument der zweiten Vollversammlung des ÖRK in Evanston geleistet wurde und auf das in einem Exkurs kurz eingegangen werden muß.

---

3 *»Die Kirche in Gottes Plan«*, Bericht der Sektion I der Weltkonferenz von Montreal 1963, In: VISCHER; *Die Einheit der Kirche*, S. 185. Bei den kritisierten Dokumenten handelt es sich um die Berichte der amerikanischen und der europäischen Sektion unter dem Titel *»Christus und die Kirche«*, Berichte der Theologischen Kommission über Christus und die Kirche an die Vierte Weltkonferenz für Glauben und Kirchenverfassung Montreal, Kanada (1963).

4 „Sie erwartet mehr geehrt zu werden und größere Herrlichkeit zu erreichen als er, sie sieht aus wie eine Versammlung von Pharisäern und Schriftgelehrten, obwohl Christus viel Zeit mit Zöllnern und Sündern verbrachte, sie bleibt selbstzufrieden innerhalb ihrer Mauern obwohl Christus außerhalb der Stadt starb ..." usw. Vgl. KGP, Nr. 16.

5.2.1. Exkurs: Evanston 1954

Die Kommission für Glauben und Kirchenverfassung fertigte für die zweite Vollversammlung des Ökumenischen Rates der Kirchen in Evanston 1954 ein Dokument mit dem Titel »Unser Einssein in Christus und unsere Uneinigkeit als Kirchen« an.[5]

Dort wird die Einheit der Kirche in Christus bekräftigt, die sie in ihrem gekreuzigten und auferstandenen Herrn findet,

> *„indem sie in sein Leiden für die Erlösung einer sündhaften und zerrissenen Welt eintritt*" (Nr. 9).

Im Lichte des vorgegebenen Einsseins wird die Uneinigkeit theologisch differenziert betrachtet (Nr. 15, 16) und im Text sowohl als positiv zu bewertende Mannigfaltigkeit als auch negativ als Spaltung beschrieben. Die Mannigfaltigkeit sei ein legitimer Ausdruck der Gaben des Geistes in dem einen Leib der Kirche sowie Ausdruck der Gaben des Schöpfers und der Vielfalt des Lebens. Andererseits müsse die Uneinigkeit jedoch auch als sündige Spaltung gesehen werden, so daß die verschiedenen christlichen Konfessionen nicht nur Elemente einer legitimen Mannigfaltigkeit, sondern auch die Sünde der Spaltung zeigten. Darum dürfe sich keine Konfession selbstgenügsam zurückziehen, um ihr eigenes Erbe zu bewahren. Die Treue zum eigenen Erbe solle die Kirchen vielmehr *„zum Fuße des Kreuzes bringen*" (Nr. 17). An dieser Stelle deutet das Dokument eine Vision an, nach der die gespaltenen Kirchen durch Kreuz, Sterben und Auferstehung zur Einheit geführt werden sollen.[6] Im Konkreten kann dies für die Kirchen Gehorsam bis zum Tod bedeuten, insofern sie

---

[5] Als Bericht der Sektion I auf der zweiten Vollversammlung des ÖRK in Evanston 1954, In: VISCHER, *Einheit der Kirche*, S. 145ff., Nr. 1-38.

[6] *„Indem wir das Kreuz Christi inmitten unserer Spaltungen aufrichten, glauben wir, daß er all ihre Sünde überwinden wird und sie zu seinem Ziel der Einheit benutzen will".* Ebd., (Nr. 17). Das Konzept der kreuzestheologischen Wiedergewinnung der Einheit, wie sie in den Nr. 2-19 entfaltet wird, enthält etliche Elemente der reformatorischen theologischen Tradition. Eine gewisse Zurückhaltung gegenüber der sichtbaren Einheit ist spürbar. Das Konzept wehrt sich gegen das nichtbiblische Einheitsverständnis im soziologischen Sinne (Nr. 2), und bekräftigt die Einheit in Christus im Sinne der paulinischen Theologie (Nr. 2-5). Die Kirche hat die Fülle der Einheit niemals begriffen und verwirklicht, man kann besser über ein ständiges Wachstum der Einheit sprechen (Nr. 5). So wird die Kirche in ihrer Uneinheit als rechtfertigungsbedürftig betrachtet, sie kann wie jeder Gerechtfertigte als „simul justus et peccator" gesehen werden. In der Parallele „neuer Mensch"-„alter Mensch" , übertragen auf die

„womöglich bereit sein (sollten), ihre ererbten Lebensformen aufzuopfern, indem sie sich mit anderen Kirchen vereinen“ (Nr. 18).

Das Konzept der kirchlichen Selbstaufgabe sei allerdings nicht als eine „wohlberechnete Selbsterhöhung“ zu verstehen, welche die wahre Berufung der Kirche verraten würde. Damit will sich das Dokument vermutlich vom Konzept der bloß organisatorischen und erarbeiteten Einheit einer „Superkirche“ distanzieren, in der die einzelnen Konfessionen aufgehen. Die wiedergewonnene Einheit wird vielmehr als eine Art von Auferstehung betrachtet.

„Aber wenn die Kirchen bereit waren, in diesem Sinn ‚mit Christus zu sterben‘, dann haben sie gefunden, daß der, der Christus von den Toten auferweckt hat, noch immer treu und mächtig ist.“ (Nr. 18)

Das Dokument von Evanston entwickelt mit diesem kreuzestheologischen Konzept der Einheitssuche eine neue kühne Idee. Die Umkehr im Sinne des Sterbens wird nicht nur im Gehorsam Gott gegenüber gefordert, sondern im Kreuz Christi auch den anderen Kirchen gegenüber. Das Sterben und Auferstehen der Kirchen, das Wiedergewinnen ihrer neuen Identität in der Einheit wird als Vorgang der Rechtfertigung verstanden.

Die Reaktionen auf diesen Vorschlag waren verständlicherweise unterschiedlich und reichten von begeisterter Bejahung bis zur Ablehnung.[7]

An mehreren Stellen wird über die Kirche als trinitarische Gemeinschaft gesprochen (Nr. 6, 12, 15). Die deutlichste Aussage bezeichnet die Kirche als Gemeinschaft (Koinonia), die ihre Einheit in dem einen Herrn hat und

---

Erneuerung der Kirchen, spielt die Teilhabe am Sterben mit Christus die zentrale Rolle (Nr. 5, 9). Die vollkommene Einheit der Kirche wird nicht völlig erreicht werden, bis Gott in Christus alle Dinge zusammenbringe. (Nr. 19) In dieser eschatologischen Perspektive werden alle menschliche Spaltungen als vorläufiger Art betrachtet (Nr. 19). Das Dokument legt über die Herkunft dieser Gedanken keine Rechenschaft ab, ich vermute den Einfluß der Ekklesiologie von Dietrich BONHOEFFER: „...die paradoxe Wirklichkeit einer Kreuzesgemeinde, die in sich den Widerspruch birgt, äußerste Einsamkeit und innigste Gemeinschaft zugleich darzustellen. Und diese Gemeinde ist die spezifisch-christliche.“ In: *Sanctorum Communio*, Trowitzsch & Sohn, Berlin und Frankfurt/Oder, 1930, S. 81.

[7] In den Antworten der Kirchen auf diesen Teil des Textes von Evanston bekräftigen einige, daß der Abschnitt der prophetischste Teil des Berichtes sei und bejahten es. Andere kritisieren, die Aussage sei zu allgemein, sage nicht klar, was sie meine; es handle sich um eine unglückliche Analogie, die biblisch nicht gesund und theologisch suspekt sei; das Konzept sei Ausdruck des „Unionismus“ und daher für den Weltkirchenrat unannehmbar. In: Faith and Order Papers; 23, Herrenalb 1956, S. 27.

„eine Gemeinschaft mit dem Vater und mit seinem Sohn Jesus Christus durch den Heiligen Geist und eine Gemeinschaft mit den Heiligen in der triumphierenden Kirche" ist (Nr. 8).

Wurde die Gegenseitigkeit der getrennten Kirchen in Amsterdam bejaht, in Lund hingegen fast vollständig ausgeblendet, so erfährt sie im Dokument von Evanston noch eine Steigerung und wird zum Bestandteil eines kreuzestheologisch-trinitarischen ekklesiologischen Ansatzes.

5.3. Die Bedeutung der Taufe

Bei der kreuzestheologischen Korrektur der Herrlichkeitschristologie von Lund spielt die Auseinandersetzung mit der ekklesiologischen Bedeutung der Taufe eine wichtige Rolle. Die vorbereitende Phase der Montrealer Weltkonferenz widmete daher dem Studium der Taufe viel Zeit und Mühe, dessen Ergebnisse in einem eigenen Dokument über die Taufe festgehalten wurden.[8]

Gerade dieses Dokument erregte nach seiner Veröffentlichung große Aufmerksamkeit, weil es die Absicht verfolgte, eine derart große Übereinstimmung im Verständnis und der Theologie der Taufe unter den Kirchen zu erzielen, daß aus der gegenseitigen Anerkennung der Taufe bereits ekklesiologische Folgerungen gezogen werden könnten.[9] Man hatte nämlich bemerkt, daß die gegenseitige Anerkennung der Gültigkeit der Taufe als Einzelsakrament keine feste Grundlage zur Bestätigung der Einheit der Kirche im praktischen Leben darstellte. Das Bemühen, den Taufritus als eine einfache Anerkennung der Einheit der Kirche zu nutzen, stellte sich als offensichtlicher Kurzschluß heraus, der in einer Sackgasse endete.[10] Auf diesem Hintergrund lag der Weltkonferenz von Montreal daran, die Taufe nicht nur in ihrer engen Bedeutung als Einzelsakrament, sondern im weiteren Horizont ihrer Verbindung zu Christus und ihrer Stellung in der Heilsgeschichte zu untersuchen, um die darin enthaltenen ekklesiologischen Perspektiven herauszustellen.

---

[8] *»One Lord one Baptism«*, Faith and Order Papers; Nr. 29.

[9] Vgl. die deutsche Übersetzung des ersten Teiles: *„Die Bedeutung der Taufe"*, In: Kerygma und Dogma 1/1962, S. 56, Anm. 1.

[10] Vgl. ebd., S. 58f.

Zwei thematische Schwerpunkte werden bei der Abhandlung dieses Themas im Studiendokument deutlich: die Taufe Jesu im Jordan als Prolepse der Taufe der ganzen Kirche und die Erfüllung der Taufe Jesu in Tod, Auferstehung und Himmelfahrt.[11]

Das Dokument führt aus, die Taufe Jesu habe die Weihe zum Messias beinhaltet, während die Menschen in der Taufe zu Gliedern des messianischen Volkes geweiht würden.[12] So bewirke die Taufe die Eingliederung in den Leib Christi. Als Schlüsselbegriffe für die ekklesiologische Bedeutung der Taufe nennt das Studiendokument „Eingliederung“ und „Teilhabe“, weil sie in den Christen eine neue Wirklichkeit „in Christo“ bewirkten, die grundsätzlich eine Gabe, aber auch eine zu verwirklichende Aufgabe sei.

Damit unterstreicht das Dokument den eschatologischen Charakter der Taufe Christi und der Christen. Es bekräftigt, daß in der Taufe Jesu im Jordan bereits alles enthalten gewesen sei, was sich in seinem Tod und Auferstehung erfüllte. Entsprechend nehme die Taufe als Sakrament auch das ganze Leben der Christen in Anspruch, die es in Nachfolge Jesu gestalten sollten. Mit dem Hinweis auf die paulinische Ethik als einer Taufethik wird die Hauptaufgabe des christlichen Lebens darin gesehen, die neue Realität der Taufe zu erkennen und zu verwirklichen. Damit stehe das christliche Leben im Strom der Heilsgeschichte und werde seiner eschatologischen Erfüllung bei der Wiederkunft Christi entgegengetragen.

Die Taufe zieht also ethische Konsequenz nach sich[13]:

> *„Die Taufe bezeugt so die in Christo gegebene Einheit, die Einheit der Kirche. Aber wenn diese Einheit bereits besteht, dann müssen die 'Kirchen' danach streben, sie in vollerem Maße und in einer sichtbareren Form zum Ausdruck bringen.“*[14]

---

[11] Es wird der Zusammenhang zwischen diesen zwei Schwerpunkten, zwischen Taufe und Kreuz hervorgehoben: „Durch die Taufe betrat er den Weg, der ihn zum Tode am Kreuz führen sollte.“ Mk 10, 38; Lk 12, 50 werden zitiert. „Die Taufe Jesu wurde wie sein ganzes messianisches Werk durch seinen Tod am Kreuz vollendet: ‘Es ist vollbracht’. (Joh 19, 30) Ebd., S. 64.

[12] Die Ausführungen befinden sind im Dokument auf den Seiten 65-67.

[13] „Die Hauptaufgabe unseres Lebens besteht darin, das, was uns in unserer Taufe gegeben wurde, zu erkennen und zu verwirklichen. ... Die Taufe wird in dem Maße wirksam, als wir täglich mit Christus sterben, der Sünde absterben, und täglich mit ihm auferstehen, wobei wir täglich zum neuen Leben in Christo erneuert werden.“ Ebd., S. 66f.

[14] Ebd., S. 79.

Die Ausführungen aus dem Studiendokument über die Taufe mit ihrer Verknüpfung von Taufe und Auferstehung durch das Kreuz stellten die Vorstellungen einer kirchlichen Einheit tatsächlich auf eine neue Grundlage. Sie nahmen Einfluß auf die sogenannte Einheitsformel von Neu Delhi, die auf der dritten Vollversammlung des ÖRK 1961 als Modell der Einheit herausgearbeitet wurde und die die Einheit der Christen aus verschiedenen Konfessionen in der Taufe begründet. In der Taufe sei die Einheit bereits gegeben, die in einer „verpflichteten Gemeinschaft" in Christus sichtbar gemacht werden solle.[15]
Die Weltkonferenz von Montreal übernahm die Einheitsformel von Neu Delhi und stellte dabei den Zusammenhang zwischen Taufe und der Manifestation der universalen kirchlichen Einheit vor Ort heraus:

> *„Durch Taufe und Glauben werden die Christen sowohl in das Leben der universalen Kirche als auch in die sichtbare Gemeinschaft der Ortsgemeinde aufgenommen. Unsere gemeinsame Taufe ist darum das grundlegende Band der Einheit, durch das wir berufen sind, den Herrn zu bekennen und ihm zu dienen als ein Volk an jedem Ort und in der ganzen Welt.*"[16]

Drei wichtige Aspekte ergeben sich für die Entwicklung der trinitarischen Kirchenbegründung aus der Auseinandersetzung mit der ökumenischen Bedeutung der Taufe:

- Die zentrale Stellung von Kreuz und Auferstehung im Verständnis der Taufe belegt die Korrektur der einseitigen Herrlichkeitschristologie von Lund.
- Die Taufe ist ein trinitarisches Geschehen. Nicht nur die trinitarische Tauffomel bringt dies zum Ausdruck, sondern auch das Verständnis der

[15] „Wir glauben, daß die Einheit, die zugleich Gottes Wille und seine Gabe an seine Kirche ist, sichtbar gemacht wird, indem alle an jedem Ort, die in Jesus Christus getauft sind und ihn als Herrn und Heiland bekennen, durch den Heiligen Geist in eine völlig verpflichtete Gemeinschaft geführt werden ..." Diese verpflichtete Gemeinschaft stützt sich auf einige Grundelemente, die die Einheit sichtbar machen: apostolischer Glaube, Verkündigung des Evangeliums, Brechen des Brotes und gemeinsames Gebet und Leben, gemeinsames Zeugnis und Dienst. In: *»Die Einheit der Kirche«*, Bericht der Sektion Einheit auf der dritten Vollversammlung des ÖRK in Neu Delhi 1961, In: VISCHER, *Die Einheit der Kirche*, S. 159., Nr. 2.

[16] *„'Alle an jedem Ort', Der Vorgang des Zusammenwachsens"*, Nr. 154, In: VISCHER; *Die Einheit der Kirche*, S. 237ff.

Taufe als heilsgeschichtlicher Vorgang im Leben Jesu und im Leben der Christen. Die Teilhabe an der Taufe Jesu und ihre Aktualisierung im täglichen Leben ist nicht anders als trinitarisch denkbar.

– Das christliche Dasein „in Christo“ bildet die seinsmäßige Grundlage der Einheit aller an jedem Ort. Auf dieser Grundlage verpflichten sich die Christen zu einer sichtbaren Gemeinschaft.

5.4. Die trinitarische Grundlegung der Ekklesiologie

Das Vorhaben der Weltkonferenz von Montreal, die Herrlichkeitschristologie von Lund zu korrigieren, wurde durch eine kreuzestheologische Verankerung dieser Christologie vollzogen. Das zweite Vorhaben ergab sich aus einer Empfehlung der Lunder Konferenz, die Ekklesiologie solle in enger Beziehung zur Lehre von Christus wie zur Lehre vom Heiligen Geist behandelt werden. Dieser Aufgabe wird die Weltkonferenz von Montreal im zweiten Teil des Studiendokuments über die Taufe »Die göttliche Trinität und die Einheit der Kirche« (weiter: TK) gerecht.[17]

Laut TK ist die Kirche eine durch Christus und durch den Heiligen Geist geschaffene Gemeinschaft. Die Kommission wollte durch diese eindeutige Erweiterung des einseitigen christologischen Kirchenverständnisses von Lund auf die Kritik reagieren, die ihr im Anschluß an die Weltkonferenz 1952 von Theologen entgegengebracht worden war.[18]

Somit enthält TK nicht nur eine christologisch-pneumatologische Darlegung der Kirche, sondern auch erstmalig in der Geschichte der Kommis-

---

[17] In: »One Lord one Baptism«, Faith and Order Papers; Nr. 29. Die deutsche Übersetzung des zweiten Teiles: „Die göttliche Trinität und die Einheit der Kirche“, liegt als Interimsbericht der theologischen Kommission über Christus und die Kirche in der Ökumenischen Zentrale in Frankfurt am Main, TCCC 1959, unveröffentlicht vor. Ich benutze hier diese deutsche Übersetzung. Gleich in der Einleitung nimmt TK auf die Empfehlung der Lunder Konferenz Bezug, S. 1.

[18] Die amerikanischen Theologen Niebuhr und Nelson bemängelten, in der Theologie von Lund werde so viel Nachdruck auf das Werk Christi gelegt, daß die anderen beiden Personen der Trinität in Hintergrund träten. Vgl. *Minutes of Meeting*, Genf 1958, Faith and Order Papers; 26, S. 10.

sion für Glauben und Kirchenverfassung einen kurzen Abschnitt über die Trinität selbst.[19]

TK sagt, die Anerkennung der Untrennbarkeit zwischen Jesus Christus und der Kirche führe unvermeidlich zum Bekenntnis des dreieinigen Gottes. Ansatzpunkt für die trinitarischen Überlegungen könne nicht philosophische Spekulation über die göttliche Natur, sondern nur die biblische Offenbarung sein, die laut TK jedoch keine formelle Trinitätslehre enthält. TK äußert sich in bezug auf das Nachdenken über die immanente Trinität skeptisch, wenn es heißt, daß das Mysterium der Wechselbeziehung zwischen den drei Personen der Trinität etwas bleibe, das über das menschliche Verstehen hinausgehe. Vielmehr unterstreicht TK die Bedeutung der Inkarnation für die Entfaltung einer Trinitätslehre.

Auch wenn es TK ablehnt, Überlegungen über die immanente Trinität anzustellen, wird trotzdem eine theologische Entscheidung in diesem Punkt getroffen. Es wird nämlich das gemeinsame Wirken der Dreifaltigkeit nach außen unterstrichen im Sinne des traditionellen trinitarischen Axioms, daß die Werke der Dreifaltigkeit nach außen allen drei Personen gemeinsam sind. Die Einheit der Trinität an sich und zugleich ihr Wirken für uns durch Christus wird als jeweils ein Ganzes betont.[20] Die heilsgeschichtliche Bedeutung Christi wird dermaßen hervorgehoben, daß das heilsökonomische Wirken des Vaters und des Heiligen Geistes kaum Ausdruck findet. Es wird vielmehr bekräftigt, daß die Fülle Gottes im fleischgewordenen Wort, in Jesus Christus offenbart wird.

So erklärt TK, daß die Einheit Gottes – die drei göttlichen Personen „*zusammen als ein Gott*" – als Grund der Kirche angesehen werden müsse.[21] Christus sei der Ort, an dem die Trinität ist, und auch der Weg, wie man zur Trinität komme, um sie zu bezeugen.

Diese theologische Option einer Christozentrik in trinitarischem Rahmen scheinen auch die vorbereitenden Berichte der amerikanischen und der europäischen Sektion zu bestätigen.[22]

---

[19] Vgl. TK, S. 5.

[20] „Genauso wie die Einheit des dreieinigen Gottes nicht zerbrochen werden kann, so ist auch das Wirken der Trinität unteilbar." Ebd.

[21] TK, S. 5.

[22] „Die universale Herrschaft Gottes über die Welt ist die Herrschaft desselben Gottes, der in Christus war und dessen Werk als der eine dreieinige Gott unteilbar ist. Die eine Herrschaft des einen dreieinigen Gottes wird in Jesus Christus offenbar." „... in

Die angeführte theologische Entscheidung in den Dokumenten der vorbereitenden Periode vor Montreal findet dann auch in TK ihren ekklesiologischen Niederschlag. Dort wird der grundlegende Bezug der Kirche auf Christus deutlich hervorgehoben:

> *„Je mehr wir aber unser Augenmerk auf Christus, den Herrn der Kirche, konzentrieren, um so mehr wird die Einheit der Kirche wachsen; denn allein in Christus kann die Kirche ihre Einheit finden.“*[23]

TK macht sich zwar das Verständnis der Kirche als Koinonia zu eigen, trotzdem bleibt die Betonung der Beziehung zwischen Christus und Kirche vorherrschend.[24]

5.5. Die ekklesiologischen Ausführungen

5.5.1. Die ekklesiologischen Dokumente aus der vorbereitenden Phase

Das christologisch überbetonte Dokument von Lund »Christus und die Kirche« wurde bei der theologischen Arbeit von Montreal, besonders in der vorbereitenden Phase mit ihrer trinitarischen Erweiterung, relativiert. Das zeigen auch die ekklesiologischen Ausführungen.

In den Texten der vorbereitenden Periode der Weltkonferenz von Montreal und in Montreal selber kommen am häufigsten zwei ekklesiologische Begriffe vor: „Koinonia“ und „Leib Christi“.

---

diesem menschlichen Leben (verstehe Christi) ist Gott gegenwärtig ...,“ oder: „Warum ist die Kreuzigung Jesu anders als die anderen Kreuzigungen? ... Weil wir hier Gottes volle Gegenwart in menschlichem Leben finden.“ So die amerikanische Sektion in *»Christus und die Kirche«*, Berichte der Theologischen Kommission über Christus und die Kirche an die Vierte Weltkonferenz für Glauben und Kirchenverfassung Montreal, Kanada (1963). S. 27, 18f. Die europäische Sektion pflichtet dieser Ansicht bei: „Christus handelte nicht an des Vaters Stelle. Die Heilige Dreifaltigkeit war vielmehr in ihm gegenwärtig und bestimmte sein Handeln.“ Ebd., S. 52.

[23] TK, S. 2.

[24] Die starke Betonung Christi in bezug auf die Kirche steht sicher auch in Zusammenhang mit der sog. „kosmischen Christologie“, die durch den Vortrag von J. Sittler in Neu Delhi in die ökumenische Diskussion eingeführt wurde und einen bedeutenden Einfluß auf die theologische Weichenstellung nach Neu Delhi ausübte. Sie wird im Kapitel „Bristol 1967“ dieser Arbeit ausführlich dargestellt.

Besonders der Begriff „Koinonia“ wird trinitarisch, christologisch und pneumatologisch begründet. Das Verständnis der Kirche als Koinonia taucht bereits in den Dokumenten der Vollversammlungen des ÖRK in Evanston 1954 und ebenso in Neu Delhi 1961 auf. Koinonia meint nicht einfach eine menschliche Gemeinschaft, sie ist

> „*Gemeinschaft mit dem Vater und mit seinem Sohn Jesus Christus durch den Heiligen Geist*“.[25]

Zugleich ist sie Gemeinschaft mit den Heiligen in der triumphierenden Kirche.

In den Texten von Neu Delhi wurde der Begriff „Gemeinschaft“ (Koinonia) gewählt, um auszudrücken, „*was die Kirche in Wahrheit ist*“.[26] Sie ist eine „*völlig verpflichtete*“ Gemeinschaft derer, die durch den Heiligen Geist zusammengerufen sind und in der Taufe Christus bekennen. Der „Koinonia“-Begriff kennt keine strenge Uniformität des Aufbaus, der Organisation oder der Leitung der Kirche. Vielmehr bedeutet „Koinonia“ Mannigfaltigkeit des Lebens „*in dem einen Leib von einem Geiste*“.[27]

Vor allem aber das Studiendokument der Kommission »Die göttliche Trinität und die Einheit der Kirche« aus der vorbereitenden Phase von Montreal beschäftigte sich im Anschluß an die Überlegung über die Trinität auch mit der Kirche als Koinonia.

Hier findet man zwar keine exakte Definition der „Koinonia“, ihr Verständnis wird aber immer christologisch-pneumatologisch begründet. Zwei Schlüsselbegriffe kennzeichnen die „Koinonia“: „Teilhabe“ und „Liebe“.[28]

Die Getauften haben im Abendmahl am Leib Christi teil. Durch die Teilhabe an seinem Leiden werden sie seiner Auferstehung teilhaftig, und die Auferstehung bewirkt die Umwandlung des erniedrigten menschlichen Leibes in die Gestalt des Leibes seiner Herrlichkeit. Dieser Leib ist die „Koinonia“ der neuen Menschheit in Christus, durch die Teilhabe am Hei-

---

[25] VISCHER; *Einheit der Kirche*, S. 148.

[26] Ebd., S. 163.

[27] Ebd.

[28] Als repräsentativ könnte folgende Aussage gelten: „Dieser Leib schließt die Menschen zusammen in der Gemeinschaft (‘Koinonia’) des Lebens und der Gerechtigkeit, über die Christus herrscht, und durch die neue Schöpfung entsteht eine neue Menschheit in Christo. Die Glieder des Leibes sind durch die Teilhabe (‘Koinonia’) am Heiligen Geist miteinander verbunden und in der Kraft der Liebe ineinandergefügt.“ In: TK, S. 13.

ligen Geist sind die Glieder in der Kraft der Liebe ineinandergefügt. Weiter heißt es:

> *„Der Begriff des Leibes bringt die Realität der Gegenseitigkeit, der gegenseitigen Abhängigkeit und der gegenseitigen Durchdringung, die Vollkommenheit in der Solidarität das Band des innewohnenden Geistes, die Kraft des bewegenden Geistes und die gemeinsame Verkörperung einer Berufung und einer Hoffnung zum Ausdruck.“*[29]

Die Beschreibung des Lebens in Christus und im Geist erfährt hier eine Dichte, die in den bisherigen Dokumenten einmalig ist: der kreuzestheologisch-christologische und der pneumatologische Aspekt werden hier zusammengehalten. Dieses Konzept der Einheit bringt mit den Begriffen der gegenseitigen Durchdringung und der vollkommenen Solidarität den Aspekt der perichoretischen Einheit zum Ausdruck.

Eine trinitarische Beschreibung der Kirche als Gemeinschaft legt auch der Bericht der europäischen Sektion aus der vorbereitenden Phase vor. In dieser Beschreibung spielt auch der Begriff „Liebe“ eine wichtige Rolle. Er wird hier im ontologischen Sinne gedacht, und die Liebe als der Grund der Kirche gesehen:

> *„Die Kirche gründet in der Liebe, die Gott ewig in sich selbst ist, und in der konsubstantiellen Gemeinschaft des Vaters und des Sohnes im Heiligen Geist. Als solche ist die Kirche das Werk der drei göttlichen Personen.“*[30]

Die Kirche wird auch als *„das Werk der Heiligen Dreieinigkeit“*, als *„Familie Gottes“*, *„Gemeinschaft der Versöhnten“*, *„Gemeinde der Heiligen“* bezeichnet.[31] Es wird weiter gesagt, das eigentliche Wesen der Kirche sei „agape“, die über sie ausgegossene Gottesliebe, die die Kirche in ihrem Leben zum Ausdruck bringen müsse.[32] Eine andere ekklesiologische Beschreibung erinnert an Lumen Gentium 2-4, wo die Kirche nicht nur von der Einheit der Trinität als Ganzer, als *„das von der Einheit des Vaters und*

---

[29] Ebd.

[30] »Christus und die Kirche«, Bericht der europäischen Sektion der theologischen Kommission über Christus und die Kirche an die Vierte Weltkonferenz für Glauben und Kirchenverfassung Montreal, Kanada (1963), S. 57.

[31] Ebd.

[32] Vgl. ebd., S. 60.

des Sohnes und des Heiligen Geistes her geeinte Volk"[33] gedacht wird, sondern wo auch die Beziehungen zu den einzelnen Personen der Trinität in ihrer heilsgeschichtlichen Wirkung zur Sprache kommen.

> *„In der Zeit vor der Inkarnation bestand die Kirche in vorbereitender Form, als der Vater in seiner Bundesgnade ein Volk berief und es zu seinem Instrument aussonderte, um durch es alle Völker zu segnen. Sie bekam eine neue und dauernde Gestalt in der Kirche Jesu Christi, denn Christus sammelte und erbaute das eine Volk Gottes von neuem. Er goß seinen Geist auf die zerbrochene und zerrissene Menschheit und ließ seine Brüder als das neue ungeteilte Geschlecht mit ihm am Leben und der Liebe Gottes teilhaben."*[34]

5.5.2. Exkurs: Die römisch-katholische Kirche und der Ökumenische Rat der Kirchen

Zwischen dem oben angeführten Zitat über die Kirche aus dem Bericht »Christus und die Kirche« der europäischen Sektion der Kommission für Glauben und Kirchenverfassung und den ekklesiologischen Ausführungen in Lumen Gentium 2-4 besteht offensichtlich eine Parallele. Die Weise, mit der das heilsgeschichtliche Handeln der Trinität nicht nur christologisch beschrieben, sondern das Heil den drei göttlichen Personen zugeordnet wird, bildet in den Dokumenten der Montrealer Phase eher die Ausnahme. Im offiziellen Dokument von Montreal findet man keine solche Formulierung. Allerdings deutet das Zitat der europäischen Sektion auf eine Verwandtschaft zwischen den Texten des II. Vatikanums und den theologischen Arbeiten der Kommission bzw. des Ökumenischen Rates der Kirchen hin.

Um diese Verwandtschaft zu erklären, muß kurz die Beziehung zwischen der römisch-katholischen Kirche und dem Ökumenischen Rat der Kirchen angesprochen werden, die eine eigene Untersuchung wert wäre. Im Rah-

---

[33] *Lumen Gentium* 4, in: LEXIKON FÜR THEOLOGIE UND KIRCHE, Das Zweite Vatikanische Konzil, Teil 1, Herder Freiburg i. Br. 1966, S. 163.

[34] »Christus und die Kirche«, Bericht der europäischen Sektion der theologischen Kommission über Christus und die Kirche an die Vierte Weltkonferenz für Glauben und Kirchenverfassung Montreal, Kanada (1963), S. 73.

men dieser Arbeit sollen nur die wichtigsten historischen und theologischen Daten festgehalten werden.
Mit dem II. Vatikanum wurde für die römisch-katholische Kirche der Weg frei, sich in der ökumenischen Bewegung aktiv zu beteiligen. Papst Paul VI. sagte damals:

> *„Das Konzil verpflichtet uns dazu und weist den Weg: die Konzilstexte, die ausdrücklich oder mittelbar die Wiederherstellung der Einheit der einen Kirche durch alle, die sich Christen nennen, behandeln, sind so zwingend und klar, so richtungsweisend und fordernd, daß sie für die Lehre und Seelsorge des katholischen Ökumenismus eine Basis legen, die er nie zuvor besessen hat.“*[35]

Die ekklesiologische Erneuerung, die in den Texten des II. Vatikanums, insbesondere in der Dogmatischen Konstitution über die Kirche »Lumen Gentium« und im Dekret über den Ökumenismus »Unitatis Redintegratio«, vollzogen wurde, kann mit einigen wichtigen Aussagen belegt werden.
Die Kirche wird in diesen beiden Dokumenten nicht hauptsächlich unter dem Gesichtspunkt ihrer Verfaßtheit als einer sichtbaren Gesellschaft, sondern unter verschiedenen „verborgenen“ Aspekten ihres Mysteriums betrachtet[36] und als vollkommene Gemeinschaft nicht mehr mit der römisch-katholischen Kirche schlichtweg identifiziert. Es heißt nun, die Einheit der Kirche Christi bestehe (subsistit) in der katholischen Kirche[37], und in LG 8 liest man jetzt im Gegensatz zum ersten Entwurf, der die Kirche mit der katholischen Kirche gleichsetzte („Diese Kirche ... ist die katholische Kirche“):

> *„Diese Kirche, in dieser Welt als Gesellschaft verfaßt und geordnet, ist verwirklicht in der katholischen Kirche, die vom Nachfolger Petri und von den Bischöfen in Gemeinschaft mit ihm geleitet wird.“*[38]

---

[35] Zitiert aus: TUCCI, R.; *Die ökumenische Bewegung, der Ökumenische Rat der Kirchen und die Römisch-katholische Kirche,* S. 341-351, hier S. 342. In: GOODALL, N. (Hrsg.); *Bericht aus Uppsala 1968,* offizieller Bericht über die Vierte Vollversammlung des ÖRK Uppsala 4.-20. Juli 1968, ÖRK Genf 1968.

[36] Vgl. TUCCI, ebd., S. 344.

[37] Vgl. ebd. TUCCI bezieht sich hier auf UR 4.

[38] Dogmatische Konstitution über die Kirche Lumen Gentium, Nr. 8. In: LEXIKON FÜR THEOLOGIE UND KIRCHE; Das Zweite Vatikanische Konzil, Konstitutionen, Dekrete und Erläuterungen, lateinisch und deutsch, Kommentare, Teil I, zweite, völlig neu bearbeitete Auflage, Herder Freiburg Basel Wien, 1966, S. 173.

Ausgehend von diesem Kirchenverständnis wird in den Konzilsdokumenten in bezug auf die anderen Kirchengemeinschaften nicht mehr von einer „Rückkehr“ gesprochen, wie es die Enzyklika »Mortalium animos« (1928) noch tat, sondern von einer „Wiederherstellung der Einheit“.[39] Der Weg zur dieser Wiederherstellung führt nach dem II. Vatikanum über Reinigung und Erneuerung.[40]

Die skizzierte Erneuerung der katholischen Ekklesiologie ermöglichte der römisch-katholischen Kirche und der katholischen Theologie ein neues Engagement in der ökumenischen Bewegung und öffnete eine neue Epoche der Beziehung zwischen der römisch-katholischen Kirche und dem Ökumenischen Rat der Kirchen. Die Kontakte entwickelten sich zwischen 1959 und 1968 so schnell und so intensiv, daß man 1969 sogar über eine mögliche Mitgliedschaft der katholischen Kirche im ÖRK sprach.[41] Nach der Erörterung dieser Möglichkeit in einer Studiengruppe, die zusammengesetzt war aus Vertretern des römischen Einheitssekretariats und des ÖRK, wurde von römisch-katholischer Seite entschieden, keinen Antrag auf Mitgliedschaft im ÖRK in naher Zukunft zu stellen.[42] Die römisch-katholische Kirche entfaltete ihre ökumenischen Aktivitäten nach dieser Phase vielmehr auf dem Feld der bilateralen Dialoge. Aber auch die Ebene des multilateralen Dialogs wurden nicht verlassen: seit 1968 sind römisch-katholische Theologen offizielle Mitglieder der Kommission für Glauben und Kirchenverfassung, obwohl ihre Kirche offiziell dem ÖRK nicht angehört.

Hinter der feststellbaren theologischen Verwandtschaft der Dokumente der Kommission für Glauben und Kirchenverfassung mit den Texten des II. Vatikanums stehen theologische Strömungen, die sich in beiden niedergeschlagen haben.[43]

---

[39] Vgl. TUCCI; ebd., S. 345. Vgl. auch CONGAR, Y.; *Fünfzig Jahre der Suche nach Einheit,* S. 296-285, hier S. 274ff., in: ÖR 26/1977.

[40] Vgl. TUCCI, ebd., S. 345.

[41] Vgl. TUCCI, ebd., S. 347. Vgl. MEEKING, B.; *Die Beziehung zwischen der römisch-katholischen Kirche und dem Ökumenischen Rat der Kirchen,* Die Erfahrungen von 20 Jahren, S. 314-324, hier S. 314f., in: ÖR 27/1978.

[42] Vgl. MEEKING, ebd., S. 315.

[43] Vgl. MÜLLER-FAHRENHOLZ, G.; Heilsgeschichte zwischen Ideologie und Prophetie. Profile und Kritik heilsgeschichtlicher Theorien in der ökumenischen Bewegung zwischen 1948 und 1968, Freiburg, Basel, Wien 1974, vor allem der 2. Teil,

Ein grundlegender gemeinsamer Ansatzpunkt liegt offensichtlich in einem universalistischen christologischen Verständnis der Heilsgeschichte. Dafür steht etwa der christozentrische Universalismus, der uns im Vortrag von Sittler in Neu Delhi 1961 bereits begegnete und weiter beschäftigen wird. Die kosmische Christologie Sittlers und die Theologie eines Teilhard de Chardin[44] können als Beispiele einer ganzen theologischen Zeitströmung genannt werden.[45]

In der Zeit zwischen dem Ende des Zweiten Weltkrieges und dem Anfang der sechziger Jahre vollzog sich eine theologische Wende. Sie wurde m.E. jedoch nicht durch die Perspektive des christozentrischen Universalismus, der auch von anderen vertreten wurde, sondern durch die umfassende theozentrische Perspektive, in der der christozentrische Universalismus eingebettet war, hervorgerufen. Dieser Universalismus zeigt sich z.B. auch in den Dokumenten von Lund 1952. In der Zeit zwischen Lund und Montreal ereignet sich in der theologischen Arbeit der Kommission jedoch eine trinitarische Erweiterung der ein wenig einseitigen christologischen Auffassung von Kirche und Geschichte, der es gelang, die theozentrische mit der christologischen Perspektive zu verbinden. Im Dokument von Montreal wird im Kapitel »Christus, neue Schöpfung, Schöpfung« in diesem Sinne Schöpfungslehre und Erlösungslehre zusammengesehen.[46]

Die Verbindung der theozentrischen mit der christologischen Perspektive kommt vor allem in der Dogmatischen Konstitution über die Kirche »Lumen Gentium« 2 und im Dekret über die Missionstätigkeit der Kirche »Ad Gentes« 2 zum Ausdruck. Auch dort wird von der Perspektive des christozentrischen Universalismus ausgegangen, wenn Christus z.B. „Licht der

---

Kap. IV „Heilsgeschichltiche Theologie im Vatikanischen Konzil", S. 169ff. Vgl. RAISER; Ökumene im Übergang, S. 85, Anm. 40 und 69.

[44] Vgl. RAISER, ebd., S. 85.

[45] Der christozentrische Universalismus war damals aus der theologischen Betrachtung der damaligen Situation entstanden und bedeutete zugleich eine Neuorientierung, wie RAISER schreibt: „Es hat eine schöpferische Verarbeitung der geschichtlichen Erfahrungen des Endes der 'christlichen Welt', der fortschreitenden Säkularisierung und des raschen sozialen Umbruchs ermöglicht. Es hat der ökumenischen Bewegung ein theologisches Verständnis der Ökumene als der 'einen, bewohnten Erde' erschlossen und sie so instand gesetzt, auf das Entstehen einer 'planetarischen Welt' aktiv einzugehen." *Ökumene im Übergang,* S. 84.

[46] Vgl. *»Die Kirche in Gottes Plan«,* Bericht der Sektion I, Nr.11-16, in: VISCHER, *Die Einheit der Kirche,* S. 185-188.

Völker“ genannt wird (LG 1).[47] Die Kirche wird dort nicht in ihrer geschichtlich-sozialen Gestalt, sondern vor allem als Geheimnis der Liebe Gottes gesehen und nicht ausschließlich mit dem Handeln des irdischen Christus in Verbindung gebracht, was in der vorkonziliaren Ekklesiologie zur Legitimation eines verengten hierarchisch geprägten Kirchenverständnisses führte.[48] Aus theozentrisch-christologischer Perspektive hat die Kirche ebenso mit der Schöpfung wie mit der gnadenvollen Erwählung und Erlösung aus dem Stand der Sünde zu tun.[49] Hatte ein statisches Trinitätsverständnis mit der Neigung zum Christomonismus auch ein statisches Konzept der Kirche als „societas perfecta“ zur Folge, so fußt das dynamische Kirchenverständnis von Lumen Gentium und von Ad Gentes auf der Grundlage eines dynamischen Trinitätsverständnisses: nicht die Trinität als Ganze handelt durch Christus, sondern der Vater durch den Sohn im Heiligen Geist.[50]

---

[47] Dogmatische Konstitution über die Kirche Lumen Gentium, in: LEXIKON FÜR THEOLOGIE UND KIRCHE; Das Zweite Vatikanische Konzil, Teil I, S. 157.

[48] Vgl. KEHL, M.; *Die Kirche,* Eine katholische Ekklesiologie, Echter Verlag Würzburg 1992, S. 269ff.

[49] „Alle Erwählten aber hat der Vater vor aller Zeit 'vorhergekannt und vorherbestimmt, gleichförmig zu werden dem Bild seines Sohnes, auf daß dieser der Erstgeborene sei unter vielen Brüdern‘ (Röm 8, 29). Die aber an Christus glauben, beschloß er in der heiligen Kirche zusammenzurufen. Sie war schon seit dem Anfang der Welt vorausbedeutet; in der Geschichte des Volkes Israel und im Alten Bund wurde sie auf wunderbare Weise vorbereitet, in den letzten Zeiten gestiftet, durch die Ausgießung des Heiligen Geistes offenbart, und am Ende der Weltzeiten wird sie in Herrlichkeit vollendet werden. Dann werden, wie bei den heiligen Vätern zu lesen ist, alle Gerechten von Adam an, 'von dem gerechten Abel bis zum letzten Erwählten‘, in der allumfassenden Kirche beim Vater versammelt werden.“ *Lumen Gentium* 2. In: ebd., S. 159. „Die pilgernde Kirche ist ihrem Wesen nach 'missionarisch‘ (d.h. als Gesandte unterwegs), da sie selbst ihren Ursprung aus der Sendung des Sohnes und der Sendung des Heiligen Geistes herleitet gemäß dem Plan des Vaters. Dieser Plan entspringt der 'quellhaften Liebe‘, dem Liebeswollen Gottes des Vaters. Er, der ursprungslose Ursprung, aus dem der Sohn gezeugt wird und der Heilige Geist hervorgeht, hat uns in seiner übergroßen Barmherzigkeit und Güte aus freien Stücken geschaffen und überdies gnadenweise gerufen, Gemeinschaft zu haben mit ihm in Leben und Herrlichkeit.“ Dekret über die Missionstätigkeit der Kirche, *Ad Gentes* 2, in: LEXIKON FÜR THEOLOGIE UND KIRCHE; *Das Zweite Vatikanische Konzil,* Teil III, Herder Freiburg, Basel, Wien 1968, S. 25.

[50] Hier scheint auch eine Parallele zwischen dem christozentrischen Universalismus Sittlers und Lumen Gentium 2 auf: beide stehen auf der biblischen Grundlage des

Die Erneuerung des Kirchenverständnisses im II. Vatikanum und die Korrektur des einseitigen christuszentrierten Kirchenverständnisses in Lund hängen also mit einer Wandlung des Gottesverständnisses zusammen und eben darin sind sie einander verwandt.

5.5.3. Die ekklesiologischen Dokumente von Montreal

Von den zwei ekklesiologisch ausgerichteten Dokumenten in Montreal selbst betrachtet das Dokument »Die Kirche in Gottes Plan« die Kirche in ihrer christologisch-trinitarischen Dimension, wobei der kreuzestheologische Aspekt betont wird. Weiter wird die Kirche als Neuschöpfung, als Ereignis und Institution bezeichnet. Der letzte Teil von KGP beschreibt die Kirche in ihrer Beziehung zu Christus und zu den real existierenden Kirchen.

Das zweite ekklesiologisch relevante Dokument von Montreal »‚Alle an jedem Ort‘: Der Vorgang des Zusammenwachsens« erläutert, wie sich die Vertreter der Kirchen das Fortschreiten der Einheit vorstellen.

In diesem Dokument wird als Grundlage der Einheit die Formel von Neu Delhi 1961 „alle an jedem Ort" übernommen.[51] Darin wird die Ortsgemeinde als der primäre Ort der Einheit bestimmt, und dies wird auch in Montreal voll bestätigt.[52] Die örtliche Gemeinschaft von Christen, die als Hörer des Wortes Gottes zur Feier des Herrenmahls zusammenkommen, aber auch andere Formen des kirchlichen Lebens, wie z.B. Kirchenräte, machten diese Ortsgemeinde aus. Sie sei die Manifestation der universalen Kirche.[53] Es wird betont, die denominationelle Zugehörigkeit sei für das Zusammenkommen dieser Gruppen nicht ausschlaggebend, sie wird im Gegenteil nicht als wesentliche Form des kirchlichen Lebens betrachtet.[54] Das Dokument weist darauf hin, daß das Wesen dieser Gruppen als „Kirche" weiter studiert werden müsse. Es ist jedoch überzeugt, daß die deno-

---

christologischen Hymnus in Kol 1,12-20. Ad Gentes zitiert den christologischen Hymnus in 1 Kor 15, 28.

[51] Vgl., Anm. 15.

[52] „Der Ort, an dem sich die Einheit erweisen muß, ist die Ortsgemeinde." Ebd., S. 237.

[53] Vgl. ebd., S. 238.

[54] Vgl. ebd., S. 242.

minationelle Zugehörigkeit im Hinblick auf die Einheit der Ortsgemeinde als Manifestation der universalen Kirche überschritten werden solle. Dann und nur dann sei das Ziel des ökumenischen Bemühungen, die sichtbare Einheit, erreicht:

> *„Wir glauben, daß die universale Kirche an einem bestimmten Ort nur dann wirklich in Erscheinung treten kann, wenn alle Christen an diesem Ort in der Einheit leben...“*[55]

Wenn also auch KGP über die Ortsgemeinden (Einzelgemeinden) als Kirche spricht, meint es nicht in erster Linie die Kirchen als Teile der einen Kirche im Sinne von Denominationen, sondern die Kirche als Leib Christi.[56] Wenn das vorbereitende Dokument über die Taufe und die Dokumente der Vollversammlungen des ÖRK die Koinonia als das relevanteste Kirchenverständnis hervorgehoben hatten, dann fällt auf, daß dieses in den beiden ekklesiologischen Dokumenten von Montreal nur ein einziges Mal erscheint. Viel häufiger und an den wichtigsten Stelle wird die Kirche als Leib Christi bezeichnet.[57] Diese Kirche als Leib Christi wird darin als eine Gemeinschaft der Heiligen aller Zeiten und aller Orte verstanden. Die Verbundenheit der Gemeinden und Ortsgemeinschaften in diesem Leib Christi wird nicht durch die Teilhabe an einer übergreifenden Struktur oder Organisation begründet, sondern in ihrer Existenz in Christus.[58] Es wird betont, in allen kirchlichen Gemeinschaften, auch in denjenigen, die für sich nicht in Anspruch nehmen, voll die Kirche zu verkörpern, sei Jesus Christus gegenwärtig, darum gehörten diese Gemeinschaften „in gewissem Sinn zur einen Kirche“.[59] So wird beteuert:

> *„In diesem Sinn ist jede Gemeinde, die sich zur Verkündigung des Wortes und zur Feier des heiligen Abendmahls versammelt, eine Manifestation der gesamten katholischen Kirche, die in Dienst und Zeugnis gegenüber der Welt unterwegs ist, das zu werden, was sie ist.“*[60]

---

[55] Ebd., S. 239.

[56] Vgl. ebd., S. 190.

[57] Vgl. ebd., S. 185, 188, vor allem 190.

[58] Vgl. ebd., S. 190.

[59] Ebd., S. 191, 238.

[60] Ebd., S. 190.

Der Schlüsselbegriff der ekklesiologischen Konzeption von Montreal ist also die Existenz der Kirchengemeinschaften in Christus aufgrund der Gegenwart Christi in ihnen. Der einzelne Christ lebt die Einheit dieser Gemeinschaft aufgrund der Teilhabe an Christus durch die Taufe. Die Existenz „in Christus“ begründet die vereinte Kirche als Leib Christi und macht die denominationellen Unterschiede zweitrangig, ja hinderlich.[61]

5.6. Auswertung

Geschichtliche Einordnung:
Nach langjährigem Ringen um ein ökumenisches Modell der kirchlichen Einheit war es in Montreal endlich soweit. Seit Lausanne 1927 orientierte sich die ökumenische Einheitssuche auf die zentrale Wahrheit des christlichen Glaubens, auf Jesus Christus. Das Modell „alle an jedem Ort“ kann als ekklesiologische Umsetzung eines christologisch-trinitarischen Kirchenverständnisses gelten. Montreal darf demzufolge als der christologisch-trinitarische Höhepunkt in der bisherigen Entwicklung angesehen werden. Das letzte Dokument der Montrealer Konferenz »‚Alle an jedem Ort‘, der Vorgang des Zusammenwachsens« endet mit den Worten: „*Komm Heiliger Geist*“. Dieser Aufruf ist so etwas wie ein Startschuß für ein neu akzentuiertes theologisches Studium.

Trinitarisches Gottesverständnis:
Montreal vollzieht die christologische Wende von Lund endgültig, insofern dort die Christologie der Herrlichkeit durch kreuzestheologische Motive korrigiert wurde. In den Texten wird der christologische Aspekt jedoch weiterhin stärker betont als der trinitarische.
Die Beschäftigung mit der Taufe, die Überlegungen über die Beziehung zwischen Trinität und Kirche sowie die Ausführungen über die trinitarische „Koinonia“ zeigen die bis dahin entschiedenste und tiefste Verknüpfung zwischen Christus und Trinität. Der Verzicht auf weitergehende Reflexionen über die immanente Trinität führte nicht zu einem Verzicht auf jedes

[61] „Das Weiterbestehen traditioneller konfessioneller Gruppen wird in vielen Gebieten als Skandal empfunden.“ Ebd., S. 191.

theologische Sprechen über sie. Das statische Verständnis der Trinität als Ganzes, das sich in der Heilsgeschichte vornehmlich durch Christus auswirkt, setzte sich in den Dokumenten durch. Es stellt sich dar als ein christologischer Universalismus im trinitarischen Rahmen.

Trinitarisches Kirchenverständnis:
Das Verständnis der Kirche als Koinonia zeigt, daß die einseitige christologische Kirchenbegründung von Lund mit Hilfe eines kreuzestheologischen Ansatzes überwunden und trinitarisch erweitert wurde.
Die Grundlage des Kirchen- und Einheitskonzeptes von Montreal ist Jesus Christus in seiner universalen zeitlichen und räumlichen Dimension. Die existentielle Verortung „in Christo" aufgrund der Taufe begründet die schon existierende kirchliche Einheit der Kirche als Leib Christi in der Ortsgemeinde. Diese ist wiederum eine Manifestation der universalen Kirche. Der christologische Universalismus im trinitarischen Rahmen findet seine ekklesiologische Entsprechung im Verständnis der Kirche vornehmlich als Leib Christi, der im Kontext einer trinitarischen „Koinonia" gedacht wird. Bei den Begriffen „Koinonia" und „Leib Christi" findet eine Gewichtsverlagerung statt. In der vorbereitenden Phase, vor allem im Teil „Die heilige Trinität und die Einheit der Kirche", wurden diese Begriffe als eine Einheit dargelegt. In den ekklesiologischen Texten von Montreal wird dagegen eher das Verständnis der Kirche als Leib Christi bevorzugt, was wiederum auf eine Akzentuierung des christologischen gegenüber dem trinitarischen Aspekt hinweist.

Fazit:
Die kreuzestheologisch-baptismale Grundlage der Einheit „aller an jedem Ort" in Montreal bildet einen Kontrast zum Ekklesiologieverständnis von Lund und macht die Bemühung deutlich, die spiritualistischen und doketischen Tendenzen im Kirchenverständnis zu überwinden. Eine kreuzestheologisch und trinitarisch, baptismal und eucharistisch konstituierte verpflichtete Gemeinschaft von Christen „vor Ort" ist ein Vorschlag einer sichtbar wahrnehmbaren Gemeinschaft.
In Montreal wurde die kirchliche Dimension der Taufe studiert und theologisch angewandt. Die Taufe begründet existentiell die Gemeinschaft der Christen im Leib Christi, die sich im eucharistischen Abendmahl als Einheit manifestiert. Dieses existentielle Verständnis des Leibes Christi nimmt

jedoch den sozio-konfessionellen Aspekt der Taufe nicht ganz wahr. Durch die Taufe wird nämlich jeder Christ konfessionell sozialisiert und in das Gefüge einer, wie auch immer verfaßten, kirchlichen Gemeinschaft eingefügt.

Insofern wird in Montreal der individuelle, weniger der gemeinschaftliche Aspekt der Taufe bedacht. Der kreuzestheologisch betonte ekklesiologische Ansatz von Evanston aus der vorbereitenden Phase von Montreal, in dem die gegenseitige Beziehung der Gemeinschaften „durch das Kreuz“ angesprochen wurde, findet in Montreal keine Erwähnung.

Die Wirklichkeit der real existierenden Konfessionen und Denominationen wurde vernachlässigt und der Gefahr eines konfessionellen Indifferentismus Vorschub geleistet.[62] Die schmerzliche Tatsache der empirischen konfessionellen und denominationellen Existenz wird durch das existentielle „in Christo“ zwar nicht geleugnet, aber in einem gewissen Sinne doch übersprungen.

[62] Vgl. SLENCZKA, R.; *Zeugnis, Dienst, Einheit in orthodoxer Sicht*, in: ÖR 11/1962, S. 171ff.

6. Bristol 1967

6.1. Einführung

An der Weltkonferenz der Kommission für Glauben und Kirchenverfassung in Montreal 1963 beteiligten sich Vertreter fast aller christlichen Traditionen der Welt. Dennoch konnte die ökumenischen Bewegung in der Folgezeit ihren Radius noch erweitern. Bei der Vollversammlung des ÖRK in Neu Delhi 1961 und auch in Montreal kam es zu einer stärkeren Zusammenarbeit mit orthodoxen Theologen, während nach dem II. Vatikanischen Konzil auch die römisch-katholische Kirche sich für den Weg der ökumenischen Bewegung öffnete. So konnte die Kommission bei ihrer Sitzung in Aarhus 1964 feststellen:

> *„Nach 'fünfzig Jahren Faith and Order', in denen durch die theologische Diskussion zwischen den Kirchen viel erreicht wurde, können wir sagen, daß die ökumenische Aufgabe dieser Bewegung erst jetzt in vollem Umfang deutlich wird.*“[1]

Der Text von Aarhus definiert den besagten vollen Umfang der ökumenischen Aufgabe als *„das theologische Ringen der ganzen christlichen Familie*“.[2]

Für die theologische Arbeit der Kommission für Glauben und Kirchenverfassung schlug sich dieses „Ringen der ganzen christlichen Familie“ in zwei Begriffen nieder: in dem mit der Problematik von Schöpfung und Erlösung thematisch gekoppelten Begriff der „Universalität“ auf dem breiteren theologischen Feld und im Begriff der „Konziliarität“ auf dem eingegrenzteren Feld der Ekklesiologie. Diese beiden Begriffe stellen zugleich die Perspektiven dar, unter denen die Themen der Arbeit der theologischen Kommission ausgewählt und behandelt wurden. Die Perspektive der Universalität und der Konziliarität hat die Welt als gemeinsamen Horizont vor Augen. Entsprechend definiert die Kommission ihre Aufgabe:

---

[1] Faith and Order Papers; 44, S. 8. „After 'fifty years of Faith and Order' in which much has been achieved in theological conversations between the churches, we may say that only now is the full ecumenical task of this movement becoming apparent.“ (Übersetzung von mir)

[2] Ebd.: „...theological wrestlings of the whole Christian family...“. (Übersetzung von mir)

„... die wesentliche Einheit der Kirche Christi zu verkünden und die Einheit und ihre Dringlichkeit für die Missionierung und Evangelisierung der Welt zu zeigen.“[3]

In der Zeit von 1927 bis 1963 organisierte die Kommission für Glauben und Kirchenverfassung vier Weltkonferenzen. Die größere Zahl der beteiligten Kirchen und der Wunsch nach höherer Effizienz der theologischen Arbeit waren für das vorläufige Ende der Weltkonferenzen-Epoche und für den Anfang eines neuen Arbeitsmodus ausschlaggebend. Die Kommission beschloß regelmäßig alle drei Jahre Sitzungen abzuhalten, bei denen die Berichte der Unterkommissionen besprochen werden sollten. Die Unterkommissionen beschäftigten sich während dieser dreijährigen Perioden durchgehend mit unterschiedlichen theologischen Themen.

Bei der Sitzung der Kommission in Aarhus 1964 wurden zwar die theologischen Weichen für die nächsten Jahre gestellt, allerdings keine theologischen Untersuchungen vorgestellt. So befaßt sich meine Untersuchung in diesem Kapitel mit den offiziellen Berichten der Sitzung der Kommission in Bristol 1967, besonders mit dem Hauptdokument »Gott in Natur und Geschichte«. Auch wenn dieser Bericht kein ekklesiologischer Text ist, enthält er eine in der Geschichte der Kommission neue theologische Konzeption und Begrifflichkeit, die nach ihrer eigenen Einschätzung für die künftige Ekklesiologie von Bedeutung sein würde.[4] Andere Texte aus der Bristol-Sitzung werden an den entsprechenden Stellen herangezogen. Bei der Sitzung der Kommission für Glauben und Kirchenverfassung entstand kein eigenes Dokument, das sich direkt mit dem Wesen der Kirche befaßt hätte, wie es bei jeder der vorherigen Weltkonferenzen der Fall gewesen war. Der Bericht der Kommission »Die Kirche und das jüdische Volk« kommt der ekklesiologischen Problematik am nächsten.[5]

Nach Bristol erschien noch der Bericht der Sektion I der Vollversammlung des ÖRK in Uppsala 1968. Da er von den Theologen der Kommission für

---

[3] Vgl. ebd., S. 11.

[4] Vgl. *Aarhus 1964*, Faith and Order Papers; 44, S. 12: „...further study of this question was necessary in order to deepen the consensus on ecclesiological questions...“. Der Kommission war bewußt, daß die Auseinandersetzung mit dieser Materie auch für die späteren Übereinstimmungen in ekklesiologischen Fragen bedeutend sein würde.

[5] Die offiziellen Texte der Berichte befinden sich im Beiheft Nr. 7/8 zur ÖR mit dem Titel: *Bristol 1967*.

Glauben und Kirchenverfassung vorbereitet wurde, ist er thematisch in die Bristol-Periode einzuordnen und wird darum in diesem Kapitel behandelt.

6.2. Die Herausforderung der Kirchen durch die Welt

Die ökumenische Bewegung erlebte in den sechziger Jahren eine ihrer interessantesten und fruchtbarsten Perioden. Der Wortlaut einiger Dokumente aus dieser Zeit erweckt den Eindruck, daß die ökumenische Bewegung noch nie so weit auf dem Weg zur Einheit war, und die Kirchen so nah beieinander waren wie zu diesem Zeitpunkt. Der Bericht der Sektion I der Vollversammlung des ÖRK in Uppsala 1968, beginnt mit einer Doxologie, einer Danksagung an die ganze Trinität, und stellt fest, daß die getrennten christlichen Gemeinschaften mit „*größerem gegenseitigen Vertrauen und mehr Hoffnung auf Versöhnung miteinander sprechen*“.[6] Es wird schließlich ein ökumenisches Konzil als ein möglicher Weg zur Erreichung der weltweiten Einheit der christlichen Kirchen in Aussicht gestellt. Angesichts dieser optimistischen Einschätzung des ökumenischen Prozesses, bei dem die Kirchen immer mehr zusammenrücken und die konfessionellen und denominationellen Unterschiede an Brisanz zu verlieren scheinen, tritt die Auseinandersetzung mit der Welt als die nächste Aufgabe der Bewegung in den Mittelpunkt. Die Welt als Gegenüber der Kirchen wird als eine massive Herausforderung empfunden. Alle christlichen Kirchen beschäftigen sich mit der gesellschaftlichen Situation, und diese Auseinandersetzung führt sie in dieser Zeit auch zueinander.

In diesem Sinne bemerkte Lukas Vischer in seiner Eröffnungsrede in Bristol 1967, daß die Konfrontation mit der modernen Welt die Kirchen zusammengeprügelt habe.[7]

Die Auseinandersetzung mit der Welt führte dazu, daß die Kommission sich zum ersten Mal mit keinem ausgesprochen ekklesiologischen Thema befaßte. Die Klärung der Beziehung zur Welt wurde als dringender emp-

---

6 »*Der Heilige Geist und die Katholizität der Kirche*«, Nr. 1, in: GOODALL, Norman(Hrsg.); *Bericht aus Uppsala 1968*, Offizieller Bericht über die vierte Vollversammlung des ÖRK, Uppsala 4.-20. Juli 1968, ÖRK Genf 1968, S. 16f.

7 Vgl., *New Directions in Faith and Order, Bristol 1967*, Faith and Order Papers; 50, S. 123: „... the confrontation with the modern world has ‘driven’ (zusammengeprügelt) the churches together.“

funden als die „innerkirchlichen“ Angelegenheiten. In einem gewissen Sinn läßt sich behaupten, daß sich das Empfinden des tiefsten Unterschiedes aus der Beziehung der Kirchen zueinander in die Beziehung zwischen Kirche und Welt verlagerte. Das Hauptdokument von Bristol 1967 »Gott in Natur und Geschichte« befaßt sich eben mit dieser Konfrontation.
Der geschichtliche und soziale Kontext des Hauptdokumentes »Gott in Natur und Geschichte« sei kurz geschildert.
Das traditionelle, statische und theologisch gesehen geozentrische Weltbild wird abgelöst und macht einem dynamischen Verständnis von Natur und Geschichte Platz. Die Natur ist nicht mehr eine begrenzte Ganzheit, sondern ein unbestimmbarer Raum und eine fast endlose Zeit. Die Welt wird nicht mehr unbedingt als eine Welt Gottes erfahren, sondern in einer relativen Autonomie wahrgenommen. Die Menschheit wird soziologisch immer mehr als *eine* Menschheit erfahren. Angesichts dieses globalen Umbruchs meint die Kommission, eine Verwirrung der christlichen Kirche und einer Krise der Theologie festzustellen. Die Frage laute nicht mehr: „Wie kann die Verschiedenheit der überlieferten Aussagen durch neue Aussagen überwunden werden?“, sondern: „Wie ist Glaube in dieser Welt überhaupt möglich?“. Erst danach stelle sich die Frage nach der Kirche.

6.3. Entwurf des theologischen Hintergrundes im Dokument »Gott in Natur und Geschichte«

Die Kommission für Glauben und Kirchenverfassung hat sich bald nach der Montrealer Weltkonferenz für die trinitarische Verankerung des Verhältnisses zwischen Kirche und Welt sowie des Verständnisses der Einheit von Schöpfung und Erlösung entschieden.

> *„Die Studien von Glauben und Kirchenverfassung über die Christologie haben die Notwendigkeit einer vollen trinitarischen Perspektive und eines ernsten Umgehens mit der Bedeutung der Schöpfung gezeigt. Wir sind berufen, erneut zu artikulieren, was von den Werken des dreifaltigen Gottes in der Geschichte im allgemeinen und in der Kirche im besonderen erkannt werden kann.“*[8]

[8] *Aarhus 1964*, Faith and Order Papers; 44, S. 44.„The Faith and Order studies on Christology have shown the need for a fully trinitarian perspective and for serious dealing with the meaning of creation. So we are called to renewed effort to articulate

Die trinitarische Perspektive im Text des Dokumentes »Gott in Natur und Geschichte« bewegt sich in einem Raum zwischen den drei theologischen Koordinaten der Verborgenheit Gottes, der Endgültigkeit Jesu Christi und der Enthüllung durch den Heiligen Geist.

1. Das geschichtliche Denken und die Wahrnehmung der Natur – so beginnt das Dokument – sei der jüdisch-christlichen Tradition nicht fremd, wie die biblischen Texte eindrücklich bezeugten. Die Natur werde dort in ihrem zwiespältigen und launischen Charakter aufgedeckt. Sie biete zwar ästhetischen Genuß, Nahrung, Trost und Inspiration, zugleich erweise sie sich aber auch als bedrohlich (Naturkatastrophen, unkontrollierbarer technischer Fortschritt). Die Geschichte sei voller Gefahren, Umwege und Enttäuschung und ihre Ereignisse zwiespältig und rätselhaft. Die Erkenntnis Gottes in Natur und Geschichte könne darum nur eine Erkenntnis des *verborgenen Gottes* sein. Gott sei seinem Volk in der Wüste vorangegangen, aber niemand habe seine Spur gesehen (vgl. Ps 77, 20). Der Weg Gottes sei den Gläubigen nicht immer offenbar. Doch spreche Gott in Gericht und Gnade durch die Ereignisse der Geschichte zu seinem Volk. Er sei der Herr der Geschichte, aber in verborgener Weise. Der Mensch könne niemals mehr als begrenzte Fragmente der Geschichte Gottes sehen. Die Menschen glaubten an Gottes Gegenwärtigkeit, könnten sie aber nicht nachweisen. Mit dem Begriff „Verborgenheit Gottes" ist es dem Text möglich, die Natur und die Geschichte in ihrer Prozeßhaftigkeit und Offenheit wahrzunehmen und sie als Natur und Geschichte Gottes zu bejahen.
2. Weil die Welt als Natur und Geschichte in die Sphäre der Wirkung Gottes gehöre, gebe es nur einen einzigen Weg zum Verständnis beider:

   „Der Schlüssel zum Geschichtsverständnis muß gleichzeitig der Schlüssel zum Schöpfungsverständnis sein, da beide wesentlich eins sind."[9]

   Gott habe in Jesus Christus seine Anonymität abgelegt. Der Sinn der Geschichte und der Natur sei Jesus Christus. Um die Schöpfung und die Erlösung als eine Einheit zu verstehen, wird an dieser Stelle die biblische

---

what can be known of the works of the Triune God in history generally, and in the Church in particular." (Übersetzung von mir)

[9] »Gott in Natur und Geschichte«, S. 12.

Parallele Adam-Christus eingeführt. Die Menschheit, typologisch im ersten Adam dargestellt, habe ihren Sinn und Gipfel in Christus, dem zweiten Adam. Die traditionelle Lehre von der Erlösung, in der die Inkarnation als die große Notstandsmaßnahme verstanden wurde, durch die Gott die Welt zu ihrer ursprünglichen Vollkommenheit zurückbringen wollte, wird im Text als ungenügend abgelehnt, weil sie die Einheit von Schöpfung und Erlösung auflöst. Dieser traditionellen Lehre wird vorgeworfen, daß sie keine befriedigende Erklärung der drei biblischen christologischen Abschnitte im NT geben kann (Joh 1, Kol 1, Hebr 1), die von Jesus Christus auch als dem Mittler der Schöpfung handeln. Christus, so wird im Dokument argumentiert, sei nicht nur der Retter der verlorenen und sündigen Menschheit, wie sie seit Adam in der Geschichte vorkomme, sondern auch die Krone der Schöpfung, der neue Mensch. Christus wäre auf jeden Fall gekommen, auch abgesehen von Fall und Sünde. Sodann lautet die These des Dokumentes:

„*Der gekreuzigte und auferstandene Jesus von Nazareth ist der Schlüssel zum Verständnis der ganzen geschaffenen Welt.*“[10]

Die Auferstehung wird dann folgerichtig nicht nur als eine Bestätigung der Rechtfertigung verstanden, sondern zugleich als eine Neuschöpfung. Das Dokument bekräftigt, daß die Schöpfung des ersten Adam im Blick auf den letzten Adam (Christus) geschehen sei, der die Schöpfung vollendete. So soll auch die Vollendung als ein wesentlich höheres Werk als die Schöpfung verstanden werden und bedeute weit mehr als nur die Wiederherstellung der ursprünglichen Situation. Das Dokument betont an dieser Stelle, daß laut 1 Kor 15, 46-49 Christus als der neue Adam nicht mit dem gefallenen, sondern mit dem zuerst geschaffenen Adam verglichen werde, den er durch die Auferstehung übertreffe. Die Vollendung sei nicht eine Wiederholung des Gartens Eden, sondern vielmehr eine siegreiche Offenbarung des Jesus, eine weltweite Auferstehung, das Gericht über alle Menschen gemäß ihrer Haltung gegenüber seinem ersten Erscheinen und die Ordnung und Erneuerung der Welt gemäß seiner neuen Menschheit. Wenn der „*erste Adam von der Erde und irdisch*“ war, so ist der zweite „*vom Himmel*“ her.[11] Die alte adamitische Menschheit vom Anfang der Geschichte werde durch eine neue pneu-

---

[10] Ebd.

[11] Ebd., S. 13.

matische Menschheit abgelöst, die sich um den neuen Menschen, den auferstandenen Christus bilde und das Ziel der gesamten Geschichte sei. Mit der Adam-Christus-Parallele, die in der reformatorischen Theologie häufig Verwendung findet, wird im Dokument nachdrücklich die Einheit von Schöpfung und Erlösung betont und so bekräftigt, daß Jesus Christus der Herr des Kosmos und der Herr der Kirche ist. Diese Parallele vermag zugleich die Offenheit und Prozeßhaftigkeit der Geschichte zu bejahen und Raum für die Sünden der Menschen wie für die Diskontinuität der Kirchengeschichte zu lassen. Das alles habe aber seinen Sinn und sein Ziel in Jesus dem Gekreuzigten und Auferstandenen, er sei die endgültige Bedeutung von Natur und Geschichte.

3. Die „Profan"-Geschichte der Welt wird in einer engen Verbindung mit der Geschichte Gottes mit Israel und in Christus gesehen. Beide bildeten die eine Geschichte Gottes. Gottes Gedanken und Absichten sollten in der Geschichte mit Israel und in Christus in ihrer Bedeutung für alle Zeiten und Nationen enthüllt werden - in einer doppelten *Enthüllung*, die sich in den Ereignissen und in den Herzen der Menschen durch den Heiligen Geist ereigne. So werde die Geschichte Gottes mit Israel und in Christus zum Licht für die Universalgeschichte. Das Licht für das Verständnis der Welt sei das Geheimnis des Kreuzes und der Auferstehung Christi. Die Erlösung Adams und die Vollendung in Christus durch sein Kreuz und seine Auferstehung sei das Paradigma für die Menschheit.

   „*So wie er nur durch Leiden und Tod zu dem neuen Menschen werden konnte, so muß diese ganze Schöpfung einen analogen Prozeß durchmachen. Das Kreuz ist der Weg zur Auferstehung. Es gibt für diese niedrige und sündige Menschheit keinen anderen Weg.*"[12]

   Die Erneuerung und Vollendung der Natur und Geschichte wird als Erneuerung der Beziehung zu Gott, zu den Nächsten und auch zur Natur verstanden. Aber es wird festgehalten:

   „*Wir glauben, daß das letzte Geheimnis unserer Welt das doppelte Geheimnis von Kreuz und Auferstehung ist.*"[13]

   Der Heilige Geist ist für das Dokument nicht nur derjenige, der die aktuelle Geschichte im Lichte der Geschichte des Volkes Israel und Christi enthüllt, sondern er führe die Kirchen auch zu einer neuen Einheit ange-

[12] Ebd., S. 35.

[13] Ebd., S. 37.

sichts der sich vereinenden Welt. Die Kirchen werden von neuem aufgefordert „... *die weltweite Einheit der christlichen Kirche zu suchen*".[14] So zeige sich der Heilige Geist als derjenige, der die Offenbarung in Christus für diese Zeit aktualisiere und die Einheit der Kirche für die Einheit der Welt fruchtbar mache.

Die Auseinandersetzung mit Natur und Geschichte im Dokument »Gott und Natur und Geschichte« stellt die Ambivalenz und Zweideutigkeit der Natur sowie die Kontinuität und die Diskontinuität der Geschichte heraus. In seiner Verborgenheit, in der endgültigen Bedeutung der Auferstehung und des Kreuzes und in der Enthüllung durch den Geist wird Gott als der Sinn und das Ziel der Natur und der Geschichte trinitarisch entfaltet.

6.4. Die ekklesiologischen Aspekte in den Dokumenten von Bristol 1967

Aus dem Hauptdokument »Gott in Natur und Geschichte« haben sich drei Elemente herausgeschält: der verborgene Gott, der die Natur erschafft und durch Geschichte führt; Jesus Christus als endgültiger Sinn und das Ziel von Natur und Geschichte; der Heilige Geist, der den Sinn der Geschichte enthüllt und zur vollen Einheit der Menschen mit Gott und Natur führt. Diese drei Aspekte, der theozentrische, der christologische und der pneumatologische Aspekt, betrachte ich als Koordinaten einer impliziten trinitarischen Konzeption. Da es in Bristol kein ekklesiologisches Dokument gab, schlug sich die Begrifflichkeit des Dokumentes »Gott in Natur und Geschichte« ekklesiologisch nicht unmittelbar nieder. Ein ekklesiologisches Teilproblem erörtert der Bericht »Die Kirche und das jüdische Volk«, über dessen Ergebnisse weiter unten berichtet wird. Es steht aber in keinem direkten Zusammenhang mit dem Dokument »Gott in Natur und Geschichte«.

Im folgenden werde ich die theologische Genese und die Bedeutung der pneumatologischen Qualifizierung des bereits bestehenden, christologisch begründeten Kirchenverständnisses nachzeichnen.

[14] Ebd., S. 31.

Der Beziehung zwischen dem Heiligen Geist und der Kirche kam in der theologischen Arbeit der Kommission vor und nach Bristol 1967 die Priorität schlechthin zu. Das erhöhte Interesse für dieses Thema bekundete die Kommission bei der Sitzung in Aarhus 1964, auf der die Bedeutung der Pneumatologie für das Gespräch über die Einheit der Kirche hervorgehoben wurde.[15] Eine erste konkrete Aufgabe auf dem Gebiet der Pneumatologie stellte sich durch die Beschäftigung mit der Schrift Basilius' des Großen: „De Spiritu Sancto". Die Untersuchung bewegte sich im Bereich der Hermeneutik und schlug sich zunächst einmal nicht im ekklesiologischen Diskurs nieder.

Den ersten pneumatologisch-ekklesiologischen Niederschlag hingegen weist das Dokument »Der Heilige Geist und die Katholizität der Kirche« auf, das als Studienbericht der Kommission erst auf der vierten Vollversammlung des ÖRK in Uppsala 1968 publiziert wurde. Für die Abwägung der theologischen Argumente in diesem Dokument ist eine chronologische und inhaltliche Genealogie des theologisch-ökumenischen Kontextes der sechziger Jahre hilfreich.

Seit Neu Delhi 1961 gewann in der theologischen Arbeit im Rahmen des ökumenischen Prozesses die sogenannte „kosmische Christologie" zunehmend an Einfluß. Die theologischen Schwerpunkte der kosmischen Christologie kamen im ekklesiologischen Studiendokument »Schöpfung, neue Schöpfung und die Einheit der Kirche«[16] zum Tragen. Besonders die radikale Offenheit zur Welt stieß bei vielen ökumenischen Theologen auf Ablehnung und weckte das Bedürfnis nach Korrekturen. Diese Korrekturen und auch die Spannung zwischen den gegensätzlichen Positionen wird im Dokument »Der Heilige Geist und die Kirche« spürbar.

6.4.1. Die kosmische Christologie

Der grundlegende Schwerpunkt der ökumenischen Theologie in den sechziger Jahren war die sogenannte „kosmische Christologie". Sie bildete die

[15] Vgl. *Schrift und Tradition; B. Patristische Studien in ökumenischer Sicht,* in: Die offiziellen Texte der Berichte im Beiheft Nr. 7/8 zur ÖR: *Bristol 1967,* S. 59.

[16] Vgl., *Creation, New Creation, and the Unity of the Church*, in: *New Directions in Faith and Order, Bristol 1967*, Faith and Order Papers.

theologische Grundlage für den christozentrischen Universalismus, der der ökumenischen Einheitssuche einen neuen Antrieb gab.[17]
Der protestantische Professor Joseph Sittler (USA) hielt bei der Vollversammlung des ÖRK in Neu Delhi 1961 eine programmatische Rede, in der er die Wiederbelebung der sogenannten „kosmischen Christologie" in der Theologie forderte. Sein Vortrag fußte auf der Auslegung des christologischen Hymnus von Kol 1, 15-20, den er als Korrektiv eines christologischen Dualismus in der westlichen Theologie betrachtete. Die Gefahr, die in der Behauptung liege, daß ein Teil des Universums, nämlich die profane Welt, der Herrschaft des Schöpfers in seinem Christus nicht unterstellt sei, hätte schon Paulus bei den Kolossern erkannt und darum den triumphalen christologischen Hymnus an die universale Herrschaft Christi geschrieben. Für Sittler war an diesem Hymnus wichtig, daß das wiederherstellende Handeln Gottes in Christus sich auf „panta"-alles erstreckt. Er erblickt in der Geschichte der westlichen Theologie, insbesondere seit Augustinus, eine Fehlentwicklung, daß nämlich die Erlösungstat Christi auf die Reinigung, Umwandlung, Vergebung und Seligkeit des Menschen reduziert worden wäre und nicht das Ganze der Welt einschlösse. Im Gefolge dieser Einseitigkeit habe sich, so Sittler, in der westlichen Theologie ein gewisser versteckter Dualismus zwischen Gnade und Natur entwickelt, wobei die Natur der Macht Christi nicht unterstellt sei. Mit diesem gehe ein weiterer Dualismus, nämlich von Kirche und Welt, von geistlichem und weltlichem Bereich einher. Sittler ruft zur Abkehr von Augustinus und zur Rückkehr zu der ungeteilten Christologie des Kolosserbriefes und des Irenäus auf. Denn aus einer solchen Christologie könnte die Einheit von Schöpfungs- und Erlösungslehre wiedergewonnen werden.
Sittler stellt in seinem Vortrag die kosmische Christologie als eine Theologie der Herrlichkeit dar, die sich der Metapher des Lichtes bedient und auf die östliche Christenheit beruft. Nicht nur der Bereich der Gnade, zu dem die Kirche schon immer zu zählen sei, sondern auch Welt und Natur seien Orte jenes Lichtes, das Christus gebracht habe, weil die Welt trotz ihrer Feindseligkeit gegen das Licht nie ohne das Licht von Gott war. Das An-

[17] „Weltweite Geschichte wird verstanden als Heilsgeschehen im Licht des endgültigen Handelns Gottes in Jesus Christus." Der langjährige erste Generalsekretär des ÖRK, Villem A. Visser't Hooft hat für diesen Orientierungsrahmen den Begriff „christozentrischer Universalismus" geprägt, wie RAISER in seinem Buch: *Ökumene im Übergang*, Kaiser Taschenbücher, München, 1989, S. 61ff., schreibt.

liegen Sittlers kann darin gesehen werden, eine Theologie zu entwerfen, die umfassend genug ist, um Natur und Geschichte in die Erlösungstat Christi einzubeziehen.

Die verschiedenen christlichen Traditionen, und hier kommt Sittler auf die ekklesiologischen Implikationen einer solchen Theologie zu sprechen, würden zur Überbetonung bestimmter Teilbereiche der Theologie neigen, die sie zu ihren zentralen Themen machten. Die kosmische Christologie, die alles umfasse und die tief im Herzen und in der Erinnerung der Kirchen verschlossen sei, soll nach Sittler frei werden, so daß die Welt der Politik, der Wirtschaft und Ästhetik sich als christusinhärent zeige, weil er der Mittler der wahren Mitmenschlichkeit des Menschen sei. Wenn die Kirchen sich für einen Neuanfang mit der kosmischen Christologie entschieden hätten, sollten sie zum ethischen Handeln übergehen und nicht bei der Lehre stehenbleiben, weil die Erfüllung der richtigen Lehre Entscheidung und Tat sei. Dieses Handeln habe in erster Linie den Dienst an der Welt im Blick. Zum Schluß formuliert Sittler in Anlehnung an den Hymnus aus dem Kolosserbrief:

> *„Wegen Christus, für ihn und durch ihn haben alle Dinge ihren Bestand in Gott, und deshalb müssen wir fröhlich und mit klarem Sinn zum Wohl der Menschenfamilie gebraucht werden.“*[18]

Sittlers Vortrag muß in seiner vereinfachenden Deutlichkeit und in seinem visionären Pathos einen tiefen Eindruck auf die Teilnehmer der Neu-Delhi Vollversammlung gemacht haben. Die theologischen Kernaussagen seines Vortrages wurden nach Neu-Delhi als Themen von Studienarbeiten wie z.B. »Gott in Natur und Geschichte« oder doch als wichtige theologische Optionen in diesen aufgegriffen. Die Einheit von Schöpfungs- und Erlösungslehre sowie die Adam-Christus-Parallele sind fortan in der ökumenischen Theologie präsent.

6.4.2. Das Studiendokument »Schöpfung, neue Schöpfung und die Einheit der Kirche«

Die kosmische Christologie fand ihren ersten ekklesiologischen Niederschlag in der Einheitsformel von Neu-Delhi 1961 „alle an jedem Ort“, in

---

[18] Der Vortrag von SITTLER: *Zur Einheit berufen,* hier S. 309, befindet sich in: LÜPSEN Focko (Hrsg.), *Neu Delhi Dokumente, Berichte und Reden auf der Weltkonferenz in Neu Delhi 1961,* Luther-Verlag, Witten, 1962.

der Christus als der Mittelpunkt der Einheit aller Getauften vor Ort gesehen wurde, zunächst unabhängig von ihrer konfessionellen Zugehörigkeit. Wie wir sahen, tendierte dieses Konzept zu einer gewissen Vernachlässigung der Konfessionen und Denominationen und nahm die empirische Gestalt der verfaßten Kirchen nicht ganz ernst.

Noch wirkungsvoller kamen die theologischen Grundgedanken der kosmischen Christologie in dem unveröffentlichten Dokument von 1967 »Schöpfung, neue Schöpfung und die Einheit der Kirche« zur Geltung, das sich direkt mit den ekklesiologischen Fragen beschäftigte.

In der Vergangenheit, so wird dort ausgeführt, sei in der Theologie die Lehre von der Schöpfung vernachlässigt worden, habe sich die Kirche aufgrund ihres unterschiedlichen Glaubens von der Welt isoliert und sei zu einer getrennten Gruppe geworden. Die Kirche sei aber Teil des Werkes Christi für die Welt, sie könne nicht anders als in einer positiven Bezogenheit auf die Welt verstanden werden. Wenn Christus das Haupt „aller Dinge" sei und die Kirche getrennt von „allen Dingen" lebe, dann könne sie nicht geeint mit Christus sein. Wenn die Kirche sich selbst als exklusive Erfüllung von Schöpfung und Neuschöpfung präsentiere und sich dadurch mit dem Reich Gottes identifiziere, dann gebe sie ein falsches Zeugnis. Sie bezeuge nämlich die gegenwärtige Aktualität des Reiches in der Kirche und nicht die Hoffnung auf die Vollendung „aller Dinge" in Christus. Sie solle lieber beiseite stehen und erkennen, daß ihre allerhöchste Berufung das Sich-Verlieren („disappear") sei. Sie werde nicht so verlorengehen, daß sie einfach aufhöre zu sein, sondern ihre getrennte Identität werde eintauchen in die Totalität der versöhnten Menschheit. Obwohl die endgültige Einheit der Kirche eschatologischer Natur sei, solle man lieber auf die Einheit der Welt in Christus als auf die Einheit der Kirche im Sinne eines von der Einheit der Welt getrennten Wesens hoffen. Die Kirche könne nicht erwarten, daß sie ihre volle Versöhnung mit Gott als erste Stufe der Vollendung der Schöpfung erreicht, während die Vollendung der Welt in Christus erst danach als zweite Stufe einträfe. Die Einheit der Kirche sei kein getrenntes Objekt eschatologischer Hoffnung. Die vollständig geeinte Kirche werde die geeinte Welt sein und umgekehrt. Bei ihrer Suche nach Einheit solle die Kirche weder in die Vergangenheit auf die vermutete Einheit der alten ungeteilten Kirche schauen noch eine Optimierung ihrer inneren Struktur betreiben. Sie dürfe keine institutionelle Einheit einer Super-Institution bei völliger Mißachtung der Welt organisieren. Außerdem sei

nicht zu vergessen, daß *oikoumene* zwar ein adoptiertes kirchliches Motto sei, ihre eigentliche Bedeutung aber „Welt" meine.[19]
Aus dieser kritischen Betrachtung der Kirche in ihrem Getrenntsein von der Welt und in ihrer Gleichstellung mit dem Reich Gottes, werden Merkmale deutlich, die eine ganze Periode der ökumenischen Einheitssuche prägten. Sie leiten die Periode der sogenannten Säkularökumene ein, in der die Bedeutung der Welt und des Menschen in den Vordergrund tritt. Die Kirche hat in diesem Konzept auf dem Weg zur vollständigen Einheit der Welt die Aufgabe eines wegweisenden und mahnenden Zeichens.

6.4.3. Die Geistvergessenheit der kosmischen Christologie

Die radikale Zuwendung zum Menschen und zur Welt und die Gedanken der säkularen Universalität weckten aber auch Beunruhigung und Kritik. Besonders deutlich wies der orthodoxe Theologe Nikos Nissiotis auf die Unzulänglichkeiten der universalistischen Christologie hin. Nissiotis' Ausführungen haben die Katholizität der Kirche und deren pneumatologischen Aspekt im Blick, insofern dienen sie auch als hermeneutischer Schlüssel des Dokumentes »Der Heilige Geist und die Katholizität der Kirche« in Uppsala 1968.[20]
Die Ekklesiologie in Perspektive der kosmischen Christologie leide – so seine Diagnose – an einer Vergessenheit des Heiligen Geistes. Christus sei wahrhaftig das alleinige Ziel aller Menschen und aller Dinge in der ganzen Schöpfung. Dem Handeln des Geistes in der geschichtlichen Glaubensgemeinde werde jedoch kein besonderer Platz zuerkannt. Und das besondere, zu unterscheidende Wirken des Geistes in der Gemeinde sei ein wesentlicher Aspekt des besonderen Handeln Gottes in der Geschichte. Im Dokument »Schöpfung, neue Schöpfung und die Einheit der Kirche« werde die christologische Zentrierung so betont, daß kein Wort über die Rolle des Heiligen Geistes verloren werde. Nissiotis: „... *man darf niemals den Geist*

---

[19] Vgl. »*Creation, New Creation, and the Unity of the Church*«, hier besonders S. 136-140, in: *New Directions in Faith and Order, Bristol 1967*, Faith and Order Papers; 50.

[20] NISSIOTIS` Darlegung befindet sich unter dem Titel: *Der pneumatologische Aspekt der Katholizität der Kirche,* in: GROSCOURTH, Reinharth (Hrsg.), *Christliche Einheit,* Forderungen und Folgerungen nach Uppsala, Studien des Ökumenischen Rates Nr. 7., Genf, 1969.

von Christus und seiner Kirche trennen".[21] Am inkarnatorischen Ansatz der kosmischen Christologie kritisiert Nissiotis die Verwischung oder sogar Aufhebung des Unterschiedes zwischen der Menschheit Jesu und des ganzen Menschengeschlechtes. Die kulturelle Entwicklung des Menschen, sein Fortschritt, dürfe nicht die Sündhaftigkeit des Menschen im Unterschied zu Christus vergessen und damit de facto die Bedeutung des Kreuzes und der Auferstehung leugnen. Auch wenn die christliche Botschaft aufgrund ihrer kosmischen Dimension inkognito in der Welt am Werk sei, dürfe sie mit dem Prozeß der natürlicher Evolution nicht verwechselt werden, weil damit das besondere Handeln Gottes in der Geschichte und die Verkündigung der Kirche überflüssig erscheinen würden. Nach Nissiotis führt die Vergessenheit des Geistes in der kosmischen Christologie zu einer Simplifizierung, Verallgemeinerung und beinahe Identifizierung Christi mit „allen Dingen". Das Kommen des Parakleten bedeute keine vereinfachende christologische Verallgemeinerung im Sinne einer Identifizierung Christi mit der Welt. Es bedeute vielmehr innerhalb der Zeit und des Lebens die Konkretisierung, Realisierung und Manifestation der Herrschaft Christi nach seiner Auferstehung durch die Formung seines Leibes und die Aussendung der Apostel. Nissiotis erklärt programmatisch: „*Das Thema 'Der Heilige Geist und die Katholizität der Kirche' muß von der Trinitätslehre her verstanden werden.*"[22] Nissiotis korrigiert den inkarnatorischen Ansatz der kosmischen Christologie durch einen pneumatologischen Ansatz, indem er auf die Bedeutung des Heiligen Geistes hinweist.

6.4.4. »Der Heilige Geist und die Katholizität der Kirche« – Uppsala 1968

In den sechziger Jahren erscheint der Begriff der Katholizität als das vorrangige Ziel der ökumenischen Einheitssuche im Zusammenhang mit der dominanten Stellung der kosmischen Christologie und ihrem Anspruch, die Erlösung auf das Ganze der Welt zu beziehen, aber auch mit dem theologischen Ringen der ganzen christlichen Familie, das die Kommission, wie oben bereits erwähnt, zur ökumenischen Aufgabe in vollem Umfang für die

[21] Ebd., S. 19.

[22] Ebd.

sechziger Jahre erklärt hatte. In diesem Kontext gewann das quantitative Verständnis der Katholizität im Sinne der Ganzheit an Bedeutung, im Gegensatz zum traditionellen Verständnis der Katholizität als eines der Merkmale der Kirche Christi, das sie mehr in einem qualitativen Sinne (Fülle) verstand. Zwei Aspekte der Katholizität, eine vertikale, ekklesiale Vorstellung als der in Christus verliehenen Einheit der Kirche und eine horizontale, kirchliche und säkulare Vorstellung, bilden die Spannungspole des ganzen Dokumentes. Der erste Aspekt betont die Gabe der Katholizität und ihre Manifestierung, der andere eher die Aufgabe und die weltweite und menschheitsumgreifende Verwirklichung der Katholizität in der Kirche. Aus den Kommentaren der beteiligten Theologen zum Bericht von Uppsala geht hervor, daß die Spannung zwischen diesen Aspekten eine Spannung zwischen der orthodoxen und der protestantischen Auffassung der Katholizität bzw. ihrer Schwerpunktsetzung ausmachten.[23]

Der Text des Dokumentes, wie in der Einführung und in den Stellungnahmen kommentiert wird, trägt einen starken reformatorischen Charakter, die die Katholizität als eine noch zu erreichende betrachtet, als ob sie in der Kirche noch nicht vorhanden wäre. Die Katholizität sei demnach unsichtbar und werde sichtbar, wenn alle getrennten Gemeinschaften zu einer Gemeinschaft geworden seien.[24] Eine solche Auffassung von Katholizität forciert den Dienst an und die Solidarität mit der Welt, wie es der erste, von den orthodoxen Theologen mit schärfster Kritik entgegengenommene Entwurf des Berichtes zum Vorschein bringt »Einheit der Kirche in einer enger werdenden Welt«.[25]

Der pneumatologische Aspekt im Uppsala-Text korrigiert den Ansatz einer quantitativen horizontalen Katholizität. Die Katholizität wird im Dokument als Fülle, Integrität und Totalität des Lebens in Christus verstanden. (Nr.7.) Der Heilige Geist als Lebensspender schenkt der Kirche seine Gaben wie größeres gegenseitiges Vertrauen und Hoffnung auf Versöhnung zwischen den Kirchen (Nr. 1.-3.) und ruft die Christen zur Solidarität mit der Schöpfung. Der Zusammenhang der beiden Aspekte der Katholizität wird nicht

---

[23] Vgl. GOODALL, Norman (Hrsg.); *Bericht aus Uppsala 1968*, Offizieller Bericht über die vierte Vollversammlung des ÖRK, Uppsala 4.-20. Juli 1968, ÖRK Genf 1968, S. 16f.

[24] Vgl. ebd., S. 4., 6., 16f.

[25] Vgl., ebd., S. 16f.

nur pneumatologisch, sondern auch christologisch begründet. Der Text bekräftigt, daß beide Aspekte die sogenannte „dynamische Katholizität" bilden, die aus der doppelten Bewegung der Berufung und der Sendung bestehe. Beide Bewegungen gehörten zusammen, fänden ihre konstitutive Mitte nach dem Uppsala-Text in der gottesdienstlichen Versammlung, in der Christus beruft und sendet. (Nr. 12.)

Der Text enthält zwei explizite trinitarische Formulierungen, von deren die erste eher den vertikalen Aspekt, die zweite eher den horizontalen Aspekt der Katholizität anspricht.

> *„Wir danken Gott dem Heiligen Geist, daß er uns in dieser Zeit in ein neues und beglückendes Verständnis des Leibes Christi führt, zur Ehre Gottes des Vaters." (Nr. 1.)*
>
> *„Gerade in dieser Welt läßt Gott die Menschen durch den Dienst der Kirche Katholizität empfangen. Der Plan Christi ist, Menschen aller Zeiten, aller Rassen, aller Orte und in allen Verhältnissen durch den Heiligen Geist unter der universalen Vaterschaft Gottes eine organische und lebendige Einheit in Christus zu führen." (Nr. 6.)*

Im Text werden häufiger zwei Begriffe für die Kirche benutzt: Kirche als Leib Christi und Kirche als Volk Gottes. Der erste Begriff wird eher mit dem vertikalen Aspekt verbunden, dem es um die innere Einheit der Kirche und die Elemente dieser Einheit geht: Verkündigung des Evangeliums, Taufe, Abendmahl, Versöhnung mit Gott (Nr. 5., 21., 23.). Der zweite wird eher auf die Erneuerung der Welt bezogen und als wanderndes Gottesvolk inmitten der Menschheit beschrieben (Nr. 15.).

Trotz des Versuch einer ausgewogenen Darstellung der Katholizität bleibt das horizontale Verständnis der Katholizität in der zweiten Hälfte des Dokumentes besonders ausgeprägt. Die ökumenische Bewegung, so gibt das Dokument zu, habe in den sechziger Jahren ihre Einheitssuche vor der Kritik rechtfertigen müssen, daß die Kirchen bis zum Überdruß mit der Regelung ihrer eigenen internen Streitigkeiten und Angelegenheiten beschäftigt seien, sie sollten aber ihre Einheit mit den Kräften suchen, die die Menschen enger zusammenführen (Nr. 3., 20.).

In den letzten zwei Kapiteln, in denen das Ringen um die Einheit der ganzen Kirche und die Einheit der Menschheit angesprochen wird, kommt der horizontale Charakter der Katholizität quasi als Antwort auf die Vorwürfe klar zum Ausdruck.

Zur Einheitsformel von Neu Delhi: „alle an jedem Ort“ fügt die Vollversammlung ein neues, breiteres Verständnis der Einheit hinzu: „Einheit der Christen an allen Orten“. Mit dieser Formel will der Ökumenische Rat „*die Bande sichtbar machen, die die Christen in einer universalen Gemeinschaft zusammenführen*“ (Nr. 18.). Es wird hier eine wirkliche Erfahrung der Universalität im Sinne regionaler und internationaler konfessioneller Gemeinschaften angestrebt. Und es soll auf ein wirklich universales Konzil hingearbeitet werden, das für alle Christen sprechen und den Weg in die Zukunft weisen könne (Nr. 19.).
Im Ringen um die Einheit der Menschheit wagt die Kirche von sich selbst „*als dem Zeichen der zukünftigen Einheit der Menschheit zu sprechen*“ (Nr. 20.). Es wird im Text bekräftigt, daß die Einheit der Menschheit nicht nur im Bereich der Schöpfung liege, sondern daß Jesus Christus für die Menschen Mensch und gekreuzigt wurde und die Kirche, die sein Leib sei, als eine neue Gemeinschaft der neuen Geschöpfe Gottes einsetzte (Nr. 21.). Zum Schluß betont das Dokument, die Katholizität sei nicht nur ein ständiges Besitzen der Gaben Gottes, sondern auch ihre Erwartung. Es wird gesagt, daß die Sendung in die Welt für die Kirche selbst eine Bereicherung bedeute, und daß nur in der Fülle einer erlösten Menschheit die Fülle der Gaben des Geistes erfahren werden (Nr. 23.).

6.5. Die Kirche und das jüdische Volk

Das Dokument »Die Kirche und das jüdische Volk« erörtert ein durchgängiges ökumenisches Thema[26] und steht im keinen direkten Zusammenhang mit dem Hauptdokument »Gott in Natur und Geschichte«. Der Text hält unterschiedliche theologische Meinungen über die Beziehung der christlichen Kirche zum jüdischen Volk fest und ist ein Beleg für die Spannung wie auch für den Zusammenhalt zwischen zwei Kirchenverständnissen:

---

[26] Vgl. das Dokument von Edinburgh 1937 *»Die Kirche und das Wort Gottes«*: In: VISCHER, Lukas (Hrsg.); *»Die Einheit der Kirche«,* Chr. Kaiser Verlag München, 1965, Nr. 28; Bericht des Ausschusses IV der ersten Vollversammlung des ÖRK in Amsterdam 1948 *»Das christliche Verhalten gegenüber den Juden«*, In: Ebd., S. 91-93; *»One Lord one Baptism«*, Faith and Order Papers; Nr. 29; im zweiten Teil *„Die göttliche Trinität und die Einheit der Kirche“*, Interimbericht der theologischen Kommission über Christus und die Kirche, in der Ökumenischen Zentrale, Frankfurt am Main, TCCC 1959, als unveröffentlichte deutsche Übersetzung, S. 6-8.

Kirche als Volk Gottes und Kirche als Leib Christi. Die Diskussion zeigte, daß einige überzeugt waren, daß

- es unmöglich sei, von einer fortbestehenden Erwählung der Juden neben der der Kirche zu sprechen,
- allein die Kirche die Fortsetzung Israels als Gottesvolk sei, zu dem jetzt alle Völker gehörten,
- es Erwählung und Berufung einzig und allein in Christus gebe und sie im Glauben ergriffen werden müsse.

Der Text erklärt, daß bei der ersten Ansicht die Betonung auf die Vorstellung von der Kirche als dem Leib Christi gelegt werde. Mit einem solchen Kirchenverständnis

- würden die Juden als nicht dazugehörig betrachtet,
- und die christliche Haltung ihnen gegenüber würde die gleiche sein wie gegenüber Menschen anderen Glaubens, nämlich eine missionarische.

Die andere Meinung besage, daß

- die heutigen Juden noch Gottes erwähltes Volk wären,
- nach Christus das eine Volk Gottes in Kirche und Israel auseinandergebrochen wäre,
- die Existenz der Juden in dieser Welt die Wahrheit enthülle, daß Gottes Verheißungen unwiderruflich seien,
- Gott die endzeitliche Hoffnung der Welt an die Erlösung der Juden gebunden hätte, da er den zerbrochenen Leib seines einen Volkes, Israels und der Kirche, heilen werde.

Die zweite Ansicht betont ein Verständnis der Kirche als das Volk Gottes, und dann sei es möglich, daß

- Kirche und Judentum zusammen das eine Gottesvolk bildeten, das zur Zeit voneinander getrennt wäre, aber unter der Verheißung stünde, am Ende eins zu werden,
- die Einstellung der Kirche zu den Juden sich unterscheiden müßte von der zu allen anderen Menschen, die nicht an Christus glauben, es sich also mehr um eine Art ökumenischer Aufgabe handelte als um ein missionarisches Zeugnis in der Hoffnung auf Bekehrung.

Der Text betont schließlich, daß die oben beschriebenen Ansichten keine festgelegten Positionen seien, sondern es graduelle Übergänge gäbe. Es wird weiter behauptet, daß für die Kirche beides gelte: sie sei Leib Christi und Volk Gottes. Diese seien lediglich Bezeichnungen einer einzigen Wirklichkeit unter verschiedenen Blickwinkeln.[27]

6.6. Auswertung

Geschichtliche Einordnung:
Bristol bringt an der einseitigen inkarnatorischen „kosmischen Christologie“ eine Korrektur an, indem sie pneumatologisch erweitert wird wie in dem Dokument »Der Heilige Geist und die Katholizität der Kirche« sichtbar ist. Dennoch bleiben die Optionen der kosmischen Christologie – radikale Zuwendung der Kirche zur Welt durch Dienst und Solidarität und Kirche als Zeichen der Einheit der Welt – für das Dokument bestimmend. Es handelt sich daher um den Versuch, den vorherrschenden christologischen Universalismus pneumatologisch zu erweitern.

Trinitarisches Gottesverständnis
Die trinitarische Ausdrucksweise der vorherigen Dokumente wird nicht genutzt, die Sprache im Dokument »Gott in Natur und Geschichte« ist

[27] Vgl. »*Die Kirche und das jüdische Volk*«, in: Die offiziellen Texte der Berichte im Beiheft Nr. 7/8 zur ÖR: *Bristol 1967*, S. 102, 105f.

nicht formal und explizit trinitarisch. Die trinitarische Konzeption des Dokumentes bewegt sich in einem Rahmen, das die drei Begriffe Verborgenheit Gottes, Endgültigkeit Jesu Christi und Enthüllung durch den Heiligen Geist als Koordinaten hat. Diese Begrifflichkeit bezeichne ich als eine nichtformale implizite trinitarische Ausdrucksweise. Sie bedient sich einer paradoxen Sprachform (Verborgenheit Gottes, Kreuz und Auferstehung), ist also kreuzestheolgisch verankert. Sie scheint aus dem Bereich der reformatorischen Theologie entlehnt zu sein.[28] Die implizite trinitarische Begrifflichkeit des Dokumentes »Gott in Natur und Geschichte« deutet auf einen gewissen trinitarischen Neuanfang hin.

Trinitarisches Kirchenverständnis

Kirche wird in Konfrontation mit der Welt in Dienst genommen als Zeichen. Die weltweite universale Gemeinschaft der Kirche unter dem Motto: „alle an allen Orten" wird angestrebt und als Mittel zur sichtbaren Einheit ein Konzil anvisiert. Wenn die Christologie des Dokumentes »Gott in Natur und Geschichte« kreuzestheologisch verankert ist, dann steht hinter dem Dokument »Der Heilige Geist und die Katholizität der Kirche« ein pneumatologisch korrigierter inkarnatorischer Ansatz. Die kreuzestheologischen Akzente und die paradoxe Begrifflichkeit des Hauptdokumentes finden im Dokument über die Katholizität keinen Niederschlag.

Fazit

Die Uneinheit der Welt wird in dieser Periode als vorrangiges Problem erörtert. Die Einheit der Kirche steht im Dienst der Einheit der Welt. Die theologische Grundlage, mit der die Uneinheit der Welt überbrückt werden soll, ist die universale Bedeutung Jesu Christi. Die Kirche, als eine universale, weltweite Gemeinschaft, soll als mahnendes und hinweisendes Zeichen die Einheit der Welt anstreben.

[28] Vgl. BLAUMEISER, Hubertus: *Martin Luthers Kreuzestheologie*, Bonifatius, 1995, besonders S. 497-505.

7. Löwen 1971

7.1. Einführung

In den sechziger Jahren beabsichtigte die Kommission für Glauben und Kirchenverfassung, alle drei Jahre Sitzungen der Kommission abzuhalten und auf diese Weise den schwerfälligen Modus der Weltkonferenzen zu ersetzen. Wenn es für die Epoche der Weltkonferenzen von 1927 bis 1963 möglich war, jede Konferenz als eine mehr oder weniger geschlossene Einheit mit eigenem thematischen Schwerpunkt zu behandeln, so gelten für die Zeit nach 1963 andere Regeln. Die einzelnen Studiendokumente werden zu Einheiten unterschiedlicher Konsistenz, die Sitzungen der Kommission nehmen eher eine Katalysator-Funktion an, d.h. sie beschleunigen den Studienprozeß, geben ihm die grundlegenden Impulse oder entscheiden über den Abbruch eines Studienprojektes. Konnte man also bis jetzt die einzelnen Kapitel dieser Arbeit den Weltkonferenzen zuordnen und in ihnen eine ganze Periode der Kommissionsarbeit von Glauben und Kirchenverfassung auswerten und zusammenfassen, so ist dies mit dem Stoff der „Löwen"-Periode nicht mehr möglich.

Der Studienprozeß der „Löwen"-Periode erstreckte sich über mehrere Jahre vor und nach der Sitzung von Löwen. Wenn dieses Kapitel dennoch den Titel „Löwen 1971" trägt, dann bedeutet dies, daß hier die Studienreihe »Einheit der Kirche – Einheit der Menschheit« untersucht wird, die zwischen 1969 und 1974 entstand. In diese Reihe gehören auch die Dokumente der Sitzung in Accra 1974 und der Text des Berichtes der Sektion II auf der fünften Vollversammlung des ÖRK in Nairobi 1975 über die Einheit der Kirche.

Das Studienprojekt »Einheit der Kirche – Einheit der Menschheit« stellte einen Studienprozeß dar. Es wurde in Uppsala 1968 auf den Weg gebracht. Drei Jahre später konnte in Löwen ein vorläufiger Studienbericht vorgestellt und diskutiert werden, der in den darauffolgenden Jahren weiter bearbeitet wurde.[1] Der ganze Studienprozeß wurde jedoch erst 1991 mit dem Dokument der Kommission für Glauben und Kirchenverfassung »Kirche

---

[1] Im Sammelband von MÜLLER-FAHRENHOLZ, G. (Hrsg.); *Einheit in der Welt von heute*, Lembeck, Frankfurt, 1978, S. 7-108, wird eine Abschlußbilanz dieser Studienarbeit in den sechziger und siebziger Jahre gezogen.

und Welt« abgeschlossen. Dieses Dokument wird in dieser Arbeit in einem eigenen Kapitel behandelt.
Neben dem in Löwen verhandelten Studienprojekt wurden Anfang der sechziger Jahre auch noch andere mehrjährige Projekte in Angriff genommen: »Gott in Natur und Geschichte«, »Schöpfung, neue Schöpfung und die Einheit der Kirche« »Geist, Ordnung, Organisation« und die sogenannten »Humanum«-Studien. Der Trend zu simultanen Projektarbeiten hielt auch nach Löwen und Accra mit den großen Studien »Taufe, Eucharistie und Amt« und »Gemeinsam den einen Glauben bekennen« an.
Für den weiteren Gang meiner Untersuchung wird also dem thematischen Zusammenhang der Studie »Einheit der Kirche – Einheit der Menschheit« Priorität vor der Chronologie eingeräumt werden. Darum bleibt dieses Kapitel zwar im Groben einer chronologischen Gesamtgliederung treu, weicht aber in bezug auf die Sitzung der Kommission in Accra 1974 von ihr ab. Das Dokument von Accra 1974 »Auf dem Weg zur Einheit in den Spannungen unserer Zeit« wird wegen des inhaltlichen Zusammenhangs mit der Studienreihe von Löwen hier behandelt.

7.2. Hermeneutische Vorüberlegungen zur Studienreihe

Den Impuls zu der Studie »Einheit der Kirche – Einheit der Menschheit« gab die Vollversammlung des ÖRK in Uppsala 1968. Dort wurden nämlich zwei Pole formuliert, von denen sich die ökumenische Arbeit damals leiten ließ: „Öffnung", will sagen: Dienst an der geeinten Menschheit, und: „Konzentration", Dienst an der geeinten Kirche.[2] Die Studie »Einheit der Kirche – Einheit der Menschheit« greift, wie es schon der Titel ausdrückt, die Zuordnung und die Spannung dieser beiden Pole auf.
Unter dem Stichwort „Öffnung" verstand man also die Auseinandersetzung mit der Welt. Einen ersten theologischen Anstoß zu dieser Auseinandersetzung gab die „kosmische Christologie", wie sie in Neu-Delhi 1961 von J. Sittler programmatisch vorgetragen wurde. Die Universalität des Heils sowie die Einheit von Schöpfungs- und Erlösungslehre waren die tragenden Gedanken dieses Ansatzes. Die Welt sollte nicht primär in ihrer Verfallenheit, Sünde und Vergänglichkeit und die Kirche nicht nur als Trägerin

---

[2] Vgl. ebd., S. 13.

des missionarischen Mandates in einem kämpferischen Gegensatz zur Welt verstanden werden. Vielmehr sollten Welt und Kirche zusammen aus der biblischen Perspektive zuerst als die eine Menschheit betrachtet werden, die von Gott erschaffen und in Christus zum ewigen Heil berufen ist. Die christliche Anthropologie im gesamtmenschlichen Sinne rückte in den Mittelpunkt des Interesses[3] und hinter den Studien der sechziger Jahren wie z.B. »Gott in Natur und Geschichte« stand die Frage: „Was ist der Mensch?".[4]

Das anthropologische Interesse beeinflußte die Arbeitsweise der Kommission erheblich: der deduktive Stil der Dokumente wurde aufgegeben und das Gespräch mit Experten aus unterschiedlichen Bereichen gesucht, mit Theologen ebenso wie mit Verhaltens- und Naturwissenschaftlern. Die sog. „interkontextuelle Methode" wurde eingeführt. Der Blick auf die Menschheit brachte eine Auseinandersetzung mit der Vielfalt des Menschlichen mit sich: kulturelle Unterschiede, die Frauenfrage, der Platz der Behinderten in der Kirche, die Unzuträglichkeit des Rassismus wurden Thema. Wie diese Vielfalt des Menschlichen, die sich auch in der Kirche manifestiert, zur Einheit zu führen ist, mußte reflektiert werden. Von daher ergab sich zwangsläufig die Frage nach der Einheit „in Christus" und in der Trinität.

Unter dem Stichwort „Konzentration" verbirgt sich die Suche nach dem Kirchenverständnis in der neuen Situation. Aufgrund der Auseinandersetzung mit der Anthropologie und dem damit verbundenen Perspektivenwechsel wurde auch die Fragestellung in bezug auf die Kirche verändert. Diese neue Fragestellung sollte nicht primär die Einheit der Kirche im Auge haben, als ob mit der Einheit der Kirche bereits das Ziel der ökumenischen Bewegung erreicht wäre. Eine solche Tendenz wurde in den sechziger Jahren als „Ekklesiozentrismus" getadelt. Vielmehr sollte das Studium über die Kirche nach einer Kirche fragen, die nicht sich selbst in den Mittelpunkt stellt, sondern für die Menschheit da ist. Diese neue Fragestellung hieß: „Wenn die Kirche nicht für sich selbst, sondern für die Menschheit da ist, wie muß die Kirche dann sein, damit sie im Dienst der Menschheit

---

[3] Vgl. ebd., S. 54f.

[4] Die Vollversammlung des ÖRK in Uppsala initiierte das Projekt der Humanum-Studien. Der abschließende Bericht »*The Anguish of Man, the Praise of God and the Repentance of the Church*«, in: Study Encounter/68; X/4, 1974, S. 1-8.

stehen kann?". Die Ausarbeitung einer Antwort auf diese Frage hob den Verweischarakter der Kirche hervor und vertiefte ihr Verständnis als Zeichen.

In der Situation der Öffnung wurde die Welt als eine globale Größe wahrgenommen, dem entsprach in den Studien die Suche nach der Kirche als einer weltweiten Kirchengemeinschaft. Das Thema der Katholizität, wie es in Uppsala 1968 in einem selbständigen Dokument, »Die Katholizität der Kirche«, zur Sprache gebracht wurde, wird in Löwen in den Studien über »Einheit der Kirche – Einheit der Menschheit« festgehalten und weitergeführt. Die weltweite Katholizität der Kirche Christi und die Katholizität als Qualität des inneren Lebens der Kirche, die Fülle der Gaben Christi und des Geistes sollte auf einem ökumenischen Konzil erreicht werden. Ein solches Konzil zu veranstalten war aber in der damaligen Zeit aus theologischen Gründen nicht möglich. Zu sehr unterschieden sich die einzelnen Kirchen im Verständnis eines wahren ökumenischen Konzils. Immerhin konnten sich die Kirchen auf den Weg zu einem solchen Konzil machen, der als konziliarer Prozeß begriffen und begonnen wurde. Die Dokumente des multilateralen Dialogs unter den Kirchen sind die markantesten Zeichen dieses Prozesses: die Diskussion über die Taufe, Eucharistie und Amt, die im sog. »Lima-Dokument« 1982 ihren Abschluß fand, das Dokument »Kirche und Welt« 1991 und die Auslegung des Nizäno-Konstantinopolitanischen Glaubensbekenntnisses in dem Dokument »Gemeinsam den einen Glauben bekennen« 1991. Damit waren gleichsam drei Hauptpfeiler der angestrebten konziliaren Gemeinschaft errichtet.

Das Verständnis der Kirche als „Zeichen", d.h. als einer im konziliaren Prozeß wachsenden Kirchengemeinschaft, bildet die Grundlage des ekklesiologischen Ansatzes von Löwen.[5]

7.3. Aporie zwischen vertikaler und horizontaler Perspektive

Der „tiefste Unterschied" bildet gleichsam den neuralgischen Punkt in diesen Texten der Kommission und kann daher als hermeneutischer Schlüssel

[5] Die Kirche sei „eine konziliare, in Christus zentrierte Mannigfaltigkeit als das 'Mysterium' und eschatologische 'Zeichen' der verheißenen Einheit für die ganze Menschheit" zu verstehen. So DESCHNER, J.; *Eine Würdigung der Studie*, S. 39. In: *Accra 1974*, hrsg. v. MÜLLER-FAHRENHOLZ, Beiheft zur ÖR 27, Stuttgart 1975.

für die Relektüre der Studienreihe »Einheit der Kirche – Einheit der Menschheit« gelten.

Weil die zentrale Frage der ökumenischen Einheitssuche in den späten sechziger Jahren die Frage nach dem Menschen war, wird auch die Aporie der untereinander streitenden konfessionspezifischen Ansätze an dieser Frage sichtbar.[6]

Die Auseinandersetzung zwischen dem orthodoxen Theologen John Meyendorff und dem methodistischen Theologen José Miguez-Bonino macht den tiefsten Unterschied deutlich. Der Konflikt zwischen diesen beiden Theologen wurde schon einige Jahre vorher angelegt.

Die evangelikalen Gruppierungen reagierten bereits auf die Ergebnisse der Vollversammlung des ÖRK in Uppsala 1968 ablehnend. Hinter dem Wort „Katholizität" sahen sie nicht mehr das Konzept einer vereinten Kirche, sondern einer politischen Weltgemeinschaft, die die Sammlung der Kirchen in Einheit zum missionarischen Dienst an den Menschen mit einer universalen Gemeinschaft verwechsele und eine Weltregierung anstrebe.[7]

Auch konservative Kreise der Orthodoxie warfen dem ÖRK nach Uppsala vor, daß die Mitgliedschaft im Ökumenischen Rat gleichbedeutend sei mit der Teilnahme an nationalen und internationalen politischen Händeln, was mit der Suche nach kirchlicher Einheit nichts zu tun habe. Der Geist von Uppsala wäre demnach außerordentlich „bourgeois" gewesen, weil dort die irdische Stadt mit der himmlischen verwechselt worden werde. Einige äußerten sogar die Meinung, die Orthodoxie solle sich aus der ökumenischen Bewegung gänzlich zurückziehen.[8]

Unter dem Einfluß dieser kritischen Stellungnahmen und von seiner östlichen theologischen Theologie geprägt, konzipierte John Meyendorff in Löwen seine Eröffnungsrede.[9] Meyendorff sieht die eucharistisch-trini-

---

[6] Vgl. »T*he Anguish of Man, the Praise of God and the Repentance of the Church*«, S. 1.

[7] „Die Scheidelinie zwischen Gemeinde Jesu Christi und Welt wird ausgelöscht, und der Begriff 'Ökumene' wird, entsprechend seines heidnischen Ursprungs, wieder politisiert und synkretistisch zur Weltgemeinschaft". So MÜLLER-FAHRENHOLZ; *Wahre und falsche Ökumene*, in: ders.: *Einheit in der Welt von heute*, S. 217.

[8] Vgl. MEYENDORFF; *Einheit der Kirche – Einheit der Menschheit,* S. 162ff. In: ÖR 21/1972.

[9] Der Streit zwischen Meyendorff und Miguez-Bonino wurde belegt und mehrmals kommentiert. Vgl. *Löwen 1971*, Beiheft zur ÖR 18/19, S. 188ff.; ÖR 21/1972,

tarische „Koinonia“ als den „sturmfreien Ort“ der gegebenen Einheit Gottes und als Antizipation der zu erreichenden vollkommenen Einheit. Der Mensch wird in seiner Gottebenbildlichkeit gesehen, er nimmt an Gott im eucharistischen Geschehen der Koinonia teil. In der Koinonia sei die Einheit schon verwirklicht und wirke als Sauerteig auf die Welt. Meyendorff entwarf eine Vorstellung der Einheit der Kirche und der Welt aus einer vertikalen, trinitarisch-doxologischen Sicht heraus.
Miguez-Bonino ging in seiner Kritik von der konkreten Lage des leidenden Menschen aus und fragte, ob es irgendeinen anderen Ort als das Kreuz gebe, von dem aus auf die eschatologische Verheißung geblickt werden könne. Von diesem Frageansatz aus entwickelte er die horizontale Perspektive einer missionarisch-diakonischen Sicht der Kirche.
Die Auseinandersetzung darf nicht als Konflikt zwischen einer trinitarischen und einer nicht-trinitarischen Theologie interpretiert werden, sondern sie offenbart lediglich die Gegensätzlichkeit zwischen einer horizontalen und einer vertikalen Perspektive.[10] Zwar werfen sich beide Richtungen gegenseitig vor, einen sakramentalen, bzw. politischen Triumphalismus zu betreiben, doch sind beide letztlich für das Verständnis der Einheit der Kirche wichtig und halten sich in gegenseitiger Spannung.[11]
Das vertikale Verständnis des Menschen als gottebenbildliches Geschöpf bei Meyendorff und die horizontale Anthropologie des leidenden Menschen bei Miguez-Bonino machen den „tiefsten Unterschied“ und die theologische Aporie deutlich.

7.4. Die „Humanum“-Studien

Die „Humanum“-Studien in den späten sechziger und frühen siebziger Jahren beschäftigen sich mit der Frage nach dem Menschen. Der „Humanum“-Bericht (weiter: HU) kann als Beleg dafür angesehen werden, daß die

---

S. 160ff, bzw. 182ff.; MÜLLER-FAHRENHOLZ; *Einheit in der Welt von heute*, S. 55ff., 67ff.

[10] „Die Kirche Christi ist weder eine Kirche der Dogmatiker des Establishments noch der Dogmatiker der Revolution. Jesus war weder ein Konformist, ... noch ein Revolutionär...“ So BERKHOF; *Die Wiederaufnahme des Gesprächs mit den „Horizontalisten“*. In: ÖR, 19/1970, S. 139.

[11] Vgl. MÜLLER-FAHRENHOLZ; Ebd., S. 70.

Kommission in dieser Auseinandersetzung ein horizontales Menschenverständnis bevorzugte. Diese Entscheidung spiegelt sich in der theologischen Option von HU wider, keine *„christliche Doktrin über den Menschen*“[12] zu entwerfen. Es wird zunächst nicht gefragt, wer der Mensch sei. Der Mensch wird vielmehr in seinem konkreten politischen und sozialen Kontext wahrgenommen und seine Überlebenschance bedacht.[13] Laut HU kämpfen die Menschen ums Überleben, leiden an Unmenschlichkeit zwischen den Menschen und unterdrücken einander. Menschen würde die Anerkennung verweigert, weil sie Frauen seien oder zu anderen Rassen, Sprachgruppen, Kulturen gehörten. Den theologischen Kontext von HU bildeten diese Schreie der Angst, und die theologischen Kommentare über den Menschen müßten in voller Anteilnahme mit diesen Schreien sprechen.[14] Die Schreie der Angst seien vermischt mit den Schreien der Hoffnung auf die Entwicklung der kulturellen Authentizität und Vielfalt. Die Vermischung von Angst und Hoffnung als menschlicher Ausdruck der kreativen Liebesenergie sähen und erführen die Christen in Jesus Christus, dem gekreuzigten Sohn Gottes.[15]
Eine solche Wahrnehmung des Menschen setzt theologisch demnach beim gekreuzigten und auferstandenen Christus an. Dieser christologische Ansatzpunkt wird weiter trinitarisch entfaltet. Die Betrachtung und die Anbetung Gottes, des Vaters, durch den Sohn im Geist, sei die Grundlage, die uns frei mache, um sich die gegenwärtigen menschlichen Wirklichkeiten realistisch anzuschauen und um dann hoffnungsvoller leben und voller Erwartung sterben zu dürfen.[16] An dieser Stelle spricht das Dokument zwar nicht expressis verbis über die Kirche, immerhin aber ergibt sich aus der christologisch-trinitarischen Perspektive des Christen so etwas wie eine neue Gemeinschaft:

---

[12] „Christian doctrine of man“, (Übersetzung von mir.), »*The Anguish of Man, the Praise of God and the Repentance of the Church*«, S. 6; In: Study Encounter, 1974/Nr.4.

[13] „Men are concerned not with who they are but with whether they can survive.“ „Uns beschäftigt nicht, was Menschen sind, sondern ob sie überleben können.“ (Übersetzung von mir); Ebd., S. 1.

[14] Vgl. ebd.

[15] Vgl. ebd., S. 2f.

[16] Vgl. ebd., S. 3.

„In ihrem Kampf für die Freiheit von Unterdrückung und für mehr Gerechtigkeit und Liebe erfahren Männer und Frauen eine Solidarität, die als Reichtum der Liebe Verheißung und Vorgeschmack der Einheit ist. Sie erfahren damit auch eine Gleichheit in Gemeinschaft, die als Bestimmung des Menschen von der erlösenden Liebe Gottes, der Heiligen Dreifaltigkeit, verheißen wurde.“[17]

Eine solche christliche Existenz lebt nach HU aus der Hoffnung auf Gott und in seinem Lobpreis. HU bekräftigt, daß dieser Lobpreis Gottes in und durch den fleischgewordenen und gekreuzigten Christus die Basis und die Quelle für eine realistische, kreative und hoffnungsvolle Antwort auf die Schreie der Angst und auf die Suche der Menschen nach Freiheit und Erfüllung seien.[18] So sei das Kreuz des fleischgewordenen Sohnes Gottes wahrlich ein wirksames Symbol und eine Quelle für eine menschlichere Gestaltung des Lebens.[19]

Im „Humanum“-Bericht setzte sich also die horizontale Sicht des Menschen, gleichsam eine Perspektive „von unten“ durch. Der Begriff des gekreuzigten und auferstandenen Christus gibt dem leidenden Menschen eine theologische Qualität. Der Mensch wird in der Gemeinschaft mit dem dreifaltigen Gott verstanden. Insofern bringt der Schlußbericht der „Humanum“-Studien mit seiner anthropologischen Perspektive den Ansatz einer horizontal (Solidarität, Gleichheit in Gemeinschaft) beschriebenen Gemeinschaft mit dem dreifaltigen Gott zum Ausdruck, der auch einen Neuansatz im Kirchenverständnis nach sich zieht.

7.5. Die trinitarische Grundlage der Studienreihe

Die Untersuchung der trinitarischen Grundlage des Kirchenverständnisses in der Löwen-Periode muß vor Augen haben, daß kein offizielles Dokument zum Thema »Einheit der Kirche – Einheit der Menschheit« verab-

---

[17] Ebd., S. 3. „In their struggles for freedom from oppression and for the growth of justice and of love, men and women experience a solidarity which is, again, a promise and a foretaste of unity in a richness of love and an equality of community which is the destiny of man as promised in the redeeming love of God, the Holy Trinity.“ (Übersetzung von mir)

[18] Vgl. ebd., S. 5.

[19] Vgl. ebd., S. 4.

schiedet wurde, sondern verschiedene Dokumente eher eine thematische Reihe bilden.
Aus dieser Reihe sind vor allem zwei Dokumente der Kommission wegen ihres repräsentativen Charakters und wegen ihrer theologischen Grundlage für die trinitarische Untersuchung von Bedeutung: das Dokument von Nairobi und das von Accra.
Das Dokument von Accra 1974 »Auf dem Weg zur Einheit in den Spannungen unserer Zeit« wurde von der Kommission verfaßt als eine Erklärung an die Fünfte Vollversammlung des ÖRK in Nairobi 1975.[20]
Das Dokument »Die Einheit der Kirche – Voraussetzungen und Forderungen« wurde auf der Fünften Vollversammlung des ÖRK 1975 erstellt und den Kirchen zum Studium empfohlen.[21] Die Kommission für Glauben und Kirchenverfassung beteiligte sich maßgeblich an seiner Erarbeitung. Chronologisch gesehen stellt es das letzte Glied der Studienreihe »Einheit der Kirche – Einheit der Menschheit« dar.
Trotz der thematischen und der zeitlichen Nähe werden in den beiden Dokumenten die Schwerpunkte sehr unterschiedlich gesetzt. Beim Accra-Dokument steht die Menschheit mit ihrer Verflochtenheit, ihrer gerechten und ungerechten Interdependenz und mit ihren Spannungen im Vordergrund. Im Zusammenhang mit den Konflikten und der Solidarität innerhalb der Menschheit kommt das Dokument im letzten Abschnitt auf die Kirche als Zeichen zu sprechen.
Das Nairobi-Dokument beschäftigt sich hingegen eindringlich mit der Einheit der Kirche, während die Menschheit das Woraufhin dieser Einheit darstellt. Es drückt unterschiedliche Voraussetzungen der Einheit aus wie das gemeinsam bejahte Ziel der Einheit, ein volleres Verständnis des Kontextes und zugleich den Bedarf einer Weggemeinschaft im Ringen und Hoffen auf dem Weg zur Einheit. Schließlich spricht das Dokument Empfehlungen für eine sichtbare Einheit der Kirche aus.

---

[20] *»Auf dem Weg zur Einheit in den Spannungen unserer Zeit«*, eine Erklärung der Kommission für Glauben und Kirchenverfassung an die Sektion II der Fünften Vollversammlung des ÖRK aufgrund der Studie zum Thema *»Einheit der Kirche – Einheit der Menschheit«*. In: MÜLLER-FAHRENHOLZ, Geiko (Hrsg.); *Accra 1974*, Beiheft zur ÖR Nr. 27, Stuttgart 1975, S. 41-45.

[21] *»Die Einheit der Kirche – Voraussetzungen und Forderungen«*, Bericht der Sektion II der Fünften Vollversammlung des ÖRK in Nairobi 1975. In: KRÜGER, H. und MÜLLER-RÖMHELD, W. (Hrsg.); *Bericht aus Nairobi 1975.*

In beiden Dokumenten wird die Begründung des trinitarischen Kirchenverständnisses anders ausgesagt, was sicherlich auch mit der unterschiedlichen Schwerpunktsetzung zusammenhängt.
Im Dokument von Nairobi »Die Einheit der Kirche – Voraussetzungen und Forderungen« wird die gesuchte Einheit der Kirche unter dem Begriff der „konziliaren Gemeinschaft" beschrieben. Die Teilnehmer konnten einer trinitarischen Definition der konziliaren Gemeinschaft zustimmen:

> *„Wahre Konziliarität ist das Spiegelbild des dreieinigen Wesens Gottes im Leben der Kirche. Es ist die Einheit, um die Christus den Vater bat, als er betete, daß seine Jünger eins sein mögen, wie der Vater und der Sohn eins sind."*[22]

Die Trinität wird in bezug auf die Kirche in einem analogen Sinn verstanden und ontologisch beschrieben: die Gläubigen seien durch den Auferstandenen im Heiligen Geist Kinder des Vaters und nähmen so gemeinsam an Gottes Wesensnatur teil. Schließlich wird dieser Bezug auch noch in einem doxologischen Sinne ausgesagt: Durch das Wirken des Geistes und des lebendigen Wortes bete die Kirche als Leib Christi den Vater an. Weiter erklärt das Dokument, daß die Vielfalt der Kirche nicht nur zu dulden, sondern aktiv anzustreben sei, weil die Einheit der Kirche in der göttlichen Dreifaltigkeit gründe (Nr. 7). Diesen Zusammenhang zwischen Kirche und Trinität könnte man einen kausalen Bezug nennen.
Die Aussagen über den ontologischen, kausalen, doxologischen und analogen Bezug zwischen Kirche und Trinität stellen die formale trinitarische Ausdrucksweise des Nairobi-Dokumentes dar.[23]
Im Accra-Dokument dagegen findet man keine formale trinitarische Aussage. Hier wird auch über die Einheit der Kirche gesprochen, zunächst in Bezug auf Christus und immer im Zusammenhang mit der Einheit der Menschheit. Die universale Heilswirkung Christi in Welt, Menschheit und Schöpfung durch sein Kreuzesopfer wird als die erste Perspektive herausgestellt (Nr. 1). Alle christologischen Aussagen im Text sind explizite oder implizite kreuzestheologische Ausführungen, wenn z.B. von der Gebrochenheit der Menschheit geredet wird (Nr. 7), wenn über die trennenden

---

[22] Ebd., S. 27.

[23] Vgl. BRANDNER, T; *Einheit gegeben – verloren – erstrebt*, Denkbewegungen von Glauben und Kirchenverfassung, Vandenhoeck & Ruprecht in Göttingen 1996, S. 117f.

Mächte in der Einheit (Nr. 11), über das Leiden unter dem Zeichen des Kreuzes für die Einheit gesprochen wird (Nr. 11). Der kreuzestheologische Charakter stellt den theologischen Hauptzug des Accra-Dokumentes dar.[24] An weiteren Stellen des Textes wird deutlich, daß die Überlegungen über die Menschheit und über die Kirche ein trinitarisches Denken zur Grundlage haben.

---

[24] Konrad Raiser sieht in der Weise, wie die kreuzestheologischen Motive in Accra gehandhabt werden, den Beleg für eine veränderte theologische Akzentsetzung. Raiser untersucht in seiner Studie die Entwicklung der Christologie und hält sie für einen der fundamentalsten Aspekten der theologischen Arbeit der Kommission. Dabei meint er zwei christologische Richtungen zu erkennen, die jedoch konfessionell nicht absolut zuzuordnen sind, auch wenn sie bestimmten Traditionen entstammen. Die erste kennzeichnet er vereinfachend als eine inkarnatorisch-trinitarische Christologie. Sie sei eine Christologie von oben, betone die Gottheit Christi, impliziere die Lehre von der Trinität, von einer Neuschöpfung und einem neuen Leben, hebe die Einheit des Unterschiedenen hervor und werde hauptsächlich von Orthodoxen und Anglikanern vertreten. Dieser Christologie stellt Raiser ein anderes Konzept gegenüber: als eine Christologie von unten betone es die Menschheit Christi, sehe die Gegenwart Gottes verborgen unter Leid und Sterben Jesu am Kreuz, verdeutliche eher die Vielfalt in der Einheit und werde überwiegend von Protestanten verfochten. Raiser findet in diesen beiden christologischen Konzepten die Spannung zwischen der johanneischen Herrlichkeitstheologie und der paulinischen Kreuzestheologie wieder. Die paulinische Betonung des Kreuzes sei als Kritik des johanneischen Auferstehungsenthusiasmus zu verstehen, der beim Weg zur Auferstehung das Kreuz faktisch ausgeblendet und dem Widerspruch und dem Ärgernis des Kreuzes wenig Raum gebe. Die kreuzestheologische Richtung bekräftigte hingegen, daß die Auferstehung nur vom Kreuz her zu verstehen sei. Raiser sieht in den offiziellen ökumenischen Texten der fünfziger und sechziger Jahre eine überwiegend inkarnatorisch-trinitarische Christologie vorherrschend, er stellt allerdings fest, daß der Text von Accra auf eine unverkennbare Akzentverschiebung hinweise. Weil die Beziehung Christus-Kirche so grundlegend sei, ergebe jede christologische Akzentsetzung unmittelbar auch ein anders akzentuiertes Kirchenverständnis. Raiser unterscheidet dabei ein sakramental-inkarnatorisches Verständnis der Kirche mit der Tendenz zu Modalismus, Doketismus, Apollinarismus, Monophysitismus der sog. „inkarnatorisch-trinitarischen" Richtung und ein rationalistisch-moralistisches Verständnis mit der Tendenz zu Ebionitismus, Adoptianismus, Arianismus, Nestorianismus der sog. „kreuzestheologischen" Richtung. Bleibt die Frage: „Wie stehen Kreuz und Inkarnation zueinander?". Raiser sieht im „Humanum"-Bericht Ansätze einer gelungenen Synthese beider Aspekte, die traditionelle Positionen in die Form einer wechselseitigen Bezogenheit verwandle. Vgl. dazu RAISER, K.; *Inkarnation und Kreuz*, Beobachtungen zur Funktion der Christologie im ökumenischen Denken. In: *Als Boten des gekreuzigten Herrn*, Festgabe für Bischof Dr. Dr. Werner Krusche zum 65. Geburtstag, herausgegeben von H. FALCKE, M. ONNASCH, H. SCHULTZE, Evangelische Verlagsanstalt Berlin, 1982, S. 47-67.

Im Text kommen einige pneumatologische Aussagen vor. Die Sehnsucht nach Freiheit der Kreatur sei das Werk des Geistes (Nr. 4), der Vorgeschmack der Einheit werde im Heiligen Geist erfahren (Nr. 4), der Heilige Geist werde die Form zeigen, in der die Gemeinschaft der Kirche als Zeichen ihre Gestalt gewinnen soll (Nr. 12), in seiner Kraft würden die Zerstreuten versöhnt (Nr. 12).

Es gibt im Text keine einzige explizite Aussage über den Vater. Aber in den Aussagen über die Einheit der Kirche und die Einheit der Menschheit wird ein theozentrischer Horizont sichtbar. Die menschliche Einheit wird als die neue Schöpfung, als Reich Gottes bezeichnet, das zu Gottes Zeit und in seiner Macht, in Gericht und Erfüllung kommen werde (Nr. 3, 8). Die Erkenntnis über die genaue Gestalt der gottgewollten Einheit sei noch nicht vorhanden, darum wird die gegenwärtige Einheit als eine „Einheit in Spannung" und als eine „Gemeinschaft in der Finsternis" bezeichnet (Nr. 10, 12).[25]

Die kreuzestheologisch-christologischen, die pneumatologischen und die theozentrischen Aussagen im Accra-Dokument sind keine expliziten trinitarischen Aussagen, offenbaren jedoch ein implizites trinitarisches Denken. Darum betrachte ich sie als eine implizite trinitarische Ausdrucksweise. Sie

[25] Die paradoxen Begriffe „Gemeinschaft in Spannung" und „Gemeinschaft in der Finsternis" erscheinen in der ekklesiologischen Terminologie der Kommission hier zum ersten Mal. Sie offenbaren auch eine Spannung innerhalb der ökumenischen Bewegung und stehen in gedanklicher Nähe zu den Ausführungen von K. E. SKYDSGAARD; *Die Verborgenheit Gottes und die Einheit der Kirche*, in: GROSCOURTH, R. (Hrsg.); *Studien des ÖR Nr. 7, Christliche Einheit, Forderungen und Folgerungen nach Uppsala*, ÖRK Genf, 1969, S. 55-67. Skydsgaard geht in seiner Untersuchung von der Geschichte des Volkes Israel aus und stellt fest, daß es nicht einmal im Volk Israel eine sichtbare Kontinuität gebe. Die Geschichte Israels sei die Geschichte eines widerspenstigen Volkes. Die Treue und die Einheit liege oft nur in Gott selbst als eine verborgene Kontinuität „sub contrario" (S. 58). Skydsgaard sagt: „Es gibt eine Kontinuität des Volkes Gottes, jedoch nicht als eine jederzeit sichtbare oder allmählich zunehmende Entwicklung. Einheit ist eine Wirklichkeit in Gott allein, der sie konkretisieren wird, wenn es ihm gefällt." (S. 62f.) Die Begriffe „Gemeinschaft in Spannungen" und „Gemeinschaft in der Finsternis" bringen eine gewisse Skepsis gegenüber einer vorschnellen sichtbaren Einheit zum Ausdruck: die sichtbare Einheit der Kirche kann auf dem Weg nur im Widerspruch und unter dem Zeichen des Kreuzes verstanden werden. Denn der Grund der Einheit in den Brüchen und in der Untreue sei der verborgene Gott, in dem allein die Kontinuität der Einheit existiere. So macht es der Begriff der Verborgenheit Gottes unter dem Gegenteil des Kreuzes als theologische Grundlage möglich, den paradoxen Charakter der Gemeinschaft zum Ausdruck zu bringen.

stellen einen nichtformalen trinitarischen Entwurf „von unten“ dar. Die Begriffe der Verborgenheit Gottes, des Kreuzes Jesu Christi und der Aktualisierung im Heiligen Geist und vor allem der Zusammenhang, in dem sie im Accra-Dokument vorkommen, stammen aus der reformatorischen theologischen Tradition.

7.6. Das ekklesiologische Verständnis in der Studienreihe

Die beiden genannten Pole der Vollversammlung von Uppsala 1968, mit denen sich die Arbeit der Kommission weiter auseinanderzusetzen hatte, lauteten „Öffnung“ und „Konzentration“. Der erste Begriff deutet den Bezug der Kirche zur Welt an, der zweite bezeichnet das Bemühen um die Einheit der Kirche. Es ist nicht möglich, die Ekklesiologie der Löwen-Periode aus einem einzigen Dokument zu erheben. Die verschiedenen Papiere der Studienreihe »Einheit der Kirche – Einheit der Menschheit« brachten kein offizielles Ergebnis, kein Dokument, in dem sich die Teilnehmer und Teilnehmerinnen der Sitzungen auf ein Kirchenkonzept festgelegt hätten. Das Accra-Dokument 1974 repräsentiert jedoch den ganzen Studienprozeß.[26] Zusammen mit dem Nairobi-Dokument 1975 spiegelt dieser Text aus der thematischen Reihe die Komplexität des ekklesiologischen Materials wider. Beide Dokumente betonen je anders die zwei Pole, um die sich die ekklesiologische Arbeit in dieser Phase drehte. Das Accra-Dokument legt mehr Gewicht auf den Bezug zur Welt, das Nairobi-Dokument betont mehr den inneren Bereich der Kirche.

7.6.1. Das Dokument von Accra 1974

Die Theologen der Kommission stellten sich nach Uppsala die Aufgabe, den Satz über die Zeichenhaftigkeit der Kirche theologisch zu klären.[27] Durch den „Zeichen“-Begriff, so heißt es, würden die Aspekte der Gegenwart und des Hinweises zum Ausdruck gebracht. Die Kirche als Zeichen

---

[26] DESCHNER, J.; *Eine Würdigung der Studie*, S. 38, in: MÜLLER-FAHRENHOLZ (Hrsg.); *Accra 1974*, Beiheft zur ÖR Nr. 27, Stuttgart 1975.

[27] „Die Kirche wagt es, von sich selbst als dem Zeichen der zukünftigen Einheit der Menschheit zu sprechen.“ *Bericht aus Uppsala*, Nr. 20.

sei der Ort der Gegenwart Christi, in ihrer Zerbrochenheit und Trennung zeige sie über sich hinaus auf Christus.
Der Begriff des Zeichens ist der ekklesiologische Angelpunkt des Accra-Dokumentes. Mit ihm wird theologisch sachgemäß und konfessionell offen die Beziehung zwischen Kirche und Menschheit beschrieben.
Die Kirche habe die Aufgabe, Zeichen der Gegenwart Christi zu sein. Dieses Zeichen sei verborgen und dennoch dem Glauben offenbar. Diese Ausdrucksweise wird weiter damit begründet, daß jede zu oberflächliche Form von Einheit oder jedweder Mißbrauch des Zeichens mit Entschlossenheit abzulehnen sei. Darum bleibe eine grundsätzliche Offenheit bezüglich der Form der Einheit bestehen. Obwohl auf „*bemerkenswerte Antizipationen der Einheit*" (Nr. 11) hingewiesen wird, unterstreicht der Text doch die Einheit als eschatologisches Geschenk des Heiligen Geistes. Die Form, in der die Gemeinschaft Gestalt gewinnen soll, hängt vom Heiligen Geist ab. Die Verwirklichung der Einheit wird auf die Endzeit verlegt:

> „*Hier bleibt eine dauernde Spannung, die erst aufgelöst wird, wenn sich die Verheißung eines neuen Himmels und einer neuen Erde erfüllt.*" (Nr. 12)

Es bleibt eine gewisse Skepsis gegenüber der sichtbaren und der fühlbaren Einheit. Darum betont der Text, die Kirche sei aufgerufen, „*im Leiden und unter dem Zeichen des Kreuzes für die Einheit zu arbeiten*". (Nr. 11)

7.6.2. Das Dokument von Nairobi 1975

Das Ziel des Nairobi-Dokumentes ist, die angestrebte sichtbare Einheit der Kirche vollständiger zu beschreiben (Nr. 2).
Dazu dient der Begriff der konziliaren Gemeinschaft, der eine doppelte Wirklichkeit beschreibt: erstens die Einheit der Kirchen, die durch Raum, Kultur und Zeit voneinander getrennt sind, und zweitens die Qualität des Lebens innerhalb jeder Einzelkirche. Der Begriff ist weiter geeignet, sich über die Vielfalt der Gaben jeder Gemeinde nicht hinwegzusetzen, sondern diese zu pflegen (Nr. 4).
Die konziliare Gemeinschaft ist nach dem Nairobi-Dokument das Ziel der ökumenischen Bemühungen. Die interkonfessionellen Versammlungen bringen den Wunsch der beteiligten Kirchen zum Ausdruck, „*ein vorlau-*

fendes Zeichen" und „*ein wahrer Vorgeschmack*" einer solchen vollen konziliaren Gemeinschaft zu sein (Nr. 6).

Die Beschreibung dieser Gemeinschaft nimmt ihre Grundlage aus der Einheitsformel von Neu Delhi 1961 „alle an jedem Ort". Die Einheit der Kirche wird sichtbar in der Ortsgemeinde.

> „*Die eine Kirche ist als konziliare Gemeinschaft von Gemeinden (local churches) zu verstehen, die ihrerseits tatsächlich vereinigt sind.*" *(Nr. 3)*

Die volle Katholizität dieser Einheit wird durch drei Elemente sichtbar gemacht: durch das Bekenntnis des gemeinsamen Glaubens, durch die Anerkennung der Taufe, des Abendmahls und der geistlichen Ämter und durch den gemeinsamen Auftrag der Verkündigung und des Dienstes an der Welt. Das konziliare Element wird folgendermaßen beschrieben:

> „*Zu diesem Zweck* (dem Dienst an der Welt) *ist jede Einzelgemeinde bestrebt, die angebahnten Beziehungen aufrechtzuerhalten und neue Beziehungen zu ihren Schwestergemeinden anzuknüpfen und diesen Beziehungen in konziliaren Zusammenkünften Ausdruck zu verleihen, wo immer die Erfüllung ihre gemeinsamen Auftrags dies erfordert.*" (Nr. 3)

Der höchste Ausdruck der konziliaren Gemeinschaft sei das ökumenische Konzil (Nr. 5).

Wie bereits oben gesehen, wurde die konziliare Gemeinschaft ausführlich trinitarisch beschrieben. Aufgrund dieser trinitarischen Einheit der Kirche soll die Vielfalt nicht nur geduldet, sondern aktiv angestrebt werden (Nr. 7).

Der Überwindungsprozeß der Spaltungen sei durch zwei Tendenzen gekennzeichnet: erstens die bilateralen und multilateralen Dialoge, in denen die Treue zur überkommenen Traditionen eine wichtige Rolle spiele; zweitens die Unionsbemühungen der Kirchen, die sich auf der Ebene der Nation oder Region zusammenschließen und ihre eigene Denomination aufgeben. Das Nairobi-Dokument hält auch diesen Weg für eine gültige Auslegung des Begriffes der „*verpflichteten personalen Gemeinschaft*" (Nr. 10).

Zum Schluß werden Empfehlungen angefügt, die zum gemeinsamen Bemühen um das Bekenntnis der christlichen Wahrheit und größere Gemeinsamkeit in Zeugnis und Mission, zum Austausch von Erfahrungen, Personal, Hilfsquellen und Hilfestellung, usw. auffordern. Die Kirchen sollten

dieses Dokument prüfen, mit ihrer eigenen Praxis vergleichen und den Beitrag, den sie darin sehen, mitteilen.
Das Nairobi-Dokument steht mit den Überlegungen über die konziliare Gemeinschaft in einer thematischen Einheit mit der Vollversammlung von Uppsala 1968, wo über die Kirche gesagt wurde, daß sie es wage, in ihrer Katholizität „*von sich selbst als dem Zeichen der künftigen Einheit der Menschheit zu sprechen*" (Nr. 2). Es sieht die interkonfessionellen Versammlungen als ein „*vorlaufendes Zeichen voller konziliaren Gemeinschaft*" (Nr. 6). Auch die Unionsbemühungen zielten auf die Einheit der Kirche, damit sie „*Zeichen, Werkzeug und Vorgeschmack dessen sei, daß Christus alle Menschen zu sich ziehen will*" (Nr. 14).

7.7. Auswertung

Geschichtliche Einordnung:
In den Studien der Kommission wurde eine anthropologische Wende vollzogen. Der „interdenominationelle Ökumenismus", der von den Anfängen der theologischen Einheitssuche an für die ökumenischen Zusammenkünfte der Bewegung für Glauben und Kirchenverfassung charakteristisch war, verwandelte sich in den sechziger und siebziger Jahren in einen „säkularen Ökumenismus".[28]

Trinitarisches Gottesverständnis:
Das horizontale Verständnis des Menschen in der Perspektive „von unten" wird kreuzestheologisch begründet. Der kreuzestheologisch-christo-logische Charakter bildet den theologischen Schwerpunkt dieser Anthropologie und den Ansatzpunkt einer impliziten trinitarischen Sprache. Die formale explizite trinitarische Ausdrucksweise des Nairobi-Dokumentes und die implizite nichtformale trinitarische Sprache des Accra-Dokumentes stellen zwei Ansätze für eine trinitarische Kirchenbegründung aus den unterschiedlichen Perspektiven einer vertikalen und einer horizontalen Sichtweise dar.

[28] So DESCHNER; *Eine Würdigung der Studie*, S. 31.

Trinitarisches Kirchenverständnis:
Die Gegenwart Christi in einer Gemeinschaft von getrennten Kirchen, die ihrerseits ein zerbrochenes Zeichen für die Einheit der Menschheit darstellen, bildet das zentrale Element einer „kritischen Ekklesiologie".[29] Diese setzt sich als eine Alternative zu den früheren ekklesiologischen Entwürfen durch, die als Ekklesiologie der Herrlichkeit kritisiert wurden. Die Begriffe der nichtformalen impliziten trinitarischen Sprache bilden das notwendige Instrumentarium eines solchen ekklesiologischen Ansatzes.

Fazit:
Das Konzept der „kritischen Ekklesiologie" basiert auf der kritischen Wahrnehmung der empirischen Wirklichkeit des Menschen und der Kirche. Die Kirche erscheint in diesem Konzept als ein zerbrochenes Zeichen, das auf das wahre Zeichen, auf Christus hinweist und deren Einheit zugleich einen ethischen Einsatz erfordert. Die tatsächliche Uneinigkeit der Kirchen führt zur Betonung der Prozeßhaftigkeit der Einheitssuche. Die konziliare Gemeinschaft soll ihre Einheit auf dem Weg der Dialoge oder auf dem Weg des Unionismus erreichen. Die Form der künftigen Einheit ist vom Heiligen Geist abhängig. Die sichtbare Einheit erscheint als eschatologisches Ereignis, „wenn es ihm gefällt".

---

[29] Ebd., S. 38f.

8. Bangalore 1978

8.1. Einführung

Als „Wagnis“ wurde der Versuch der 170 Vertreter verschiedener konfessioneller Traditionen aus mehr als 50 Ländern empfunden, sich auf einen Text zu einigen, der etwas Gemeinsames über den Grund der christlichen Hoffnung aussagen sollte.[1] Dieses Vorhaben rückte jedoch in den Mittelpunkt, als 1971 der reformierte Theologe und prominente Ökumeniker Lukas Vischer in Löwen die Frage stellte, ob nicht die Zeit gekommen sei, die fundamentalsten Aussagen des Glaubens zu klären.[2] Es sollte in Anlehnung an 1 Petr 3, 15 der Versuch gemacht werden, den Glauben, der die Christen verbindet, gemeinsam zu formulieren. Die Kirchen sollten gemeinsam die Rechenschaft über ihre Hoffnung ablegen und so zu einem, wenn auch unvollkommenen Zeichen für die Einheit der Menschheit werden. Mithin liegt der Text auf der gedanklichen Linie der Studienreihe »Einheit der Kirche – Einheit der Menschheit« Er stellt kein neues Glaubensbekenntnis dar, und es handelt sich auch nicht um einen ökumenischen Katechismus. Das Dokument hat als Teil des konziliaren Prozesses zu gelten, weil es die Kirchen und Konfessionsfamilien zu dem Bewußtsein einer weitgehenden Gemeinsamkeit führte. Auf der Grundlage dieses Grundkonsenses im Glauben wurden weitere Einzelstudien geplant.[3]

Das Dokument mit dem Titel »Eine gemeinsame Rechenschaft von der Hoffnung« (weiter: HOF) wurde auf der Sitzung der Kommission für Glauben und Kirchenverfassung in Bangalore/Indien 1978 verabschiedet.

1972 begann der Prozeß, in dem die Gruppen verschiedener Kirchen für sich die Rechenschaft über Inhalt und Sinn ihres Lebens und ihrer Verkündigung ablegen sollten.[4] Das Dokument der Gemeinsamen Synode der Bistümer in der ehemaligen Bundesrepublik Deutschland 1975 »Unsere Hoffnung. Ein Bekenntnis zum Glauben in dieser Zeit« gehörte zu den

---

[1] VISCHER, Lukas.; *Einleitung*, S. 5. In: MÜLLER-FAHRENHOLZ, G..; *Bangalore 1978*, Beiheft zur ÖR 35, Verlag Otto Lembeck, Frankfurt/M 1979.

[2] MARTIN, G. M.; *Hoffnung weltweit*, Verlag Otto Lembeck, Frankfurt/M 1979, S. 15f.

[3] Ebd., S. 16.

[4] Der Verlauf des Prozesses wurde ausführlich beschrieben von MARTIN; *Hoffnung weltweit*, S. 15-18, und von VISCHER, *Einleitung*, S. 5-11.

Vorbereitungspapieren für HOF. Das Sekretariat der Kommission sammelte die eingetroffenen Texte, die in zwei Konsultationen 1977 und 1978 zusammengefaßt wurden. Dieses Vorgehen bedeutete in der Geschichte der Kommission einen neuen Stil. Nicht durch die theologischen Erörterungen der Kommissionsmitgliedern entstand ein ausgefeiltes Konzept. Die Aufgabe der Kommission war eher eine jahrelange Redaktionsarbeit von Texten, die aus verschiedenen Ländern, Kontinenten, Kontexten, Kulturen und Konfessionen zusammengetragen wurden. Am Ende sollte etwas Gemeinsames und Verschiedenes über die Grundlage des christlichen Glaubens gesagt werden. Am letzten Tag der Sitzung in Bangalore wurde die Erklärung über die gemeinsame Rechenschaft formuliert und vom Plenum angenommen.

8.2. Der theologische Hintergrund des Dokumentes von Bangalore

Wie bei allen Konsenstexten, so ist es auch bei HOF nicht einfach, das theologische Profil zu beurteilen. Der einheitsbedachte Stil zielt eher darauf ab, aus der Vielfalt unterschiedlicher Ansätze eine möglichst breite theologische Basis zu schaffen, in der sich jeder wiederfinden konnte.[5] Darum werden im folgenden zwei unterschiedliche Zugänge zum Thema Hoffnung vorgestellt, die die theologischen Konturen des offiziellen Dokumentes deutlicher wahrnehmbar machen und die vom reformierten Theologen Lukas Vischer und dem griechisch-orthodoxen Theologen Nikos Nissiotis entworfen wurden.

8.2.1. Die Stellungnahme von Nissiotis

Nissiotis befaßt sich in einem Aufsatz nicht mit dem Dokument der Kommission über die Hoffnung, sondern mit der Bedeutung der Kommission für Glauben und Kirchenverfassung für die Wiederherstellung der kirch-

---

[5] „Eine gemeinsame Erklärung, bei deren Entstehung es am Ende nicht Sieger und Verlierer gab, wird Freunden pointierter Formulierungen und spitzer Zunge leicht etwas zu milde schmecken. Der klare Ton, der abgrenzende Geschmack ist heraus, ein Stück diplomatischer Taktik darin." MARTIN; ebd., S. 23.

lichen Einheit.[6] Er betrachtet die Situation der Kommission als mißlich, da er glaubt, die Arbeit der Kommission stecke in einer Sackgasse. Auf diesem Hintergrund entwirft er seine Vorstellung der Hoffnung. Die Kommission habe eine Zukunft, weil sie, laut Nissiotis, unter der Wirkung des Heiligen Geistes stehe. Die Begegnungen der Kommission hätten einen *ekklesialen Charakter*. Man könne sie zwar nicht als Kirche bezeichnen, das wäre zuviel, sie seien jedoch auch keine einfache Konferenzen, weil ein solches Verständnis lediglich die Funktion und Struktur der Kommission, d.h. ihre äußere Seite, berücksichtigen würde. Es gebe vielmehr eine tiefere Dimension dieser Zusammenkünfte, die Entscheidung, zusammenzusein und entschlossen beieinander zu bleiben. Dieses Faktum und das Gebet um die Herabkunft des Heiligen Geistes seien Zeichen der Macht des Geistes. Die Sitzung der Kommission, behauptet Nissiotis, sei eine Zusammenkunft, die „*aus der Anrufung des Geistes resultiert*".[7]

Das Wirken des Geistes fülle die Lücken, vereine die Gegensätze, überbrücke die Abstände, verbinde die Gnadengaben, wie auch die Vergangenheit mit der Zukunft. Durch die Epiklese werde jede kirchliche Versammlung als eine Gemeinschaft des Glaubens neu geschaffen. Aus dieser kirchlichen Einheit entstehe der Einsatz für die Einheit der Welt, der den Kampf gegen Rassismus, Sexismus, Ausbeutung, Mangel an Menschenrechten usw. einschließe. Nissiotis faßt zusammen:

> „*Die Einheit, die wir suchen, ist die Einheit des dreieinigen Gottes. Deshalb ist sie zuallererst dieselbe Einheit, die die Kirche in der Vergangenheit hatte.*"[8]

Der Grund für die Hoffnung im Aufsatz von Nissiotis ist *die pneumatisch qualifizierte kirchliche Wirklichkeit*. Die Bewältigung des Bösen geschehe allein aus der pneumatischen Wirklichkeit der Kirche heraus. Der ekklesiale Charakter der Hoffnung wird bei Nissiotis bewußt gegenüber jedem säkularen Hoffnungsverständnis abgegrenzt.

---

[6] NISSIOTIS, N.; *Die Bedeutung der Kommission für Glauben und Kirchenverfassung für die Wiederherstellung kirchlicher Gemeinschaft*, S. 12-19. In: MÜLLER-FAHRENHOLZ; *Bangalore 1978*.

[7] Ebd., S. 16.

[8] Ebd., S. 18.

8.2.2. Die Stellungnahme von Vischer

In einem Bericht des Sekretariats würdigte Vischer die Arbeit am Dokument von 1971 bis 1978 und erläuterte seine wichtigsten Aspekte.

1. Die Hoffnung solle trotz aller Unterschiede zwischen den Kirchen *gemeinsam* ausgesagt werden. Das gemeinsame Zeugnis der Hoffnung zeige, daß die Grenzen der Trennung mit Entschlossenheit überschritten werden könnten und die gemeinsame Rechenschaft möglich sei.
2. Die Gemeinsamkeit könne nicht darüber hinwegtäuschen, daß selbst bei der Rede über die Hoffnung die *Verschiedenheit*, sogar Widersprüchlichkeit zwischen den Kirchen zutage trete.
3. Aus der Perspektive „*von unten*" sagt Vischer, die aus verschiedenen Kontexten gesammelten Hoffnungszeugnisse hätten Priorität vor der gemeinsamen Erklärung über die Hoffnung. Denn der Grund der Hoffnung werde in dem Kontext am deutlichsten, wo er verkündigt werde.
4. Das Medium der Rechenschaft von der Hoffnung sei die *Feier*. Erst danach werde versucht, den Grund der Hoffnung in gemeinsamen Worten auszusprechen. In einer solchen Erklärung solle auf *Jesus Christus* als den Grund aller Hoffnung hingewiesen werden.
5. Die Erklärung solle eine gemeinsame Antwort auf die *großen Fragen* der Menschheit formulieren.
6. Die verschiedenen Zeugnisse über die Hoffnung sollten in eine *lebendige Auseinandersetzung* miteinander treten; dadurch, daß die Ansprüche auf die universale Gültigkeit eines jeden Zeugnisses ausgetragen und eine gemeinsame Sprache entwickelt werde, könne es zur gemeinsamen Antwort auf diese Fragen kommen.
7. Die Zugehörigkeit zur *Gemeinschaft*, in der alles von der Hoffnung getragen wird, solle sich *als Quelle der Hoffnung* erweisen.

8.3. Die Darstellung des Dokumentes

Die Entstehungsgeschichte des Dokumentes zeigt, daß der Text nicht als argumentativ-spekulatives Konzept entstand, sondern als eine Sammlung unterschiedlicher Aussagen, sogar persönlicher Briefe oder Gedichte. Der Text ist in sieben Kapitel gegliedert. Thematisch sehe ich darin drei Hauptteile: a) theologische Grundlage der Hoffnung, b) Kirche als Zeichen der Hoffnung, c) Hoffnung für die Menschheit.

8.3.1. Theologische Grundlage der Hoffnung

HOF beginnt mit einer trinitarisch-christologischen Doxologie und einer heilsgeschichtlichen Beschreibung des Grundes christlicher Hoffnung.

> *„Gepriesen sei Gott! Der Vater und der Sohn und der Heilige Geist. Christus ist unsere Hoffnung: Er ist die Macht der Liebe, stärker als die Welt.“* (Kap. I.)

Aufgrund dieser Zugehörigkeit zu Christus könnten die Christen sagen, daß die Hoffnung überall gegenwärtig ist, sogar in den schwierigen Situationen der Verfolgung, des Hungers, in den Schwachheiten des Geistes und des Leibes (Kap. II.).

Nachdem die Versammlung sich selbst und das Dokument vorgestellt hat, kommt sie auf die Doppeldeutigkeit der Hoffnung zu sprechen. Die konkreten Ausdrücke der Hoffnung widersprächen sich oft, man müsse selbstkritisch zwischen Hoffnung, Begehren und Wünschen unterscheiden.

HOF macht so deutlich, daß das allgemein christliche Element der Hoffnung nicht nur eine Grundlage der Einheit darstellt, sondern eine reiche, sogar ambivalente Vielfalt offenbart. Darum bedarf es laut HOF des Gerichts und der Reinigung durch Christus. Trotz dieser Widersprüchlichkeit wird betont, daß durch die Begegnungen der Hoffnungen sich die Gemeinschaft der Hoffnung untereinander und mit Gottes Geist öffne (Kap. III.).

Im Kapitel IV. bringt HOF mit einer christologisch-trinitarischen Beschreibung die eigentliche theologische Mitte des ganzen Textes zum Ausdruck.

Die Gemeinschaft der Hoffnung stütze sich auf das Zeugnis derer, die vorausgegangen sind. Der wichtigste Zeuge sei Jesus Christus.

Darauf folgen drei Abschnitte, in denen die heilsgeschichtliche Wirkung der drei Personen der Dreifaltigkeit beschrieben wird. Die Reihenfolge der Beschreibung beginnt bei Christus, geht zu Gott dem Vater über und schließt mit dem Heiligen Geist. Zu dieser Beschreibung kann man keine nähere theologische Beurteilung formulieren.[9]

---

[9] „Was in diesen theologischen Abschnitten gesagt wird, ist voll von Anspielungen auf kirchliche Lehre und biblische Theologie. ... All dies bleibt – notwendigerweise? – assoziativ und additiv: Ein kurzer Satz reiht sich an den anderen, logisch kaum näher entwickelt. Die einzelnen Sätze sind in sich bekenntnishaft – aber das Gefüge ist kein theologisches Bekenntnis; es bleibt theologisch fragmenthaft, argumentative Verknüpfungen finden in der Kürze des Dokuments kaum statt.“ MARTIN; *Hoffnung weltweit*, S. 25f.

8.3.2. Kirche als Zeichen der Hoffnung

Nach der Beschreibung der trinitarischen Grundlage des christlichen Glaubens kommt HOF auf die Kirche zu sprechen. Die Kirche sei der Leib des auferstandenen Christus, sie habe Anteil am göttlichen Leben, der Gemeinschaft von Vater, Sohn und Heiligem Geist, dem einen Gott (Kap. V.). Die Kirche als „*Begegnung der Hoffnung ist ein selber von Gott gewirktes Zeichen an allen Orten, daß Christus, die Macht der Liebe, unsere Hoffnung ist.*“ (Kap. V.) Auch wenn das gemeinsame Zeugnis durch die Trennungen lediglich die Karikatur eines Zeichens der Hoffnung darstelle, wirke die Kraft des Geistes in dieser Gemeinschaft und mache sie zur Gemeinschaft der Buße. Auch trotz der Unvollkommenheit dieser Gemeinschaft kann sie doch ein Zeichen der Hoffnung für andere werden.

8.3.3. Hoffnung für die Menschheit

Aus dem Binnenbereich der Kirche wendet sich HOF weiter dem Bereich der Menschheit zu. Weil die Gemeinschaft der Hoffnung ein Zeichen der Hoffnung für andere sein kann, wagt HOF im sechsten Kapitel Bereiche anzusprechen, die Bedrohungen ausgesetzt sind. Die Welt werde von Machtkonzentration, Ausbeutung und Armut bedroht, von unkontrollierbarem Wettrüsten, von Mächten der Auflösung, von Angriffen auf die Menschenwürde, von Sinnlosigkeit und Absurdität, vom Tod. Gegen alle diese Bedrohungen des menschlichen Lebens wagt HOF eine Botschaft der Hoffnung zu verkünden. Der Grund dieser Hoffnung sei Christus, der Auferstandene.

Damit kein Zweifel aufkommt, daß HOF dadurch eine Christologie der Herrlichkeit bevorzuge, wird am Anfang des siebten Kapitels bekräftigt, der Auferstandene sei der Gekreuzigte. Leben in Hoffnung sei also keine Garantie für Sicherheit, sondern bedeute eine Einladung zum Risiko. Es werden Risiken aufgezählt, denen sich das Leben in der Hoffnung ausgesetzt sieht: Auseinandersetzungen, Selbstkritik als ein Weg der Erneuerung, Dialog, Zusammenarbeit mit Menschen, die anders sind, neue Formen der Gemeinschaft von Frauen und Männern, Spott, Tod um der Hoffnung willen.

HOF schließt mit der christologischen Doxologie von 2 Tim 2, 11-13 und bekräftigt damit ein weiteres Mal die Verankerung der christlichen Hoffnung in Christus: „*...wenn wir mit Christus gestorben sind, werden wir auch mit ihm leben*".

8.4. Auswertung

Geschichtliche Einordnung:
Das Dokument nimmt durchgängig eine Perspektive „von unten" ein. Die vertikale Linie des epikletischen Ansatzes von Nissiotis wurde nicht übernommen, vielmehr bevorzugt der Text in seiner ethisch-politischen Ausrichtung einen horizontalen Ansatz. Darum setzt er die horizontale Perspektive der siebziger Jahren fort. Der trinitarische Kontext, in dem die Rede über die Hoffnung stattfindet, verdeutlicht, daß der Grund der Hoffnung keine Gottheit, sondern der lebendige Gott der Geschichte ist. Darum wird die christliche Hoffnung auf den lebendigen Gott nicht ohne Verbindung zu den konkreten politischen und sozialen Herausforderungen ausgesagt.[10]

Trinitarisches Gottesverständnis:
Trotz seines nichtargumentativen Stils enthält HOF theologische Aussagen, welche ein Mindestmaß an Beurteilung der theologischen Schwerpunktsetzung erlauben. Der Text hat eine christologisch-trinitarische Grundlage. Er ist zwar auch pneumatologisch qualifiziert, die christologische Mitte des Textes bleibt jedoch immer deutlich. Die Gemeinschaft der Hoffnung entsteht aufgrund der Hoffnungen auf Christus, der sie richtet und reinigt. Der trinitarische Ansatz von HOF zeigt, daß der trinitarische Kontext ekklesiologischer Aussagen immer wichtiger wurde.[11]

---

[10] MILIC-LOCHMANN; Auf dem Weg zu einer ökumenischen Rechenschaft von der Hoffnung, S. 43. In: MÜLLER-FAHRENHOLZ; Bangalore 1978.

[11] So wertet Putney die Dokumente von Accra 1974 und Bangalore 1978: „They are a good exemple of the maturation that has taken place in F.O. towards a fully trinitarian theology, with significant place for pneumatology and a central focus on christology." „Sie sind ein gutes Beispiel für den Reifungsprozeß der Kommission für Glauben und Kirchenverfassung hin zu einer vollen trinitarischen Theologie, die der Pneumatologie einen wichtigen Platz einräumt und christologisch zentriert ist."

Trinitarisches Kirchenverständnis:
Die Kirche wird auf zweifache Weise beschrieben. Zunächst wird der Gemeinschaft der Hoffnungen eine ekklesiale Qualität zugeschrieben, sie ist jedoch noch nicht die Kirche im vollen Sinne. Die Gemeinschaft der Hoffnungen entsteht durch Christus in der Kraft des Heiligen Geistes. Dann wird die Kirche im klassischen Sinne auch als eine trinitarische Kirche, als Leib Christi, beschrieben.

Fazit:
Ist der trinitarische Charakter einerseits eine Stärke von HOF, so kann man darin zugleich auch seine Schwäche sehen. Die Aussagen über die heilsgeschichtliche Wirksamkeit der drei Personen werden nebeneinander gestellt, im Text kommt keine innertrinitarische Reflexion und keine dynamische Beschreibung der Trinität als Ganzer „von unten" vor. Der christologische, pneumatologische und theozentrische Aspekt werden je einzeln dargestellt, es fehlt eine dynamische und kohärente trinitarische Beschreibung „von unten".

(Übersetzung von mir). PUTNEY, M. E.; *The Presence and Activity of the Holy Spirit in the Church, in the Studies of the Commission on Faith and Order (1927-1983)*, Pontificia Universitas Gregoriana, facultas theologiae, Romae 1985, S. 511f.

9. Exkurs: Das „Filioque"-Problem

9.1. Einführung

Der Text des Berichtes »Das „Filioque" aus ökumenischer Sicht« ist das Ergebnis der Diskussionen aus den Jahren 1978 und 1979 auf Schloß Klingenthal bei Straßburg. Absicht dieses Dokuments war es, eine Grundlagenklärung zu erstellen, die zur Vorbereitung der Studie über das Nizäno-Konstantinopolitanische Glaubensbekenntnis gedacht war.
Die besondere Bedeutung des Textes ist darin zu sehen, daß er sich mit einer Materie befaßt, die bis dahin in der ökumenischen Diskussion nie als strittig galt, nämlich mit dem Gottesverständnis. Da das „Filioque"-Problem nur im umfassenden Zusammenhang der christlichen Gotteslehre behandelt werden kann, wird hier zum ersten Mal in den Dokumenten der Kommission für Glauben und Kirchenverfassung fast die gesamte trinitarische Theologie ausdrücklich thematisiert und ökumenisch bearbeitet. Der damit verbundene Dialog und der Bericht über die Diskussionen sind von erheblicher ökumenischer Bedeutung. Darauf wies auch der damalige Generalsekretär der Kommission hin, wenn er schreibt:

> *„Die „Filioque"-Frage wird also Anlaß dazu, die Bedeutung der Trinität gemeinsam zu entfalten. Und könnte etwas für das Wachstum gemeinsamer theologischer, geistlicher und liturgischer Perspektiven wichtiger sein als diese Bemühung?"*[1]

9.2. Die Bestandsaufnahme des Problemfeldes

Bei der „Filioque"-Frage handelt es sich formal um die strittige Hinzufügung des Wortes „Filioque" zu dem Nizäno-Konstantinopolitanischen Glaubensbekenntnis in der christlichen Tradition des Westens. Das Wort „Filioque" sagt in diesem Kontext aus, daß der Heilige Geist nicht nur vom Vater, sondern auch vom Sohn ausgehe. Das Wort und die mit ihm zusammenhängende, von Augustinus entfaltete „Filioque"-Theologie gelten

---

[1] VISCHER, L.; *Geist Gottes-Geist Christi*, Beiheft der ÖR 39, S. 8. Das Werk enthält den Bericht und repräsentative Beiträgen aus historischer, konfessioneller und ekklesiologischer Perspektive mit Versuchen neuer Formulierungen in Trinitätstheologie.

immer noch vermeintlich als eine der Hauptursachen des Ost-West-Schismas, obwohl diese Ansicht kaum mit überzeugenden Argumenten zu stützen ist. Allerdings gibt es einige östliche Theologen, die die „Filioque"-Hinzufügung als Ursache einer schwerwiegenden Häresie der westlichen Theologie betrachten (Lossky, Chomjakov).[2] Andere wiederum würden die „Filioque"-Theologie des Westens wie auch die Formel des Patriarchen Photios von Konstantinopel (867) „allein vom Vater", die als Gegenreaktion formuliert wurde, als mögliche Theologoumena zulassen (De Halleux, Garrigues, Moltmann). Wieder andere wollen die ganze Streitfrage auf sich beruhen lassen und vermögen nicht zu erkennen, worin eigentlich das Problem liegt (Bulgakov).[3] Trotz dieser unterschiedlichen Einschätzungen kann man das Problem aus historischer und theologischer Sicht jeweils aus der östlichen oder westlichen Perspektive entfalten.

a) Historisch gesehen, untersagte das Konzil von Ephesus (431 n. Chr.), irgendein anderes Glaubensbekenntnis als dasjenige von Nizäa-Kon-

---

[2] Sie meinen, *in der Dreifaltigkeitslehre* bestehe eine Tendenz zum monistischen Denken, in der Folge werde das trinitarische Bild Gottes gegen ein unitarisches eingetauscht. *In der Christologie* werde eine Unterordnung des Heiligen Geistes unter die Person Jesu Christi vorgenommen, was zu seiner Entpersonalisierung führe, die ihn zur bloßen Kraft Christi degradiere. Somit wehe er nicht mehr länger wo er will, sondern gehe dahin, wohin er gesandt werde. *In der Soteriologie* werde durch diese Herabsetzung des Geistes seine Schöpfungs- und Erneuerungskraft abgeschwächt. Das Heil sei auf das Kreuzesgeschehen eingeengt und werde als Opfer, Bestrafung oder Beispiel interpretiert. *In der Ekklesiologie* ließe sich eine einseitige Betonung des Objektiven gegenüber dem Subjektiven, der Autorität vor der schöpferischen Freiheit feststellen. Das sei Symptom einer fehlenden adäquaten Pneumatologie. Vgl. HERON, A.; *Das Filioque in der neueren reformierten Theologie*, in: VISCHER, L.; ebd., S. 102f.

[3] Der prominenteste Vertreter dieser Ansicht ist Sergej Bulgakov. Er sieht die Kontroverse für überholt und zu Sterilität und Indifferenz verurteilt an und hält die „filiqoe"-Frage für kein impedimentum dirimens: „Hätte man natürlicherweise nicht erwarten können, daß das Vorhandensein einer so schwerwiegenden Häresie und eines so grundlegenden dogmatischen Unterschiedes das gesamte Leben und auch die Lehre der beiden Kirchen durchdrungen hätte? Während vieler Jahre haben wir im Rahmen unserer Mittel nach den Spuren dieses Einflusses gesucht, und wir haben uns bemüht zu verstehen, worum es sich dabei handelt, welche *lebendige* Bedeutung diesem Unterschied eigentlich zukommt, *wo* und *wodurch* er sich *praktisch* zeigt. Ich gestehe, daß ich ihn nicht habe herausfinden können; ja, mehr noch, ich würde sogar soweit gehen, einen solchen zu leugnen". Zit. Nach BOBRINSKOY, B.; *Das Filioque gestern und heute*, in: VISCHER, L. (Hrsg.); *Geist Gottes – Geist Christi*, S. 107-120, hier 109.

stantinopel (381) zu benutzen, um so die Aussagen über die Gottheit Christi vor häretischen Bekenntnissen zu schützen. Der Rezeptionsprozeß des Glaubensbekenntnisses verlief im Osten und im Westen unterschiedlich. Wahrscheinlich wollte man im Westen dem Arianismus entgegenwirken und benutzte die „Filioque"-Formel als Argument für die göttliche Stellung des Sohnes. Im vierten Jahrhundert fingen einige lateinische Autoren an, vom Heiligen Geist als „vom Vater und Sohn" oder „von beiden" ausgehend zu reden. Dazu kam später die bereits erwähnte „Filioque"-Theologie des Augustinus. Papst Leo III. (795-816) bejahte zwar die Lehre des „Filioque", weigerte sich jedoch, es zum Glaubensbekenntnis hinzuzufügen, dessen erweiterte Form schließlich von Papst Benedikt VIII. (1012-1024) dennoch gutgeheißen wurde. Patriarch Photius von Konstantinopel (858) antwortete auf die „Filioque"-Theologie mit Ablehnung und stellte ihr die Formel „vom Vater allein" gegenüber. Dieser theologische Ansatz wurde im Mittelalter von Gregor Palamas weiterentwickelt. Die Versuche des Westens, dem Osten das „Filioque" aufzudrängen und dessen Zurückweisung zu anathematisieren, brachten nicht nur die östliche und die westliche Theologie immer weiter auseinander, sondern verschlechterten auch die Beziehung zwischen ihnen. Erst im letzten Jahrhundert kam es erneut zu einer Annäherung.[4]

b) Die „Filioque"-Frage beinhaltet aus theologischer Sicht eine Verzahnung verschiedener Aspekte der Trinitätslehre, besonders das Verhältnis zwischen „ewigem Ausgang" und „zeitlicher Sendung" des Heiligen Geistes. Die unterschiedlichen Ansatzpunkte der westlichen und der östlichen Trinitätstheologie führen in sich folgerichtig zu Aussagen des „Filioque" bzw. des „aus dem Vater allein". Die Standpunkte pointieren sich im Filioquismus oder Monopatrismus.

Die durch Augustinus entscheidend geprägte westliche Trinitätslehre setzt bei der Einheit des göttlichen Wesens an, das allen drei Personen gemeinsam ist. Die Trinität wird damit in die Dialektik zwischen Einheit-in-der-Dreiheit und Dreiheit-in-der-Einheit gestellt. Mit der Verwendung der Logik in der mittelalterlichen Scholastik erreicht die trinitarische Reflexion ein neues Niveau und kommt zu der Folgerung, daß

---

[4] Vgl. *Das Filioque aus ökumenischer Sicht*, Bericht; in: VISCHER, L.; ebd., S. 9-23, hier 10 f.

der Geist aus dem Vater und aus dem Sohn hervorgehe wie aus einem Prinzip (tamquam ab uno principio).
Die östliche Tradition hingegen setzt bei der Einzigartigkeit der Person des Vaters an. Sie betont stärker die unaufhebbare Bestimmtheit jeder der göttlichen Hypostasen – besonders derjenigen des Vaters – als alleiniges »Prinzip«, als „Quelle" und „Ursache" der Göttlichkeit. In dieser Sichtweise kann man über den Hervorgang des Heiligen Geistes aus dem Sohn nur heilsgeschichtlich, nicht innertrinitarisch sprechen, der Geist wird vom Sohn auf die Kirche gesandt. Die westliche Formulierung des Hervorgangs des Heiligen Geistes ist darum für sie inakzeptabel.
Der Hervorgang des Heiligen Geistes aus dem Vater allein, wird in der östlichen Tradition folgendermaßen verstanden:

- Das Hervorbringen der beiden anderen Personen ist eine hypostatische oder persönliche Eigenschaft des Vaters und keine des göttlichen Wesens.
- Die hypostatischen Eigenschaften einer Person können nicht miteinander geteilt werden; darum kann nur der Vater die einzige Ursache für das Sein des Sohnes und des Heiligen Geistes sein.
- Der Vater überträgt in keiner Weise seine hypostatische Eigenschaft auf die Person des Sohnes, damit er zusammen mit dem Vater die Ursache der Seinsweise des Heiligen Geistes sei, da das Gegenteil zu zwei Ursachen, Quellen, Prinzipien in der Trinität führen würde.

Die östliche Theologie glaubt mit ihrer Position nichts dem Glaubensbekenntnis hinzuzufügen, sondern lediglich dessen ursprüngliche Fassung zu verdeutlichen, die nach ihrer Meinung vom Westen geleugnet wurde.

Im Hinblick auf die künftige, für beide Seiten akzeptable Formulierung expliziert die östliche Theologie ihre Position mit den Worten:

> *„Der Heilige Geist geht nur vom Vater aus, insofern der Vater auch Vater des Sohnes ist."*[5]

Die westliche Theologie unterstützt die Begründung des „Filioque" mit folgender Argumentation:
Wenn die Beteiligung des Sohnes nur auf die zeitliche Sendung des Geistes beschränkt und nicht zugleich durch den ewigen Hervorgang aus dem Sohn

[5] Ebd., S. 18.

bestimmt wird, dann kann unmöglich angenommen werden, daß Gott in seinem ewigen Sein kein anderer ist als der, der sich in der Geschichte offenbart hat.

Der Hervorgang des Heiligen Geistes aus dem Vater allein darf die Beziehung zum Sohn nicht ausschließen. Sein Hervorgang ist mit der Beziehung zwischen Vater und Sohn in der Trinität verbunden. Nur so handelt der Vater als Vater.

Daraus folgt, daß man nicht sagen kann, der Geist gehe vom Vater und vom Sohn aus, denn sonst würde der Unterschied in der Beziehung zum Vater und zum Sohn verwischt. Man muß bekräftigen, daß der Hervorgang des Geistes vom Vater die Beziehung zwischen Vater und Sohn voraussetzt. „Der Geist geht vom Vater aus und empfängt vom Sohn" ist für die westliche Theologie eine mögliche Formulierung, um den Hervorgang des Heiligen Geistes zu beschreiben. So bleiben die Zeugung des Sohnes und der Hervorgang des Geistes voneinander unterschieden, ohne daß sie getrennt werden.

Der kritische Punkt bleibt die Tatsache, daß die östliche Theologie der Priorität der Zeugung des Sohnes vor dem Hervorgang des Geistes nicht leicht zustimmen kann und eher die Gleichzeitigkeit beider betonen und den einen wie den anderen begleitend betrachten möchte.

Andere Vorschläge für das, was das „Filioque" aussagen möchte, lauten:

– der Geist geht aus vom Vater des Sohnes
– der Geist geht aus vom Vater durch den Sohn
– der Geist geht aus vom Vater und empfängt vom Sohn
– der Geist geht aus vom Vater und ruht auf dem Sohn
– der Geist geht aus vom Vater und leuchtet durch den Sohn.

Der Bericht der Kommission »Das Filioque aus ökumenischer Sicht«[6] stellt fest, daß sich die „Filioque"-Frage als unerwartet relevant erweise. Sie führe zu weiteren Überlegungen über den Heiligen Geist, über seine Beziehung zu Jesus Christus und über die Trinitätstheologie insgesamt. Es wird festgehalten:

> *„Das Empfinden, daß in allen Traditionen des Westens die Erfahrung und das Verständnis des Heiligen Geistes eine Verkürzung er-*

[6] *Das Filioque aus ökumenischer Sicht*, Bericht; in: VISCHER, L.; ebd., S. 9-23.

litten haben, hat in letzten Jahren zugenommen. Diese Tendenz hat manchen zu Bewußtsein gebracht, daß die Trinitätslehre als solche vielen unverständlich und abstrakt vorkommt.“[7]

Der Bericht vertritt die Meinung, daß das „Filioque“ auf einen tiefen Unterschied zwischen Osten und Westen hinweise und ihn auch ausdrücke, auch wenn es lange Zeit möglich war, trotz dieses Unterschiedes in der eucharistischen Gemeinschaft zu bleiben. Es konnte im Bericht keine Übereinstimmung darüber erzielt werden, inwieweit die Hinzufügung des „Filioque“ die Unterschiede zwischen Osten und Westen verursacht habe. Unzweifelhaft handle es sich um eine Wechselwirkung zwischen verschiedenen Punkten der Lehre, zwischen Lehre und Glauben, zwischen Lehrformeln und der Entwicklung des christlichen Lebens. Die erörterte Problemlage gebe allerdings Hoffnung auf neue Überlegungen.

9.3. Empfehlungen und Annäherungsversuche beim „Filioque“-Problem

Der Bericht »Das Filioque aus ökumenischer Sicht« empfiehlt den Kirchen:

A: die Möglichkeiten der Diskussion, die sich auftun, zu verfolgen und ein neues Verständnis herbeizuführen, wie der Glauben so auszudrücken sei, „*daß die Heilige Dreifaltigkeit als Grundlage christlichen Lebens und christlicher Erfahrung erkannt werden kann*“[8];

B: „*die ursprüngliche Form des Glaubensbekenntnisses ohne das ‚Filioque‘ überall als normativ*“ anzuerkennen und wiederherzustellen, „*so daß die gesamte Christenheit mit dieser Formel ihren gemeinsamen Glauben an den Heiligen Geist zu bekennen vermag.*“[9]

Diese Empfehlungen betreffen besonders die Trinitätslehre und die Pneumatologie, in denen es nach dem Bericht zu einer umfangreichen Annäherung kommen soll. Damit wird anerkannt, daß eine für beide Seiten konsensfähige Formulierung – wie oben bei der Darstellung der Problemfelder bereits erwähnt – das ganze Problem nicht erfassen würde.

---

[7] Ebd., S. 21.

[8] Ebd., S. 22.

[9] Ebd., S. 23.

A) Die erste Empfehlung betont, daß die Erläuterung der je eigenen Trinitätslehre eine Möglichkeit wäre, die vermeintliche Ursache der Kirchentrennung zu überwinden. Die Theologen der ersten Kirche seien nicht von einem vorgefaßten Trinitätsbegriff ausgegangen, sondern vom Wirken Gottes in der Geschichte. Mit dieser Aussage wird das in den Dokumenten der Kommission ohnehin schon immer vorherrschende Interesse an der ökonomischen statt an der immanenten Trinität unterstrichen. Zugleich wird dadurch aber auch auf eine enge Verknüpfung mit der Ekklesiologie hingewiesen.

> *„Die Gemeinschaft der Kirche, wie sie in der Ekklesiologie ausgesagt wird, scheint der angemessene theologische Ausgangspunkt für die Überprüfung der Funktion des trinitarischen Gedankens in Glauben, Leben und Arbeit der Kirche zu sein.“*[10]

In die Richtung einer Neuformulierung der Trinitätslehre gehen die ausgearbeiteten Vorschläge von Ritschl und Torrance.

Ritschl plädiert für den kognitiven Prozeß der alten Kirche als Methode für die Neufassung trinitarischer Konzepte. Er behauptet, das trinitarische Denken der alten Kirche habe seinen Ursprung im doxologischen Kontext gehabt, und nur innerhalb dieses Kontextes sei es möglich, vom inneren Leben des dreieinigen Gottes zu sprechen. Doxologische Äußerungen seien askriptive Ketten von Gedanken, Sprache und Handlung, die Gott zugeeignet werden, und keine Definitionen. Allerdings müßten alle doxologische Aussagen, wie auch die frühen Väter gefordert hätten, anhand der biblischen Botschaft geprüft werden.[11] Es bleibt fraglich, ob man bei der doxologischen Rede über Gott von einer systematischen Trinitätslehre reden kann.

Torrance hält sowohl die östliche wie die westliche Form der Trinitätstheologie für einseitig und möchte sie weder aneinander anpassen noch beziehungslos nebeneinanderstellen. Er sieht den einzig gangbaren Weg zum Konsens darin, hinter die für den Westen von Augustinus und für den Osten von den Kappadoziern definierten Positionen zurückzugehen

---

[10] Ebd., S. 13.

[11] Der Bericht unterstreicht die Bedeutung der doxologischen Rede von der Trinität. Als solche beinhalte sie keine Definitionen oder Beschreibungen, sondern habe den Charakter einer Handlung. Sie führe zur lebendigen Wirklichkeit Gottes selbst. „Die Rede vom inneren Leben des dreieinigen Gottes ist einzig als Doxologie sinnvoll.“ Ebd., S. 15.

und die Gedanken von Athanasius, Didymus dem Blinden und Kyrill aufzugreifen. Diese erkannten dem Heiligen Geist die volle Wesenseinheit sowohl mit dem Sohn als auch mit dem Vater zu. Das neue dynamische Verständnis der Dreifaltigkeit würde sich von den beiden Schemen unterscheiden, sie korrigieren und sie in einer neuen Vision der Trinität integrieren können.[12] Dieser Ansatz wurde später im Dialog über die Heilige Dreifaltigkeit zwischen der orthodoxen und der reformierten Kirche verwirklicht.[13]

B) In der zweiten Empfehlung bezüglich der Pneumatologie, hebt der Bericht auf die wechselseitige Beziehung zwischen dem Geist und Jesus Christus in der Heilsgeschichte ab. Der Geist gehe dem Kommen Christi voraus und werde von Jesus als Paraklet zu den Gläubigen gesandt. Die „Filioque"-Theologie laufe Gefahr, das Verhältnis zwischen dem Geist und Jesus Christus linear oder einseitig zu beschreiben. Der Bericht nimmt die Warnung vor einer möglichen Entpersönlichung des Geistes und seiner Subordination unter Christus mit der Konsequenz des kirchlichen autoritären Institutionalismus ernst. Er bekräftigt, daß dieser Gefahr nur auf festem theologischen Grund entgegengetreten werden könne,

> „... *indem man das Wechselverhältnis und die wechselseitige Interaktion des Sohnes und des Heiligen Geistes anerkennt*".[14]

Für eine neue Pneumatologie, bzw. eine neue pneumatologische Christologie treten in ihren Beiträgen De Halleux,[15] Bobrinskoy pro-

---

[12] Vgl. HERON, A.; ebd., S. 103f.

[13] *Agreed Statement on the Holy Trinity*. In: TORRANCE, Thomas F.; *Trinitarian Perspectives*, T&T Clark Edinburgh, 1994, S. 115-122.

[14] *Das Filioque aus ökumenischer Sicht*, Bericht; in: VISCHER, L.; *Geist Gottes-Geist Christi*, S. 22f.

[15] De Halleux entdeckt hinter der neuzeitlichen Auseinandersetzung mit dem Filioque eine Erneuerung des photianischen und des palamitischen Denkens in der repräsentativen Gestalt von Vladimir Lossky. Die Schule von Lossky habe die Thesen des palamitischen Denkens in den Kontext eines starken Gegensatzes zwischen der griechischen und der lateinischen Theologie eingefügt und den Unterschied zwischen der Orthodoxie und dem Katholizismus, bzw. Protestantismus unter das „Filioque"-Problem subsumiert. Gegen diese Tendenz müsse man sich wehren, weil sie den komplexen Gegebenheiten der Geschichte nicht gerecht werde. Das Filioque müsse keine ekklesiologische Unterwerfung des Geistes unter Christus und keinen „Christomonismus" zur Folge haben. Die Reihenfolge des Hervorgehens des Geistes durch den Sohn besage genau so wenig die Unterwerfung des Geistes

grammatisch ein. Stanisloae zeigt auf, welchen Einfluß diese Wechselseitigkeit im Leben der Kirche haben kann. Darüber wird im weiteren Abschnitt zu berichten sein.

9.4. Die ekklesiologische Relevanz der „Filioque"-Diskussion

Wir haben gesehen, daß die „Filioque"-Theologie Gefahr läuft, in einer einseitigen und linearen Beziehung zwischen Jesus Christus und Geist stecken zu bleiben, was sich negativ auf das Kirchenverständnis auswirkt. Die Wechselseitigkeit der Beziehung zwischen Christus und Geist ist eine notwendige Korrektur dieser Verkürzung. Im Bericht heißt es dazu:

> *„Das ganze Leben der Kirche, ja jedes christliche Leben, ist von dieser Wechselwirkung geprägt. Wenn die Kirche diese Vision verliert, wird ihre Erkenntnis zu ihrem Schaden ernstlich verkürzt."*[16]

Herwig Aldenhoven beschäftigt sich genau mit dem Vorwurf, daß die „Filioque"-Doktrin zu einem Objektivismus in der Ekklesiologie führe. Er führt aus, daß die Mitteilung des göttlichen Lebens an jeden Menschen vom Vater durch den Sohn geschehe und im Heiligen Geist schließlich zum Ziel komme. Dieser Vorgang dürfe aber nicht ohne weiteres als das erkenntnistheoretische Paradigma für das innertrinitarische Leben verstanden werden. Wenn es zwar auch in der immanenten Trinität ein logisches

---

unter den Sohn als die Zeugung des Sohnes durch den Vater irgendeine Unterlegenheit des Sohnes unter den Vater. De Halleux warnt vor einem solch einseitigen und negativen Verständnis der lateinischen Pneumatologie, das einen gleichermaßen negativen Rückschlag provozieren könnte und nennt die möglichen Angriffsflächen der kappadozischen und palamitischen Lehre. Für De Halleux gilt es also, die Debatte aus ihrem polemischen Kontext herauszulösen. Anstatt das „Filioque" als Mittelpunkt aller Unterschiede zu erklären, sollte die gemeinsame pneumatologische Tradition behandelt werden. Das könne, wie viele Theologen auf beiden Seiten vorschlagen, eine gemeinsame Neuformulierung der Pneumatologie und eine Neufassung des Bekenntnisses zur Folge haben. Er fragt: „Welches zukünftige ökumenische Konzil würde aber die Verantwortung übernehmen, den ehrwürdigen Text durch eine neue dogmatische 'Zufügung' zu erweitern?" Er schlägt schließlich vor, das „Filioque" aus dem Glaubensbekenntnis wegzulassen, ohne dabei die westliche Tradition zu verwerfen. Vgl. DE HALLEUX, A.; *Für einen ökumenischen Konsensus über das Hervorgehen des Heiligen Geistes und die Zufügung des Filioque im Glaubensbekenntnis*, in: VISCHER, L.; ebd., S. 65-78, hier besonders 67ff.

[16] Vgl. *Das Filioque aus ökumenischer Sicht*, Bericht; in: VISCHER, L.; ebd., S. 14.

„Vorher" des Sohnes vor dem Geist gebe – man sage „Vater" in Bezug auf den Sohn und nicht etwa „Haucher" in Bezug auf den Geist –, dann dürfe dieses „Vorher" nicht im ontologischen Sinne verstanden werden.[17]
Eine solche Ontologisierung, behauptet Aldenhoven, hätte die „Filioque"-Doktrin zwar nicht gelehrt, sie hätte jedoch die Voraussetzung einer Übertragung jenes „Vorher" in den Bereich der Kirche geschaffen.
Vernachlässige man nämlich die Wechselseitigkeit der Beziehung zwischen Jesus und dem Geist in der Ökonomie, entwickele sich im kirchlichen Leben eine gewisse Einseitigkeit, insofern der Aspekt des Institutionellen dem Aspekt des Charismatischen vorgezogen werde.
Christliche Gemeinschaft könne entstehen, so der Autor weiter, wenn Menschen durch Wort und Leben anderer Menschen so angesprochen werden, daß sie darin von Christus selbst angesprochen würden. Die Möglichkeit einer solchen wirksamen Ansprache entstehe nur durch eine Möglichkeit einer wirksamen Antwort. Wenn das logisch-ontologische „Vorher" des Sohnes vor dem Geist sich in der Verfaßtheit der Kirche durchsetze, dann finde sie eine Konkretisierung in der Beziehung zwischen Amt und Laienschaft und bringe einerseits die Gefahr eines totalitären Amtskirchentum mit sich und rufe andererseits als Reaktion einen sektiererischen Individualismus hervor. Die Wechselseitigkeit in der Beziehung zwischen Jesus und dem Geist könne dieser Gefahr wirksam entgegenwirken.
Der orthodoxe Theologe Stanisloae kritisiert seinerseits die Tendenz der westlichen Theologie, durch die Beschäftigung mit der Transzendenz Gottes, wofür er im „Filioque" einen Beleg sieht, die Immanenz zu vernachlässigen. Nach Stanisloae werde in der katholischen Theologie der Heilige Geist als ungeschaffene Kraft von Jesus Christus gesandt, um die geschaffene Gnade hervorzubringen. Dadurch werde der Geist jedoch entpersönlicht wie auch die Tatsache mißachtet, daß er es ist, der die Vergöttlichung und die Annahme der Menschen an Sohnes statt aus Gnade wirke.

[17] Aldenhoven betont das Axiom, daß die Trinität, die in der Welt wirkt, keine andere ist, als die Trinität in sich selbst. Er plädiert jedoch dafür, daß jede Erkenntnis über die innertrinitarische Beziehung zwischen den Personen der Trinität offen bleiben muß für das unaussprechliche Geheimnis der Trinität und ihren apophatischen Charakter. Vgl. ALDENHOVEN, H.; *Der Zusammenhang der Frage des Ausgangs des Heiligen Geistes mit dem Leben der Kirche*, in VISCHER, L.; ebd., S. 134-143, hier 135f.

Stanisloae behauptet, auch in der orthodoxen Theologie werde die Beziehung zwischen Sohn und Geist in der immanenten Trinität als Ruhen des Geistes auf dem Sohn oder als die Manifestation des Geistes durch den Sohn formuliert. Johannes von Damaskus spreche davon, daß der Geist die Geburt des Sohnes begleite, und Gregor von Zypern bezeichne die Ausstrahlung des Geistes durch den Sohn als Fortschreiten in dem Sein, das der Geist vom Vater empfängt.
In diesem Konzept würden die Personen und ihr je spezifischer Charakter nicht nur durch eine, sondern durch beide Beziehungen zu den anderen zwei Personen konstituiert. Ein solches Paradigma könne das Verständnis der menschlichen Person aus dem Individualismus befreien. Das göttliche Leben werde dadurch nicht nur zu einem Theorem oder Theologoumenon, sondern zur Wirkursache eines neuen Lebens:

> „*Der Sohn macht uns den Geist zugänglich, aber gleichzeitig verschafft uns der Geist den Zugang zum Sohn in seiner göttlichen Interiorität, wo wir durch den Geist den Sohn erkennen und im reinen Leben und im Gebet zum Vater emporsteigen.*“[18]

9.5. Auswertung

<u>Geschichtliche Einordnung</u>:
Aus der Perspektive der trinitarischen Kirchenbegründung stellt der „Filioque“-Bericht einen gewissen Höhepunkt der Beschäftigung mit der Pneumatologie dar. Sie wurde in den sechziger und siebziger Jahren durch verschiedene Dokumente charakterisiert, die die Rolle des Heiligen Geistes für die Einheit der Kirche stärker zum Ausdruck brachten. Das Dokument »Der Heilige Geist und die Katholizität der Kirche«, die unvollendete Studie »Geist, Ordnung, Organisation« und besonders die Dokumente der Studienreihe »Einheit der Kirche – Einheit der Menschheit«, in denen die Rolle des Heiligen Geistes im konziliaren Prozeß hervorgehoben wurde.

---

[18] STANISLOAE, D.; *Der Ausgang des Heiligen Geistes vom Vater und seine Beziehung zum Sohn als Grundlage unserer Vergöttlichung und Kindschaft*, in: VISCHER, L.; ebd., S.153-163, hier 163.

Trinitarisches Gottesverständnis:
Zum ersten Mal beschäftigten sich Vertreter unterschiedlicher theologischer Traditionen mit der immanenten Trinität. Die Diskussion zeigte, daß die theologische Schwerpunktlegung in der Lehre über die immanente Trinität auch einen deutlichen Einfluß auf die ekklesiologische Problematik ausübt, was bis jetzt in den Dokumenten nicht reflektiert worden war.

Trinitarisches Kirchenverständnis:
Das Defizit der westlichen Pneumatologie und seine Auswirkungen auf die Ekklesiologie wurde festgestellt. Aus der Studie wird die Betonung der Wechselseitigkeit von Christus und Geist als Korrektur einiger ekklesiologischer Einseitigkeiten wie z.B. der Überbetonung des Institutionellen gegenüber dem Charismatischen empfohlen.

Fazit:
In der Diskussion ging es darum, einen alten theologischen Streit zwischen der östlichen und der westlichen Theologie beizulegen. Von den Vertretern unterschiedlicher theologischer Traditionen waren es vor allem orthodoxe und reformierte Theologen, die mit ihren Beiträgen die Arbeit maßgeblich beeinflußten. Die orthodoxen Theologen traten wie ein einheitlicher Block auf, darum waren ihre Optionen die klarsten und die eindeutigsten. Kein Vertreter der evangelisch-lutherischen Kirche wird in der repräsentativen Auswahl der bedeutendsten Autoren genannt. Als Einzelstudie hatte der „Filioque"-Bericht das spätere Konsensdokument über den apostolischen Glauben im Blick, er bezieht sich aber in keiner Weise auf die trinitarische Tradition bisheriger ökumenischer Dokumente. Darum ist verständlich, daß der kreuzestheologische Charakter der Trinitätstheologie, der in den siebziger Jahren in den Dokumenten zum Zuge kam, keine Erwähnung erfährt.

10. Lima 1982

10.1. Einführung

Das Lima-Dokument »Taufe, Eucharistie und Amt«[1] (weiter: L) beschäftigt sich mit dem sakramentalen Element der Einheit der Kirche. Dieses Element war seit der ersten Weltkonferenz von Lausanne 1927 in der ökumenischen Diskussion immer präsent und gehört neben Glaubensbekenntnis und Zeugnis (bzw. Dienst an der Welt) zu den konstitutiven Elementen der sichtbaren Einheit.

Zu solchen Elementen wurden Taufe, Eucharistie und Amt in der Einheitsformel von Neu Delhi 1961 erklärt. Nachdem in den Dokumenten der Kommission zwischen 1927 und 1961 schon immer über die Sakramente die Rede war, konzentrierte sich nach der Sitzung in Aarhus 1964 die Kommission erneut auf diese drei Sakramente, um einen Konsens in ihrem Verständnis zu erreichen.

Bei der Erarbeitung dieses Themas engagierten sich in den sechziger und den siebziger Jahren besonders die römisch-katholischen und die orthodoxen Theologen. Der erste Studientext erschien in Accra 1974.[2] Ursprünglich war geplant, am Ende des Studienprozesses ein *Konsens*dokument zu verabschieden. Als man im Laufe der Zeit merkte, daß es schwierig sein würde, den angezielten Konsens zu erreichen, beschied sich die Kommission damit, ein *Konvergenz*dokument zu erstellen.

L muß im Licht des Berichtes von Bangalore 1978 »Gemeinsame Rechenschaft über die Hoffnung« gesehen werden. Dort war man von der Frage ausgegangen, wie getrennte Kirchen gemeinsam das Wesen des Glaubens artikulieren können. Dieser methodische Ansatzpunkt blieb auch für das Konvergenzdokument von Lima bestimmend. Es geht L darum, das Wesen von Taufe, Eucharistie und Amt so weit wie möglich gemeinsam auszusagen. In den strittigen Fragen lassen die Formulierungen Raum für unter-

---

[1] *Taufe, Eucharistie und Amt*, Konvergenzerklärungen der Kommission für Glauben und Kirchenverfassung des Ökumenischen Rates der Kirchen, Verlag Otto Lembeck Frankfurt am Main, Verlag Bonifatius-Druckerei Paderborn, 5. Auflage 1983. Im Text benutze ich Abkürzungen: L für das ganze Lima-Dokument, T für Taufe, E für Eucharistie und A für Amt.

[2] *Die Taufe, Die Eucharistie, Das Amt*, in: Accra 1974, hrsg. v. MÜLLER-FAHRENHOLZ, Beiheft zur ÖR Nr. 27; Stuttgart 1975, S. 94-139.

schiedliche Verständnisse und Interpretationen. Begründet wird dieses Vorgehen damit, daß die unterschiedlichen Standpunkte der Kirchen nicht als exklusiv, sondern als komplementär zu betrachten seien.
L und der auf seine Veröffentlichung folgende Rezeptionsprozeß mit den Stellungnahmen der Kirchen kann als vorläufiger Abschluß der multilateralen Diskussion über Taufe, Eucharistie und Amt gelten.

10.2. Der theologische Hintergrund der Lima-Texte

In den späten sechziger und den frühen siebziger Jahre wurde die Kommissionsarbeit von der sogenannten Säkularökumene bestimmt. Das letzte Dokument dieser Periode wurde in Bangalore 1978 mit »Gemeinsame Rechenschaft über die Hoffnung« verabschiedet.[3] In den späten siebziger Jahren bezeichneten namhafte Theologen die Säkularökumene als Sackgasse (Nissiotis) und forderten den erneuten Einsatz der Theologie (Pannenberg).[4] Der Säkularökumenismus mit der Hinwendung zur Welt öffnete sich nämlich zugleich politischen und gesellschaftlichen Gegensätzen, die den Zusammenhalt der ökumenischen Bewegung gefährdeten.[5] Der praktische ökumenische Einsatz auf der ethisch-politischen Ebene ließ sich vom Motto leiten: „Lehre trennt – Dienst vereint“. In den späten siebziger Jahren kam dagegen das Motto auf: „Theologie vereinigt – Praxis

---

[3] „Die Konferenz von Bangalore wird sich vielleicht einmal als das Ende der Periode des sogenannten Säkularökumenismus herausstellen, jedenfalls was die Arbeit der Kommission für Glauben und Kirchenverfassung angeht.“ PANNENBERG, W.; *„Die Hoffnung der Christen und die Einheit der Kirche“*, Bericht über die Sitzung der Kommission für Glauben und Kirchenverfassung vom 15. bis 30. August 1978 in Bangalore/Indien. In: ÖR 27/1978, S. 473.

[4] Ebd., S. 474.

[5] Ebd., S. 473. Anderswo spricht Pannenberg von einer theologischen Umorientierung im ÖRK in den siebziger Jahren, die Gegenstand öffentlicher Kritik geworden sei. „Es handelt sich dabei um Vorwürfe einer Indienstnahme des ÖRK und seiner Institutionen (also auch der Kommission für Glauben und Kirchenverfassung, meine Anmerkung) für einseitige weltpolitische Stellungnahmen und für marxistisch orientierte gesellschaftspolitische Zielsetzungen.“ Pannenberg wehrt sich gegen die Stilisierung des ÖRK zum politischen oder apokalyptischen Feindbild, wie es zum Beispiel von Seiten der Evangelikalen der Fall war, gibt jedoch zu, daß gewisse Tendenzen im ÖRK in der von den Kritikern beanstandeten Richtung nicht zu leugnen seien. Vgl. PANNENBERG, W.; *Die Arbeit von FO im Kontext der ökumenischen Bewegung*, S. 57. ÖR 31/1982, S. 47-59.

trennt". Dieses Wort von Jürgen Moltmann machte deutlich, daß die Jahre der Säkularökumene auch einige Verständigungen in theologischen Themen zustande gebracht hatten, die die Kirchen näher zueinander brachten. Als Beispiele können genannt werden: Die Auseinandersetzung mit der Filioque-Problematik, das Verständnis der Eucharistie, der Taufe und des Amtes, der Beziehung zwischen Tradition und Schrift. Die Vielfalt der sozialpolitischen Initiativen schien die Einheit eher zu behindern als zu fördern.[6]

Bei der theologischen Festveranstaltung des 50-jährigen Jubiläums der Lausanner Weltkonferenz 1977 hielten namhafte Theologen wie Moltmann, Congar und Nissiotis Vorträge über die zukünftigen Perspektiven der ökumenischen Bewegung. Die Vertreter dreier großer Konfessionsfamilien, der orthodoxen, der römisch-katholischen und der reformierten, unterstrichen die Bedeutung der Trinitätstheologie für die weitere Entwicklung des ökumenischen Dialogs. Congar und Nissiotis betonten in ihrem Vortrag den pneumatologischen, Moltmann den christologisch-kreuzestheologischen Aspekt der Trinitätstheologie.

Moltmann kehrte das geflügelte Wort von Lund um und forderte ein Zusammenkommen der Kirchen unter das Kreuz: *„Je näher wir zum Kreuz kommen, desto näher kommen wir zusammen*".[7]

Es war jedoch nicht der Ansatz Moltmanns, sondern die Position von Nissiotis, die auf die späteren Studien von Glauben und Kirchenverfassung einen entscheidenden Einfluß ausübte.

In seinem Vortrag bei der Festveranstaltung Lausanne 1977 stellte Nissiotis den pneumatologischen Ansatz vor, den er in seiner Eröffnungsrede in Bangalore 1978 wiederholte. Dort wurde er zwar sehr beachtet, blieb dennoch für die endgültige Fassung des Dokumentes praktisch unwirksam.

Das Weiterkommen in den theologischen Gesprächen auf der multilateralen Ebene sah Nissiotis in der „epikletischen" Qualität der Zusammenkünfte von Glauben und Kirchenverfassung begründet. Aufgrund der Anrufung des Heiligen Geistes besitze diese Gemeinschaft eine gewisse kirchliche Wirklichkeit, auch wenn sie noch nicht die Kirche im vollen

---

[6] MOLTMANN, J.; *Welche Einheit?*, Der Dialog zwischen den Traditionen des Ostens und des Westens. In: ÖR 26/1977, S. 287.

[7] Ebd., S. 291. Das geflügelte Wort von Lund 1952: „Je näher wir zu Christus kommen, desto näher kommen wir zueinander."

Sinne sei. Diese Tatsache mache die Gemeinschaft auf dem Weg zum gemeinsamen Verständnis theologischer Aspekte konsensfähig. Die Kraft des Heiligen Geistes wird somit zum zentralen Thema der ökumenischen Theologie und des kirchlichen Lebens.[8]

Daß sich der theologische Ansatz von Nissiotis auf die Texte von Lima maßgeblich auswirkte, gab er selber in seinem Kommentar zu L zu.[9]

Nissiotis sieht in diesem Kommentar die Geschichte der Kommission im Übergang von einer begrenzten kirchlichen Gemeinschaft (in den ersten Zeiten) zu einer konziliaren Gemeinschaft (oder zu einer theologischen Konsens-Gemeinschaft, wie sie sich in Lima präsentiert) und damit auf dem Weg zu einer qualitativen Katholizität (als verwirklichter sichtbarer Einheit). Als ekklesiale Bewegung dürfe sie allerdings nicht mit einer kirchlichen Ordnung verwechselt werden. Weil sie über jede Einzelkirche hinausgehe, repräsentiere sie vielmehr das Wesen der durch den Heiligen Geist gewirkten Ekklesialität, ohne dabei die kirchliche(n) Institution(en) zu leugnen. Der Mysterium-Charakter dieser ekklesialen Gemeinschaft übersteige die juridischen und sakramentalen Grenzen einzelner Kirchen, weil „vor, nach oder mitten" im tiefsten sakramentalen Leben eine Gemeinschaft des Geistes geschenkt werde, die über jede Kirche im juridischen Sinne hinausgehe. So kommt Nissiotis zu der Behauptung, daß es keine Sakramente ohne die dazugehörigen ekklesialen Voraussetzungen wie auch keine Kirche ohne sakramentales Leben und ohne prophetisches Wort gebe.

> *„Die Vision des Lima-Textes ist nur in dieser ekklesialen Gemeinschaft möglich, auf einer trinitarischen, christozentrischen, aber auch sehr stark pneumatologischen Basis..."*[10]

---

[8] *„Berufen zur Einheit oder Die epikletische Bedeutung der kirchlichen Gemeinschaft"*. In: ÖR 26/1977, S. 297f. Nissiotis sprach über eine „neue Ära, in die wir mit diesem fünfzigsten Jahrestag der Bewegung eintreten...". Ebd. S. 298. Vgl. auch PUTNEY, Michael E.; *The Presence and Activity of the Holy Spirit in the Church, in the Studies of the Commission on Faith and Order (1927-1983)*, Pontificia Universitas Gregoriana, facultas theologiae, Romae 1985. S. 460f.

[9] Nissiotis formulierte seinen Kommentar zu L in ÖR 33/1984 unter dem Titel: *„Glauben und Kirchenverfassung – eine theologische Konsensus-Gemeinschaft"*, S. 322-338.

[10] Ebd., S. 331. Daß das Sakramentenverständnis mit dem Kirchenverständnis eng zusammenhängt, bekräftigt auch W. Löser. „Einer der tieferen Gründe dafür, daß die katholische Kirche so zäh an der Aussage, die Eucharistiefeier sei ein Opfer der

Die epikletische Eigenart der ekklesialen Realität in L und ihr entscheidender Einfluß auf die Genese von L ist damit unbestreitbar. Er bot der theologischen Arbeit der Kommission damals eine echte Zukunftsperspektive für den Weg zur vollen Ausformulierung des trinitarischen Kirchenverständnisses.

Nissiotis bekräftigt den Konvergenz-Charakter seines Ansatzes, der in den konfessionellen Streitfragen Raum lassen würde für unterschiedliche konfessionelle Auffassungen. L habe – laut Nissiotis – eine „inklusive ekklesiale Wirklichkeit" zu Grundlage.

Diese Konvergenzfähigkeit bestreiten jedoch einige protestantische Autoren und beanstanden den „katholischen" Charakter von L. Dieser begründe sich in einer ekklesiologischen Vorentscheidung, deren Fundament gerade die epikletische ekklesiale Wirklichkeit darstelle. Barth z.B. kritisiert, daß die Kirche in L nicht in erster Linie als „creatura verbi", sondern als (heils-)geschichtliche Größe mit eigenem geistlichen Gewicht verstanden werde.[11] Kirche organisiere sich dann vorrangig unter der Perspektive von „Kontinuität" und „Permanenz"; die „Tradition" und das „Hüten" würde so zu ihrer vornehmsten Aufgabe. Mit der Überbetonung der „protologischen" Aspekte der Kirche und ihrer Weiterführung durch die Zeiten – so Barth weiter – gehe ein Verlust an eschatologischem Interesse und Engagement der Kirche einher. Die Hinweise auf das kommende Gottesreich hätten in L eher Feigenblattfunktion. Die Kirche nähme sich nicht mehr zwischen dem ersten und dem letzten Advent Christi wahr, der letzte Advent könne ihr nicht mehr gefährlich werden und sie sähe sich nicht mehr der Kritik und der Krise ausgesetzt. Christologie und Ekklesiologie gehen nach Barths Meinung, auf gefährliche Weise ineinander über.

Auf diese konfessionelle Eigenart des ekklesiologischen Ansatzes weist auch der orthodoxe Theologe Larentzakis hin, wenn er bemerkt daß L als

---

Kirche, festhält, liegt wohl darin, daß sie sich als die durch Christus begründete Erfüllungsgestalt von Religion versteht." Die katholische Theologie behaupte, das Kreuzesopfer Jesu sei ein vollgültiges und vollgenügendes Opfer, das keiner quantitativen Ergänzung bedürfe, doch sage sie zugleich, daß es die Kirche sei, die opfere. Diese Behauptung sei nur dann möglich, wenn die Kirche als Leib Christi fast mit einer personalen Eigenständigkeit ausgestattet sei. LÖSER, W.; *Die Konvergenzerklärung von Lima über die Eucharistie – eine katholische Stellungnahme*, ThPh 60/1985, S. 487f.

[11] Vgl. BARTH, Hans-Martin; *„Apostolizität" und „Sukzession" in den Konvergenz-Erklärungen von Lima.* In: ÖR 33/1984, S. 352f.

ein „*Schritt für die Annäherung des Weltkirchenrates an die Tradition des Glaubens und der kanonischen Ordnung der orthodoxen Kirche*“ angesehen werde.[12] Trotz der intendierten Konsensfähigkeit des ekklesiologischen Ansatzes von Nissiotis bleibt seine konfessionelle Eigenart nicht ohne Einfluß auf die theologische Konzeption von L.

10.3. Der trinitarische Gehalt der Lima-Texte

Der Bericht über die „Filioque“-Diskussion 1979 mit seiner Option für die Trinitätslehre bestätigte noch einmal den ohnehin schon ausgesprochen trinitarischen Charakter des Bangalore-Textes, der ein Jahr zuvor veröffentlicht worden war. L behält diese Richtung bei und arbeitet in allen wichtigen Teilen fast wie selbstverständlich mit einer explizit trinitarischen Grundlegung.

10.3.1. Taufe

Dieser Text ist von allen dreien der am wenigsten strittige. Die Taufe wird als konstitutives Element des christlichen und kirchlichen Lebens dargelegt. Sie sei von Christus eingesetzt worden, in ihr handle der dreieinige Gott, sie umfasse die Gabe Gottes und die Antwort des Menschen.

In T ist die Taufe in Tod und Auferstehung Christi verankert. Der Text bleibt in der thematischen Einheit mit dieser – m.E. zentralen – theologischen Aussage über die Taufe, wenn er weiter ausführt, daß die Taufe Bekehrung, Vergebung der Sünden, Reinigung und die Heiligung bewirkt. Um die paschachristologische Stellung der Taufe zu unterstreichen, wird Jesu eigene Taufe als Ausdruck seiner Solidarität mit den Sündern gesehen und das Motiv des „alten Adam“ aufgegriffen. An verschiedenen Stellen kommt der untrennbare Zusammenhang zwischen dem Wirken Jesu und dem des Geistes zur Sprache, worin sich offensichtlich die „Filioque“-Diskussion (T 4, 5.) niederschlägt.

Der Heilige Geist führt die Getauften auf den Weg einer neuen ethischen Orientierung, er salbt sie und gibt ihnen das Prägemal der Söhne und Töchter Gottes.

[12] ÖR 34 (1985), S. 442.

Die Initiative Gottes in der Taufe und die Antwort der Menschen werden besonders in den Abschnitten „Taufe und Glaube“, „Die Taufe von Glaubenden und die Taufe von Kindern“ und „Taufe – Salbung – Konfirmation“ thematisiert. T ist hier bemüht, die Prozeßhaftigkeit der Taufe von Seiten des Menschen zu unterstreichen. Im Dokument erscheinen diesbezüglich Begriffe wie „lebenslängliches Hineinwachsen in Christus“ (T 8, 9.) oder eine „nie abgeschlossene christliche Unterweisung“ als Vollzug der Taufe (T 12, Kommentar), die „ständig bekräftigt werden“ muß (Kommentar c) zu T 14). Es ist unübersehbar, daß gerade hier die Frage nach der ekklesiologischen Relevanz aufgeworfen wird. T spricht über die Eingliederung in Christus als einmaliges Ereignis, das in allen Getauften eine ekklesiale Realität erzeugt und durch das sie in den Leib Christi hineinwachsen. Trotz dieser allgemein anerkannten Tatsache und trotz der gegenseitigen Anerkennung der Taufe unter den Kirchen bleibt die fortdauernde Trennung zwischen den Kirchen bestehen. Darum erklärt T auch die Wiedergewinnung der in der Taufe begründeten Einheit als Zentrum der ökumenischen Aufgabe.[13]

Wenn T die Prozeßhaftigkeit der Taufe („Hineinwachsen“, „Unterweisung“, „Vollzug“) betont, dann geschieht dies fast ausschließlich im Hinblick auf den einzelnen Menschen. Es wird kaum herausgestellt, daß nicht nur die Taufe als Einzelereignis, sondern auch der baptismale Vollzug eine kirchenbildende Auswirkung haben kann und muß. Wir sind im Laufe unserer Untersuchung schon häufiger der Problematik begegnet, daß die ge-

---

[13] Wenn die Eingliederung in den Leib Christi durch die Taufe die Teilnahme am eucharistischen Mahl begründet und ermöglicht, dann erhebt sich die Frage: „Was hindert uns an dieser Teilnahme?“. Es ist offenbar, daß mit der Taufe auch ein konfessionelles Bekenntnis verbunden wird, das gewisse konfessionellen Spezifika der Kirchen impliziert (in der römisch-katholischen Kirche unter anderem das Verständnis des Papstamtes). Indem die Gläubigen dieses Bekenntnis ablegen, werden sie auch als Mitglieder eines spezifischen sozio-konfessionellen Gefüge in die jeweilige Kirche eingegliedert. Und so zeigt sich, daß es nicht möglich ist, das einmalige Ereignis der Taufe als ein ausreichendes kirchenbildendes Element zu betrachten und das sozio-konfessionelle Element der verfaßten Kirchen außer acht zu lassen. In diesem Zusammenhang sagt Mudge: „Wenn die Übereinstimmung in der Lehre über die Taufe zur gegenseitigen Anerkennung der Mitgliedschaft führen soll, dann werden Schritte notwendig sein, die jenseits der Reichweite der jetzt vorliegenden Konvergenzerklärungen liegen“. In: THURIAN, M. (Hrsg.); *Ökumenische Perspektiven von Taufe, Eucharistie und Amt*, Lembeck/Bonifatius, Frankfurt am Main, 1983, S. 41.

genseitige rechtliche Anerkennung der Taufe für die kirchliche Einheit nicht ausreicht. Will man aber über die bloße Anerkennung hinaus die Einheit der Kirche begründen, wäre sicher eine weiterführende Entfaltung der Lehre vom Wirken des Heiligen Geistes notwendig.[14]
Der pneumatische Charakter der Kirche tritt bei T in Erscheinung, wenn über die Taufe als Zeichen des Gottesreiches gesprochen wird:

> „*Die Taufe führt die Wirklichkeit des neuen Lebens ein, das inmitten der heutigen Welt gegeben wird. Sie gewährt Teilhabe an der Gemeinschaft des Heiligen Geistes. Sie ist ein Zeichen des Reiches Gottes und des Lebens der zukünftigen Welt. Durch die Gaben von Glaube, Hoffnung und Liebe besitzt die Taufe eine Dynamik, die das gesamte Leben umfaßt, sich auf alle Völker erstreckt und den Tag vorwegnimmt, an dem jede Zunge bekennen wird, daß Jesus Christus der Herr ist zur Ehre Gottes, des Vaters.*" (T 7)

Zusammenfassend läßt sich festhalten: In T steht der paschachristologische Ansatz im Zentrum. Die Stellungnahmen der Kirchen finden in T keine gravierenden Problempunkte. Darum scheint sich hier auch die ekklesiologische Vorentscheidung weniger relevant ausgewirkt zu haben.

10.3.2. Eucharistie

E bezeichnet die Eucharistie als Gabe des Herrn (E 1), die Gott uns in Christus durch die Kraft des Heiligen Geistes schenke.
Auch wenn sie wesentlich als eine einzige, in sich geschlossene Handlung zu verstehen sei, könne sie doch unter verschiedenen Aspekten als Danksagung an den Vater, Gedächtnis Christi, Anrufung des Heiligen Geistes, Gemeinschaft der Gläubigen, Mahl des Gottesreiches betrachtet werden. Die trinitarische Grundlegung des eucharistischen Geschehens findet hier

---

[14] In den Stellungnahmen der Kirchen zum Lima-Papier wurde deutlich, daß die Ekklesiologie zusammen mit den Aspekten der Sakramentalität, der Schrift und der Tradition zu den wichtigsten Diskussionspunkten nach Lima gehört. Verschiedene Auffassungen über den Glauben, das Wirkens des Heiligen Geistes, die Kirche, die Mitgliedschaft in der Kirche und das christliche Leben spiegeln bleibende Unterschiede wider. In: ÖKUMENISCHER RAT DER KIRCHEN, KOMMISSION FÜR GLAUBEN UND KIRCHENVERFASSUNG; *Die Diskussion über Taufe, Eucharistie und Amt 1982-1990,* Stellungnahmen, Auswirkungen, Weiterarbeit, Verlag Otto Lembeck Frankfurt am Main, 1990, S. 58, 145ff.

weiterhin eine christologische, pneumatologische und theozentrische Ausgestaltung. Der trinitarische Charakter von E führt die Theologie der Eucharistie aus jenen christologischen Engführungen heraus, die sich auf katholischer wie auf protestantischer Seite im Mittelalter herausgebildet hat.[15]

Umschlossen werden diese Aspekte durch den alttestamentlichen Begriff des Lobpreises (berakah) (E 3).

> *„So ist die Eucharistie der Lobpreis (berakah), durch den die Kirche ihre Dankbarkeit gegenüber Gott für alle seine Wohltaten zum Ausdruck bringt".*

Hier klingt deutlich der epikletisch-doxologische Charakter von E an[16], der durch andere Aussagen unterstrichen wird:

> *„Die Gegenwart Christi ist eindeutig das Zentrum der Eucharistie, und die in den Einsetzungsworten enthaltene Verheißung ist daher grundlegend für die Feier. Es ist jedoch der Vater, der der primäre Ursprung und die letztliche Erfüllung des eucharistischen Geschehens ist." (E 14)*
>
> *„Die ganze Handlung der Eucharistie hat einen 'epikletischen' Charakter, weil sie vom Wirken des Heiligen Geistes abhängt.*"(E 16)

---

[15] Die mittelalterliche Konzentration auf das Passahmysterium ließ sowohl Gott den Vater als auch den Heiligen Geist dem Blickfeld entschwinden. Vgl. RITTNER, R.; *Lima und das reformatorische Proprium*, Lutherisches Verlagshaus Hannover 1984, S. 54f.

[16] Peters meint, daß in L zwar die Eucharistie als Gabe Gottes an uns bezeichnet werde, entfaltet werde jedoch nahezu ausschließlich das Antworthandeln der Kirche und damit die Eucharistie im Gegensatz zu einem anders verstandenen Abendmahl. Die Spannung zwischen der Initiative Gottes und der Antwort der Menschen durchziehe alle drei Texte. Peters ordnet diese Spannung konfessionsspezifisch als Spannung zwischen der reformatorischen Orientierung auf das Wort (viva vox evangelii) und der katholischen sakrifizialen Danksagung ein. Er ist der Überzeugung, daß sich in L wenigstens die Tendenz aufweisen läßt, daß „viva vox evangelii" dem „sacrificium" ein- und untergeordnet zu sein scheint. Aufgrund unserer Untersuchung von T ist differenzierter darauf hinzuweisen, daß diese Tendenz auf jeden Fall in E stärker vorhanden ist als im Text über die Taufe. Wenn man die baptismale Hingabe an den Herrn, der seinem Volk seine Gnade verleiht (T 1) als ein „katholisches" Merkmal ansieht, dann muß man sagen, daß diese Hingabe sich nicht nur im Bereich des individuellen Lebens, sondern ebenso im Bereich der kirchlichen Gemeinschaft vollzieht. Und gerade in diesem Bereich ist der Text von Lima erweiterungsbedürftig. Vgl. RITTNER, R.; *Lima und das reformatorische Proprium*, S. 38f.

E bezeichnet den auferstandenen Herrn immer als den gekreuzigten (E 1, 5, 14), weist aber darauf hin, daß die Freude der Auferstehung nie unabhängig von der Bedeutung des Opfertodes Christi betrachtet werden könne, wie es in E 24 stärker zum Ausdruck kommt. Die epikletisch-doxologische Betonung wird auch durch diese Bemerkung veranschaulicht.

Weiterhin tritt der epikletische Charakter in der Frage der Zusammengehörigkeit zwischen Anamnese und Epiklese in den Vordergrund. Dantine polemisiert über die Perspektive von E: „*Wer gibt eigentlich wem etwas in der Eucharistie? Gott der Kirche, oder die Kirche Gott? Oder, wenn beides gelten soll, wie verhält sich beides zueinander? Hier sieht die Erklärung selbst offenbar keine Spannung und wiederum die reformatorische Tradition das Problem schlechthin.*“[17]

Diese Wortmeldung dokumentiert die Kritik von protestantischer Seite, der E unterzogen wurde. Grund dieser Kritik ist der ausgeprägte epikletische Charakter in E. Einige offene Fragen wurden später im Rezeptionsprozeß aufgegriffen und geklärt.

10.3.3. Amt

Dieser Text stellt sich naturgemäß als der von allen dreien schwierigste und umstrittenste dar. A 6 formuliert diese Problematik mit dem Hinweis, daß sich alle Kirchen zwar in der ekklesiologischen Grundlegung einig seien, die Meinungen jedoch in der Frage stark auseinandergehen, wie das Leben der Kirche geordnet und besonders, wie das kirchliche Amt gestaltet werden soll.

A beschreibt zwar diese ekklesiologische Grundlegung in den ersten fünf Artikeln, will dabei aber keine eigene Ekklesiologie entfalten, sondern lediglich sicherstellen, daß das kirchliche Amt in die kirchliche Gemeinschaft eingebettet bleibt und nicht als eine isolierte Größe erscheint.

Die Beschreibung der Kirche ist explizit trinitarisch (A 1). Die trinitarische Gemeinschaft der Kirche wird auch in diesem Zusammenhang christologisch und pneumatologisch differenziert dargestellt (A 2, 3). Gott berufe die ganze Menschheit dazu, sein Volk zu sein. Christi Sieg über die Mächte

---

[17] DANTINE, J.; *Zur Konvergenzerklärung über Taufe, Eucharistie und Amt*, ÖR 32 (1983), S. 17.

des Bösen habe allen Menschen das neue Leben im Dienst und Freiheit gebracht. In einer Wechselbeziehung mit Christus wird der Heilige Geist als Spender aller Gaben bezeichnet. Die Kirche wird den einzelnen Personen der Trinität zugeordnet und damit als trinitarische Gemeinschaft beschrieben:

> „*Zur Kirche zu gehören, bedeutet, in Gemeinschaft mit Gott durch Christus im Heiligen Geist zu leben.*" (A 1)

Eng mit diesem trinitarischen Wesen der Kirche ist ihre missionarische Sendung in die Welt verknüpft. Die Kirche verkünde das Reich Gottes und stelle dieses als Leib Christi antizipatorisch dar. Der Dienst an der kirchlichen Gemeinschaft selbst und über sie hinaus an der Welt sei der Grund, warum der Heilige Geist der Gemeinde verschiedene komplementäre Gaben verleihe. Alle sollten ihre eigene Gabe entdecken und für die Kirche fruchtbar werden lassen.

Trinitarisch begründet A nicht nur die Kirche, sondern auch das hier behandelte spezifische Thema des ordinierten Amtes und der Autorität:

> „*Die Autorität des ordinierten Amtsträgers ist begründet in Jesus Christus, der sie vom Vater (Mt 28,18) empfangen hat und der sie durch den Heiligen Geist im Akt der Ordination verleiht.*" (A 15)

Diese Formulierung und ihre Ausdrucksweise wird theologisch nirgends in Frage gestellt. Im thematischen Zusammenhang mit anderen Aussagen wird sie jedoch als „trinitarische Verschleierung" empfunden, so daß Barth den Hintergrund folgender Ausführungen als theistisch kritisiert[18]: Die Amtsträger „*manifestieren und üben die Autorität Christi in der Weise aus, in der Christus selbst die Autorität Gottes der Welt offenbare,*" nämlich durch ein Leben für die Gemeinschaft (A 16). Die Kritik von Barth macht darauf aufmerksam, daß die trinitarische Begründung der amtlichen Autorität eine modalistische Tendenz aufweist. Barth schlägt als Alternative vor, statt der in A verwendeten Konzepte auf die Elemente der altkirchlichen, ökonomisch gefaßten Trinitätslehre etwa eines Moltmann zurückzugreifen.

Auch A weist einen ekklesiologischen Hintergrund auf, der die Formulierungen an gewissen ökumenisch relevanten Stellen so beeinflußt, daß im Text unterschiedliche Verständnisse aufeinanderprallen. Die Kommentato-

---

[18] So Hans-Martin BARTH; *„Apostolizität" und „Sukzession" in den Konvergenz-Erklärungen von Lima*, ÖR 33 (1984), S. 355.

ren vertreten hinsichtlich dieses ekklesiologischen Hintergrundes zum Teil gegensätzliche Meinungen.
An solchen Textbrüchen zeigt sich die Ambivalenz und Eigenart einer Konvergenzerklärung, die keine einheitliche und konsequent durchgeführte ekklesiologische Perspektive enthalten kann. Es ist eher so, daß an verschiedenen Stellen mal katholische, mal evangelische Optionen favorisiert werden, insgesamt jedoch die katholische Tendenz deutlich überwiegt. Es sei in unserem Zusammenhang noch auf jene wichtigen Punkte hingewiesen, die m.E. die besagten ekklesiologischen Vorentscheidungen charakterisieren.
Vertreter aller Konfessionen erklärten sich mit der ekklesiologischen Einführung in A, 1-5 einverstanden. Beim zweiten Teil von A, in dem die Kirche und das ordinierte Amt behandelt wird, gerieten sie sehr bald in größere Schwierigkeiten.
Ein erster Streitpunkt stellte die Frage nach der Betonung des ordinierten Amtes dar. Protestantische Kommentatoren lasteten A an, die ekklesiologische Einbettung des Amtes nicht konsequent durchgehalten und so das ordinierte Amt über die allgemeine Berufung des Gottesvolkes gestellt zu haben.[19] Dadurch – so eine Kritik – geriete A in die Sphäre katholischer Interessen. Diese Tendenz zeigt sich etwa dort, wo über den Repräsentationscharakter des Amtes gesprochen wird:

> „*Jedes Glied des Leibes kann an der Verkündigung und Unterweisung des Wortes Gottes teilhaben, kann zum sakramentalen Leben dieses Leibes beitragen. Das ordinierte Amt erfüllt diese Funktionen in repräsentativer Weise ...*“ (A 13 und Kommentar)
> „*Es ist Christus, der zum Mahl einlädt und ihm vorsteht. In den meisten Kirchen wird diese Leitung durch einen ordinierten Amtsträger bezeichnet und repräsentiert.*“ (A 14)[20]

---

[19] Vgl. *Die Diskussion über Taufe, Eucharistie und Amt 1982-1990*, S. 121.

[20] Die Klärungen der Kommission im Rahmen des Rezeptionsprozesses verweisen in diesem Punkt auf die biblische Tradition und empfehlen der ökumenischen Gemeinschaft, auf die Zeugnisse aus der apostolischer Zeit zu hören (Ignatius von Antiochien). So könnte die Repräsentation des Amtsträgers und der Gemeinde folgendermaßen verstanden werden: „Indem er dem Mahl des Herrn vorsteht, repräsentiert der ordinierte Amtsträger öffentlich die göttliche Initiative und die ‘Koinonia’ mit der Kirche aller Zeiten und Orte.“ *Die Diskussion über Taufe, Eucharistie und Amt 1982-1990*, S. 123f.

Eine zweite bedeutende Divergenz tat sich, wie Löser zeigt, bei der Rezeption der personalen Verfassungsstruktur der Kirche und des dreifachen Gliederung des Amtes auf. A bevorzugt unter den drei möglichen Grundverständnissen der kirchlichen Verfassung – der personalen (episkopalen), der presbyteralen (kollegialen) und der kongregationalen – eindeutig die personale Verfassung, obwohl der Text über das Amt von Lausanne 1927 alle drei Verfassungsformen gleichwertig nebeneinanderstellte.[21] In A werden die anderen beiden Verfassungsformen jedoch auf die personale Verfassung hingeordnet (A 26 und Kommentar). Dadurch übernimmt A die Grundoption der katholischen Kirchen- und Amtstheologie, was keine unbedeutende Akzentverschiebung im Hinblick auf den Text von Lausanne bedeutet.

A 19ff. stellt im Neuen Testament eine Vielfalt von Amtsformen fest und führt dazu weiter aus, daß unter der Leitung des Heiligen Geistes bestimmte Elemente aus dieser frühen Vielfalt nachträglich entwickelt wurden und sich eine „*mehr universale Struktur des Amtes*" ausgebildet habe, womit hier das dreifache Amt des Bischofs, Presbyters und Diakons gemeint ist. Noch einmal wird ein Element der altkirchlichen Amtstheologie angesprochen und übernommen, das eher dem katholischen Kirchenverständnis entspricht.

Ein dritter Kritikpunkt bezog sich auf die Frage der Sukzession, die als eine zentrale Fragestellung von A angesehen werden kann.[22] Der Anerkennung der apostolischen Sukzession kommt nach A (A 52) eine besondere Bedeutung für die gegenseitige Anerkennung der Ämter zu. Wie Barth nachgewiesen hat, ist A einem ausgesprochen historischen Verständnis der Sukzession verpflichtet, was wiederum stark den Interessen der katholischen Tradition entgegenkommt.

---

[21] Vgl. LÖSER, W.; *Die Gegenwart Jesu Christi und die Apostolizität der Kirche – ein katholischer Beitrag zur Rezeption der Konvergenzerklärung „Das Amt" Lima 1982*, ThPh 59 (1984), S. 381. Diese Behauptung wird anhand von A 22 unterstrichen.

[22] Vgl. BARTH, ebd., S. 340.

10.4. Die Rezeption der Lima-Texte

Das Buch „Die Diskussion über Taufe, Eucharistie und Amt 1982-1990“[23] wertet die Stellungnahmen der Kirchen aus, die in dem sechsbändigen Werk „Churches respond to Baptism, Eucharist, Ministry“[24] vorliegen. Die zusammenfassende Auswertung kommt zu einigen für unser Thema relevanten Ergebnissen.

1. Alle Kirchen begrüßen die trinitarische Grundlegung von L.[25]
2. An einigen Stellen von L, für die die Kirchen eine weitere Klärung gefordert haben, weist die Stellungnahme auf die untrennbare Beziehung zwischen Christus und Heiligem Geist hin, wie z.B. beim Verhältnis zwischen Anamnese und Epiklese.[26]
3. Zu den Grundfragen, die eine weitere theologische Arbeit erfordern, formulieren die Stellungnahmen der Kirchen bereits eigene vorläufige Überlegungen. Zu diesen Grundfragen gehören „Schrift, Tradition und Traditionen“, „Sakrament und Sakramentalität“ und die Ekklesiologie.
4. Die Frage der Ekklesiologie interessiert in unserem Zusammenhang am meisten. Aus den Stellungnahmen der Kirchen zu L geht hervor:

   „...ein gemeinsames Verständnis vom Wesen der Kirche und der Sakramente der Taufe und der Eucharistie ist grundlegend für jede Theologie und Struktur des kirchlichen Amtes sowie für die gegenseitige Anerkennung der Ämter – nicht aber umgekehrt.“[27]

---

[23] ÖKUMENISCHER RAT DER KIRCHEN, KOMMISSION FÜR GLAUBEN UND KIRCHENVERFASSUNG; *Die Diskussion über Taufe, Eucharistie und Amt 1982-1990,* Stellungnahmen, Auswirkungen, Weiterarbeit, Verlag Otto Lembeck, Frankfurt am Main, 1990.

[24] THURIAN, M. (ed.); *Churches respond to BEM,* Official responses to the „Baptism, Eucharist and Ministry text, Vol. 1-6, Faith and Order Papers No. 129, World Council of Churches, Geneva 1986.

[25] Die Kirchen „begrüßen auch eine christozentrische und trinitarische Perspektive für das Kirchenverständnis, was ein Korrektiv bedeutet in bezug auf eine Ekklesiologie, die hauptsächlich auf die Kirche als eine geschichtliche Institution ausgerichtet ist.“ *Die Diskussion über Taufe, Eucharistie und Amt, 1982-1990*, S. 146.

[26] Ebd., S. 116.

[27] Ebd., S. 88.

Die Entstehung des Lima-Papiers stellt zusammen mit dem Vorgang seiner Rezeption den gesamten Lima-Prozeß dar, der auch als „Ekklesiogenese“[28] gesehen wurde. Houtepen gibt aber auch zu, daß L in einer *„allgemeinen ekklesiologischen Atmosphäre“* entstand, die bestimmten – überwiegend katholischen – Optionen den Vorzug gab, so daß sogar von einer ekklesiologischen Vorentscheidung auszugehen ist. Die Stellungnahmen fordern daher, das Übergewicht der katholischen Tradition in L zu korrigieren. Gleichzeitig enthalten sie eine Reihe interessanter ekklesiologischer Beiträge, die man insgesamt als eine „implizite Ekklesiologie“ qualifizieren könnte.

Die Zusammenfassung der Stellungnahmen zu L gab in vieler Hinsicht kein repräsentatives Bild der Meinungen der Kirchen wieder, besonders was die Kirchen in der Dritten Welt betrifft. Dennoch stellte die Kommission aus diesen Antworten eine konvergierende ekklesiologische Komposition zusammen, die sich durch zwei bedeutende Merkmale auszeichnet: Sie betreibt keine vergleichende Ekklesiologie in Form einer bloßen Zusammenstellung von konfessionellen Überzeugungen, wie das in Lausanne 1927 der Fall war, und sie beachtet das Dokument über die ekklesiologische Neutralität des ÖRK in Toronto 1950, indem sie keine konfessionelle Ekklesiologie zum Nachteil anderer forcieren will.[29]

Die Verfasser sammelten die Stellungnahmen zu L mit der Absicht, „gemeinsame ökumenische Perspektiven für die Ekklesiologie“ zu gewinnen. Mit ihrer Hilfe sollte die Kommission eine umfassende Studie über die Ekklesiologie ausarbeiten, in der grundlegende ekklesiologische Prinzipien geboten werden. Der Kommission war klar, daß diese Studie besonderen Ansprüchen zu genügen hat, denn sie sollte eine konvergierende Sicht der Kirche entwickeln und der konfessionellen wie kontextuellen Vielfalt der Kirchen gerecht werden.

Die Kommission unterstreicht in den gemeinsamen Perspektiven die Rolle der Kirche in Gottes Heilsplan als Instrument zur Förderung des göttlichen

---

[28] So sagt A. HOUTEPEN in seiner Analyse: *Auf dem Weg zu einem ökumenischen Kirchenverständnis*. In: Una Sancta 44 (1989), 29-44.

[29] Die Erklärung des ÖRK in Toronto 1950 über die ekklesiologische Bedeutung des ÖRK sagt: „Der Rat selbst kann aber auf keinen Fall zum Instrument einer bestimmten Konfession oder Schule werden, ohne seinen Daseinszweck zu verlieren. Innerhalb des ÖRK ist Raum für die Ekklesiologie jeder Kirche, die bereit ist, am ökumenischen Gespräch teilzunehmen...“ (Nr. 5) In: VISCHER, L..; *Die Einheit der Kirche*, S. 254.

Heilshandelns unter den Generationen. Weiter betont sie die Initiative Gottes mit dem Volk Israel, die weitergeführt und erfüllt wurde in Jesus Christus und für alle Menschen bestimmt ist.
Einen besonderen Stellenwert gewinnt in der Zusammenfassung der Stellungnahmen der Begriff „Koinonia“, der einer konvergierenden Schau der Ekklesiologie entspreche. „Koinonia“ wird dabei anhand von mehr konfessionell geprägten Begriffen weiterentwickelt, die zu einer komplementären Ekklesiologie beitragen und die konfessionelle Vielfalt widerspiegeln sollen. Diese Begriffe sind:

a) Die Kirche als Gabe des Wortes Gottes (creatura verbi)
   – Alle kirchlichen Institutionen, Dienste und liturgischen Ausdrucksformen sollen dem Wort Gottes unterstellt und an ihm gemessen werden –;
b) Die Kirche als Mysterium und Sakrament der Liebe Gottes für die Welt
   – Wort und Sakrament sind Formen der wahren und erlösenden Gegenwart Gottes für die Welt –;
c) Die Kirche als wanderndes Gottesvolk
   – Der vorläufige und unvollständige Charakter einer von Sündern und Heiligen gemischten Wirklichkeit läßt die Kirche als eine Gemeinschaft der gerechtfertigten Sünder auf der Suche nach dem Reich Gottes erscheinen –;
d) Die Kirche als Dienerin und prophetisches Zeichen des kommenden Gottesvolkes
   – Als eine Erstlingsfrucht des Gottesreiches ist die Kirche ein Werkzeug für die Befreiung notleidender Menschen –.

Aufgrund des gemeinsamen biblischen Erbes dieser Vorstellungen wird die Hoffnung unterstrichen, diese komplementären Ansätze zu einer konvergierenden Sicht des Wesens, der Einheit und der Sendung der Kirche zusammenführen zu können.

10.5. Auswertung

Geschichtliche Einordnung:
Mit L beginnt eine Phase der trinitarischen Ekklesiologie der Kommission für Glauben und Kirchenverfassung. Sie wurde mit dem stark trinitarisch geprägten Dokument von Bangalore eingeleitet und setzte sich mit dem Studiendokument zur „Filioque"-Frage durch. Zwischen dem Dokument von Bangalore und dem Dokument von Lima kommt es zu einem Bruch in der theologischen Schwerpunktsetzung. Die Phase der Säkularökumene geht zu Ende, die Phase der großen Einzelstudien zum Erreichen eines theologischen Konsenses fängt an.

Trinitarisches Gottesverständnis:
Den Dokumenten von Bangalore und Lima ist die Perspektive „von unten" gemeinsam. Die Kirchen versuchen in Lima ihren gemeinsamen Glauben über Taufe, Eucharistie und Amt auszudrücken. Gleichwohl kommt es in Lima zu einer theologischen Schwerpunktverlagerung. Sie wird mit dem Übergang von einem kreuzestheologisch-trinitarischen zu einem epikletisch-trinitarischen theologischen Ansatz markiert. Die trinitarische Begründung von Taufe, Eucharistie und Amt ist so grundlegend und zentral wie noch nie zuvor in den Texten der Kommission. Alle Kirchen sind mit diesem Merkmal einverstanden. Allerdings weist die trinitarische Begründung zumindest an einer Stelle eine modalistische Tendenz auf.

Trinitarisches Kirchenverständnis:
Die epikletische kirchliche Wirklichkeit als Grundlage der Sakramententheologie von Lima favorisiert das katholische Verständnis der Sakramente, insbesondere der Eucharistie und des Amtes.

Fazit:
Die katholisierende Gestalt der Ekklesiologie von Lima wurde im Rezeptionsprozeß korrigiert, indem das konfessionsfreie Konzept der Kirche als Koinonia anvisiert wurde, das durchaus andere konfessionspezifische Kirchenverständnisse zu integrieren in der Lage ist.

11. Stavanger 1985

Mit dem Lima- Dokument tritt die Kommission für Glauben und Kirchenverfassung in die Phase der Konsensökumene ein. In Lima hatte sich die Kommission für die kommenden Jahre drei große Aufgaben gestellt, die das Fundament für einen Konsens auf breitester Basis in grundlegenden Fragen des christlichen Glaubens vorbereiten sollten: der Rezeptionsprozeß der Lima-Texte sollte abgeschlossen und ausgewertet, ein Dokument über die gemeinsame Auslegung des apostolischen Glaubens und ein weiteres Dokument über Einheit und Erneuerung durchgeführt werden.[1] Alle drei Projekte standen in engem Zusammenhang miteinander. Die Stellungnahmen zum Lima-Text sollten sich auf die Arbeit über den apostolischen Glauben auswirken, vor allem auf dessen ekklesiologischen Teil. Dieser sollte seinerseits wieder Einfluß nehmen auf die Studie »Die Einheit der Kirche und die Erneuerung der menschlichen Gemeinschaft«. In allen drei Studien wurden daher Grundfragen der Ekklesiologie thematisiert.[2] Die Kommission hatte sich die Ausarbeitung der Ekklesiologie für ihre theologische Arbeit als langfristiges Ziel gesetzt.[3]

Diese drei, sehr wichtigen Projekte der Konsensökumene liefen parallel zueinander bis zum Ende der achtziger Jahre. Sie wurden allerdings erst nacheinander abgeschlossen und veröffentlicht. In der Untersuchung dieser Texte kann also eine strenge Chronologie nicht durchgehalten werden, da die Arbeit an den einzelnen Studien ineinander übergeht. Wegen der Überschaubarkeit werden diese drei Studienprojekte hier jedoch in drei unterschiedlichen Kapiteln behandelt. Die Ergebnisse des Rezeptionsprozesses von Lima wurden bereits im Zusammenhang mit dem Lima-Dokument ausgewertet. Auf der Sitzung der Kommission in Stavanger/Norwegen 1985 lagen die ersten Ergebnisse der Konsultationen über den apostolischen Glauben bereits vor, so daß 1987 bereits der erste vorläufige

---

[1] GASSMANN, G.; *Stavanger 1985 bis Budapest 1989,* Bericht des Sekretariats, S. 33. In: *Glauben und Kirchenverfassung 1985-1989,* Verlag Otto Lembeck Frankfurt am Main 1990.

[2] GASSMANN, G.; *Glauben und Kirchenverfassung: Gegenwart und Zukunft,* Bericht des Sekretariats, S. 19f. In: *Glaube und Erneuerung Stavanger 1985,* Beiheft zur ÖR 55, Faith and Order Papers 131, Otto Lembeck Verlag Frankfurt am Main 1986.

[3] GASSMANN, G.; *Glauben und Kirchenverfassung in Budapest,* S. 10. In: *Glauben und Kirchenverfassung 1985-1989.*

Studientext veröffentlicht werden konnte. Dieser Text wird also im Kapitel Stavanger 1985 behandelt. Die Studie über Einheit und Erneuerung wird dem Kapitel über die Sitzung der Kommission in Budapest/Ungarn 1989 zugefügt und untersucht.

11.1. Gemeinsam den einen Glauben bekennen

11.1.1. Einführung

Das gemeinsame Bekenntnis des Glaubens ist eines der Grundelemente der sichtbaren Einheit der Kirche, die das Ziel und die Hauptaufgabe des Ökumenischen Rates der Kirchen darstellt.[4] GG gilt als Werkzeug, das helfen soll, das gemeinsame Bekennen des Glaubens zu erreichen. Andere zwei Grundelemente dieser sichtbaren Einheit sind die gegenseitige Anerkennung von Taufe, Eucharistie und Amt und die Schaffung der gemeinsamen Strukturen für Zeugnis und Dienst.
Das NK wurde als Grundlage für den zu erarbeitenden Konsens in der Glaubenslehre gewählt, weil es noch vor dem Ost-West-Schisma entstand, somit Anspruch auf gesamtkirchliche Geltung besitzt und nicht nur ein Erbstück des Glaubens ist, sondern das Ganze des (ur-)christlichen Glaubens zusammenfaßt.

11.1.2. Geschichtliche, methodologische und inhaltliche Einordnung

Der erste offizielle Impuls für die Studienarbeit am GG gab die Kommission in Lima 1982. Auf den Tagungen der Kommission in Stavanger 1985 und Budapest 1989 war GG das Hauptthema. Die endgültige Fassung des Dokumentes wurde 1991 als Faith and Order Paper No. 153 in der englischen Originalfassung veröffentlicht und später ins Deutsche übertragen.
Eine ausführliche Analyse aller Stationen der Textentwicklung ist im Rahmen dieser Arbeit nicht möglich und für die Zwecke der Untersuchung auch nicht notwendig. Nichtsdestotrotz mag es hilfreich sein, den groben chronologischen Ablauf der Studienarbeit nachzuzeichnen.

---

[4] Im folgenden verwende ich für das Symbolon von Nizäa-Konstantinopel selbst die Abkürzung NK und für das Dokument von Glaube und Kirchenverfassung »Gemeinsam den einen Glauben bekennen« GG.

Als erster Schritt, fanden 1984/85 drei internationale Konsultationen mit jeweils ca. zwanzig Teilnehmern und Teilnehmerinnen auf verschiedenen Kontinenten statt, um die inhaltliche Auslegung des NK mit regionalen Gesichtspunkten und gegenwärtigen Herausforderungen zu verbinden.

Die erste Konsultation fand im Seminar der Malankara-Syrisch-Orthodoxen Kirche in Kottayam, Kerala/Südindien statt und begann mit der Auslegung des zweiten Glaubensartikels: „Wir glauben an den einen Herrn Jesus Christus".

Die zweite Konsultation wurde im Kulturzentrum „Les Fontaines" in Chantilly/ Frankreich durchgeführt und befaßte sich mit dem dritten Artikel: „Wir glauben an den Heiligen Geist, die Kirche und das Leben der kommenden Welt".

Die dritte fand im römisch-katholischen Nganda-Einkehrzentrum in Kinshasa/Zaire statt und war der Auslegung des ersten Artikels gewidmet: „Wir glauben an den einen Gott."

Diese ersten Entwürfe wurden später vom Genfer Sekretariat und von kleineren Redaktionsausschüssen vereinheitlicht, ergänzt und kommentiert. Das vorläufige Studiendokument »Den einen Glauben bekennen« wurde 1987 veröffentlicht. Zu diesem Text sind zahlreiche Stellungnahmen von Einzelpersonen, Tagungen und Kommissionen in Kirchen und von theologischen Fakultäten eingegangen. Die Leitungsgruppe überarbeitete daraufhin das Dokument, dessen endgültige Fassung das GG darstellt.

Methodologisch gesehen ist GG kein Konsens- oder Konvergenzdokument, sondern ein Werkzeug, das den Kirchen helfen soll, die sichtbare Einheit der Kirche zu erreichen. Als methodologisches Werkzeug soll es den Zugang zum apostolischen Glauben eröffnen. Es hat keine normative Funktion und ist nicht zustimmungspflichtig. Seine Bedeutung liegt darin, der erste Schritt eines Prozesses zu sein, bei dem das Dokument die inhaltliche Substanz eines künftigen Konvergenztextes liefert, der auf allgemeine Zustimmung abzielt. Der Weg zu dieser Zustimmung soll in drei grundlegenden Schritten erfolgen: Auslegung, Anerkennung und Bekenntnis des gemeinsamen Glaubens.

Die Auslegung von NK stellt den Beginn dieses konziliaren Prozesses und den Schwerpunkt des GG dar. Sie zeigt die Relevanz von Grundüberzeugungen des christlichen Glaubens auf und zielt auf eine weltweite Verständigung über den Inhalt des christlichen Glaubens.

Die Kirchen sollen dann in einer zweiten Phase im eigenen Leben und in der eigenen Praxis den apostolischen Glauben anerkennen. Sie sollen die Notwendigkeit der Umkehr (metanoia) anerkennen und dadurch sehen, daß sie dem apostolischen Glauben nicht treu waren. Und sie sollen andere Kirchen anerkennen, in denen der apostolische Glaube verkündigt und bekannt wird.

Die gemeinsame Auslegung und Anerkennung des apostolischen Glaubens bietet eine Basis für das gemeinsame Bekenntnis des Glaubens. Dieses Bekennen würde eine eucharistische Gemeinschaft und die Eröffnung eines ökumenischen Konzils ermöglichen.

Aus inhaltlicher Perspektive soll in der Auslegung gezeigt werden, wie der apostolische Glaube im Glaubensbekenntnis von Nizäa-Konstantinopel zum Ausdruck kommt. NK dient als inhaltlicher Leitfaden für die Erörterung der wesentlichen Themen.

GG ist nicht darum bemüht, alle theologischen Differenzen aufzulösen, wie dies beim Lima-Dokument angestrebt war. Vielmehr möchte GG Einsichten finden und formulieren, die von Christen verschiedener Traditionen verstanden und angenommen werden können.

Die Auslegung sollte in der Entfaltung der Elemente „Credo“, „Bibel“ und „Heute“ erfolgen. Jede der drei christlichen Haupttraditionen sollte jeweils zu einem dieser Elemente ihren Beitrag liefern: die orthodoxe Tradition den Leitfaden zum Bekenntnis von Nizäa-Konstantinopel, die protestantischen Kirchen die biblischen Begründungszusammenhänge, die römisch-katholische Tradition Erläuterungen aus altkirchlichen und späteren Lehrentwicklungen. Die Beteiligung zahlreicher konfessioneller und regionaler Repräsentanten an der Auslegung wirkte sich in einer Vielfalt der Gesichtspunkte aus. Somit handelt es sich bei der Auslegung nicht um den kleinsten gemeinsamen Nenner, sondern um die größtmögliche Fülle der ökumenischen Erkenntnis. An der Auslegung arbeiteten über hundert Theologen und Theologinnen, alle christliche Haupttraditionen wurden vertreten. Insofern stellt GG eine ökumenisch repräsentative Auslegung dar.

Das trinitarische Gottes- und Kirchenverständnis gehört zum inhaltlichen Schwerpunkt von GG.

Der evangelische Theologe Wolfhardt Pannenberg, der vielleicht den bedeutendsten Beitrag für die Studienarbeit von GG leistete, erklärte bereits 1982 die trinitarische Begründung zum vorrangigen Ziel. Laut Pannenberg sollte sich die Auslegung von NK auf folgende Aspekte des trinitarischen Gottesverständnisses konzentrieren:

1. *„Das trinitarische Gottesverständnis in seiner Vollgestalt und nicht als Zusatz zu einer letztlich monotheistischen Auffassung von Gott*";

Für Pannenberg kann die Vollgestalt des trinitarischen Gottesverständnisses verhindern, daß Gott einseitig mit dem Vater identifiziert wird, was in der Vergangenheit nicht nur zu einem anthropomorphen Gottesverständnis geführt hat, sondern auch zu einem Angriffspunkt für die atheistische Kritik wurde. Zugleich läßt sich so umgehen, daß aufgrund einer solchen Identifizierung die kirchlichen Aussagen über die Gottheit Christi und des Geistes mythologisch wirken.

2. *„Das trinitarische Gottesverständnis im Kontext der Welt*";

Diese Forderung will sicherstellen, daß die Dialektik der Transzendenz und Immanenz Gottes gewährt bleibt. Das trinitarische Gottesverständnis bildet ein Korrektiv gegenüber jedem abstrakten Monotheismus, der den einen Gott der Welt dergestalt gegenüber stellt, daß der Eine das Viele außer sich hat.

3. *„Das trinitarische Gottesverständnis im Dialog mit Islam, Judentum und östlichen Religionen als konkreter und vollendeter Monotheismus*";
4. *„Eine Verständigung in der 'Filioque-Diskussion*'".[5]

Westliche und östliche Theologie müssen aufeinander hören, weil sie sich gegenseitig korrigieren und brauchen. Die östliche Betonung der Dreiheit in Gott korrigiert die westliche Neigung zur Vorstellung eines einzigen göttlichen Subjektes. Die westliche Option für die Zusammengehörigkeit des Sohnes und des Geistes, die mit der "Filioque-Theologie" zusammenhängt, unterstreicht die Zusammengehörigkeit von Trinität und Heilsökonomie. Der Zeitpunkt für eine Verständigung war insofern günstig, als die westlichen Kirchen Bereitschaft zur Rückkehr zum ursprünglichen Wortlaut des Symbolums zeigten. Nichtsdestotrotz war dabei mit Schwierigkeiten zu rechnen, da die westliche Interpretation der Trinitätstheologie, wie die „Filioque-Theologie" gezeigt hatte, von der byzantinischen Theologie als unrichtig und häresieverdächtig abgelehnt wurde. Die Bereitschaft zur Verständigung über dogmatische Fragen auf dem Hintergrund des „Filioque"-Streites würde es jedoch den

---

[5] PANNENBERG, W.; Die Bedeutung des Bekenntnisses von Nizäa-Konstantinopel für den ökumenischen Dialog heute. In: ÖR 31 (1982), S. 129-140.

westlichen Kirchen in ihrer Gesamtheit ermöglichen, zum ursprünglichen Text des Symbols von Konstantinopel zurückzukehren.[6]

Mit dieser ausführlichen Standortbeschreibung des Dokumentes im ökumenischen Prozeß der Kommission für Glauben und Kirchenverfassung ist zugleich auch schon die Perspektive umrissen, mit der ich den Text untersuche: Wie kommt das trinitarische Gottes- und Kirchenverständnis in GG zum Ausdruck und welches sind seine charakteristischen Schwerpunkte?

Methodologisch gesehen untersuche ich zunächst das GG und stelle die charakteristischen Schwerpunkte heraus. Im zweiten Schritt konfrontiere ich meine Beobachtungen mit der ersten Fassung der Textes der drei Glaubensartikel, wie sie bei den ersten Konsultationen in Kottayam, Chantilly und Kinshasa entstanden ist (1984/85) und ziehe dazu auch einschlägige Kommentare heran.[7]

11.1.3. Gottes- und Schöpfungslehre

Die ersten Artikel des Glaubensbekenntnisses handeln bekanntlich von jenen Wahrheiten des Glaubens, die in den dogmatischen Handbüchern die Grundlage für die Traktate Gotteslehre und Schöpfungslehre bilden. Daß beide nicht ohne trinitarische Begründungszusammenhänge interpretiert werden können, versteht sich von selbst.

In Bezug auf die Gotteslehre fällt bei der Auslegung von NK im Dokument der Kommission auf, wie häufig – teils ausdrücklich, teils unausgesprochen – der Problemkreis von Transzendenz und Immanenz Gottes angesprochen wird (Nr. 7, 21, 22).

Bereits die zweite Weltkonferenz der Kommission für Glauben und Kirchenverfassung in Edinburgh 1937 stellte fest, daß die Beziehung zwischen Transzendenz und Immanenz und ihre unterschiedliche Betonung, die Grunddifferenz ausmache, aus der unterschiedliche Sakramenten- und Kirchenverständnisse herrührten.

---

[6] Vgl. ebd., S. 139.

[7] Vgl. LINK, H.-G.(Hrsg.); *Ein Gott – ein Herr – ein Geist*, Zur Auslegung des apostolischen Glaubens heute, Beiheft zur ÖR 56, Verlag Otto Lembeck Frankfurt am Main, 1987.

Gegen die Neigung, Gott und Natur miteinander zu identifizieren, argumentiert GG mit einer trinitarischen Formulierung:

> *„Der dreieinige Gott des christlichen Glaubens ist in seiner Schöpfung, die durch seinen Logos und Geist entsteht, gleichzeitig transzendent und dennoch gegenwärtig."* (Nr. 21)

GG betont Gottes Transzendenz und Gegenwart in der Schöpfung gegen die Neigung, Gott und Natur miteinander zu identifizieren (Pantheismus). Die Transzendenz Gottes und zugleich seine Gegenwart in den Geschöpfen durch Logos und Geist ermögliche einerseits die geschöpfliche Unabhängigkeit von Gott und andererseits die Zuwendung der Geschöpfe zu Gott und zu den Anderen.

GG setzt sich weiter mit dem Atheismus und dem Säkularismus auseinander, die zwei Herausforderungen für die Immanenz und Transzendenz Gottes darstellten. Im Dokument wird primär keine theoretische Argumentation angeführt, sondern betont, das Zeugnis des neuen Lebens bilde die angemessene Reaktion der Christen auf die verschiedenen Formen des Atheismus (Nr. 23, 24).

Der trinitarische Glaube, den GG auf dynamische Weise auslegt, sei der Weg, wie man sich mit Atheismus und Säkularismus auseinandersetzen könne.

Das Dokument bezieht auch gegenüber dem Judentum und dem Islam eine konsequent trinitarische Haltung, indem es die implizite trinitarische Sprache mit den Begriffspaaren Transzendenz und Immanenz, Einheit und Vielfalt anwendet. Gegenüber der Betonung der Transzendenz Gottes im jüdischen Glauben bekräftigt GG, der jüdische Glaube kenne selbst die Realitäten, die den transzendenten Gott innerhalb dieser Welt repräsentierten: seinen Namen, seine Herrlichkeit, seine „shechinah", seine „tora" und seine Weisheit. Ein transzendenter Gott, der nicht in dieser Welt gegenwärtig sein könne, wäre kaum der Gott der alttestamentlichen Propheten.

Gegenüber der Betonung der Einheit im Islam argumentiert GG, der trinitarische Monotheismus des Christentums sei der eigentlich konsequente Monotheismus, weil er die Pluralität nicht außerhalb der Einheit und folglich außerhalb des göttlichen Lebens ließe (Nr. 32, 33).

Die trinitarische Auseinandersetzung mit Judentum und Islam macht deutlich, daß die Koinzidenz von Transzendenz und Immanenz auch eine Dialogbasis mit den verschiedenen Herausforderungen der christlichen Lehre in unserer Zeit bildet.

Die Auslegung betont, das innere Leben des dreifaltigen Gottes und sein Handeln an den Geschöpfen hänge eng zusammen. Der Ansatzpunkt für die Überlegungen über den dreifaltigen Gott liege in seinem heilsgeschichtlichen Handeln.

> *„Die göttliche 'Ökonomie', die Heilsgeschichte in Schöpfung, Versöhnung und eschatologischer Vollendung, bildet die Grundlage des trinitarischen Glaubens. Auf der anderen Seite ist der eine Gott in aller Ewigkeit der Vater, der Sohn und der Heilige Geist. Die heilsgeschichtliche und die ewige Trinität sind eine Wirklichkeit."* (Nr. 15)

Das Dokument führt nicht weiter aus, wie die eine Wirklichkeit der heilsgeschichtlichen und der ewigen Trinität zu denken ist, der Zusammenhang von beiden wird mit den Begriffen „Leben" und „Liebe" (Nr. 16) festgehalten. Die Menschwerdung des Sohnes offenbare das göttliche Leben als gegenseitige Selbsthingabe und Gemeinschaft, sie offenbare Gott als Liebe (Nr. 17). Durch Kreuz und Auferstehung werde diese Liebe in der Kraft des Geistes als Sieger über Sünde und Tod bestätigt. Trinität ließe sich daher nicht losgelöst von Kreuz und Auferstehung verstehen (Nr. 17).

Die klassische Frage der christlichen Trinitätslehre, wie die Einheit in der Dreiheit und die Dreiheit in der Einheit in Gott gedacht werden kann, wird in der Auslegung zunächst nicht gestellt. Sie verzichtet weitgehend auf eine philosophische Argumentation der Gotteslehre und hält die heilsgeschichtliche trinitarische Sprache konsequent durch. Eine spekulative Trinitätslehre wird vermieden.

Gerade die Auseinandersetzung mit den großen monotheistischen Religionen, besonders mit Judentum und Islam, wirft aber die Frage auf: Wie kann die Einheit Gottes gedacht werden, wenn Gott aufgrund seines Heilshandelns in der Geschichte als dreieinig verstanden werden muß? Das Dokument erklärt, die alte Kirche habe keinerlei Absicht gehabt, das Einssein Gottes auf Grund des trinitarischen Bekenntnisses in Frage zu stellen. Das Verständnis des Einsseins habe sich aber im Laufe der Zeit unterschiedlich entwickelt und begründet. Das Prinzip der Einheit in der Trinität werde entweder im göttlichen Wesen oder in der Person des Vaters oder in der Wechselbeziehung und dem gegenseitigen Innewohnen der drei Personen in ihrer Gemeinschaft miteinander verankert (Nr. 10, Kommentar). Mit dieser Aufzählung deutet GG darauf hin, daß jedes dieser Verständnisse als legitimes Theologoumenon angesehen werden könnte. An dieser Stelle setzt GG eine theologische Option und entscheidet sich für das Verständnis des Vaters als Prinzip der Einheit Gottes.

> *„Die ewige Quelle dieser lebendigen trinitarischen Gemeinschaft der Liebe ist Gott, der Vater."* (Nr. 18, weiter auch in Nr. 49 und 78)

Das falsche Verständnis der Monarchie des Vaters kann laut GG aber auch zum unzulässigen Subordinatianismus und zum Modalismus führen. Wenn nämlich Gott mit dem Vater identifiziert wird, liegt die Gefahr nahe, die Personen des Sohnes und des Geistes ontologisch dem Vater unterzuordnen oder zu bloßen Offenbarungsweisen des Vaters zu degradieren. Um das monarchische Prinzip vor diesen Gefahren zu bewahren, insistiert die Auslegung auf der Wechselseitigkeit der Interrelationen zwischen den drei Personen, die als konkrete Form der göttlichen Einheit gedeutet wird. In diesem Sinne fügt GG hinzu:

> *„Die göttliche Einheit kommt aus dem Vater als ihrer Quelle, aber wird erhalten im Gehorsam des Sohnes und im Zeugnis des Geistes, der den Sohn im Vater und den Vater im Sohn verherrlicht."* (Nr. 18)

Der Text unterstreicht die wechselseitige Beziehung zwischen Sohn und Geist und den Zusammenhalt aller drei Personen der Dreifaltigkeit auch an verschiedenen anderen Stellen (Nr. 16, 17, 75)[8]

Wenn in GG von der Monarchie des Vaters die Rede ist, dann handelt es sich um eine theologische Entscheidung, denn dieses Theologoumenon kann nicht zwingend aus dem Wortlaut des Bekenntnisses von Nizäa-Konstantinopel abgeleitet werden. Diese Entscheidung aber fiel offensichtlich unter dem Einfluß der "Filioque"-Diskussion (1979) und wurde anderen möglichen Verständnissen gegenüber bevorzugt. Mit der Verwendung des Theologoumenon über die Monarchie des Vaters wird die Auslegung von GG natürlich der östlichen Tradition näher gebracht.

---

[8] Die Bemerkung Brandners, das trinitarische Verständnis der Auslegung neige zum Modalismus, läßt sich m.E. nicht eindeutig beweisen. Mögliche modalistische Tendenzen könnten in den Artikeln 16, 78, 90 gesehen werden, wenn gesagt wird, daß Gott im Sohn am menschlichen Leben bis hin zum Tod teilhabe, oder, daß Gott der Vater die Quelle des dreieinigen Wesens sei. Es gibt wiederum Stellen, wo das Gegenüber der göttlichen Personen zum Ausdruck kommt und auf die dieser Vorwurf nicht zutrifft. (Nr. 93) Vgl. BRANDNER, T; *Einheit gegeben – verloren – erstrebt,* S. 126f.

Auch der Text der ersten Konsultation über den ersten Artikel in Kinshasa bezeugt, daß die Autoren dem Verständnis der Monarchie des Vaters einen gewissen Vorrang geben, auch wenn dies nicht notwendig aus dem Glaubensbekenntnis abgeleitet werden kann. Die Monarchie des Vaters, so wie sie besonders von den Kappadoziern und den östlichen Kirchen vertreten wurde, steht nach dem Text der Konsultation dem Glaubensbekenntnis näher, als die, von Augustinus und der westlichen Theologie vertretene Auffassung, daß das Einssein Gottes im göttlichen Wesen gründe.[9] Der Text der Konsultation sagt weiter, daß es möglich sei, beide theologischen Auffassungen durch das Verständnis Gottes als Koinonia zu versöhnen. Der eine Gott offenbart sich als eine Gemeinschaft des Lebens und der Liebe. Die Gemeinschaft Gottes und seine Selbstmitteilung an die Menschen wird in der Aussage „Gott ist Liebe" (Joh 4, 8) zusammengefaßt. Beides offenbart sich durch das Kreuz, darum kann das Kreuz nicht losgelöst von der Trinität und die Trinität losgelöst vom Kreuz verstanden werden. Die Koinonia Gottes ist nach dem Text der Konsultation die Quelle und das Vorbild des Lebens der Kirche.[10]

Die Schöpfungslehre thematisiert die Beziehung zwischen Gott und Welt und wirft damit noch einmal die Frage nach der Transzendenz und Immanenz auf. GG beschreibt den Schöpfungsvorgang als einen trinitarischen Akt: Die Welt wurde vom Gott, der Schöpfer ist, durch den Sohn und durch den Heiligen Geist erschaffen (Nr. 75).

Diese trinitarische Haltung in der Schöpfungstheologie setzt sich mit den Herausforderungen des Deismus und des Pantheismus auseinander. Der Deismus behauptet die Trennung der Welt von Gott, der Pantheismus die Gleichsetzung von beiden.

Die Auslegung in GG macht deutlich, daß das trinitarische Verständnis Gottes für eine christliche Deutung der Beziehung Gottes zur Welt als Schöpfung unerläßlich sei, da es so möglich ist, Gott als sowohl transzendent gegenüber der Welt als auch gegenwärtig in seiner Schöpfung zu denken (Nr. 78). Die Schöpfung sei zwar anders als Gott, bleibe aber den-

---

[9] Vgl. LINK, *Ein Gott – ein Herr – ein Geist*, S. 23.

[10] Ebd., S. 25f.

noch durch den Sohn und den Geist immer in Beziehung zu Gott als ihrem Schöpfer, Erlöser und Erhalter.

> *„So ist es also immer ein und derselbe dreieinige Gott, der in allen Aspekten seines Werkes wirksam ist."* (Nr. 78)

Die trinitarische Schöpfungstheologie gehört zu den Grundlagen von GG.

> Die Entfaltung einer trinitarischen Schöpfungstheologie wird auch im Text der ersten Konsultation von Kinshasa betont. Hier wird gesagt, daß die trinitarische Perspektive in der Schöpfungstheologie von Anfang an unerläßlich sei. Darum reiche es nicht, die Schöpfungstheologie lediglich aus der Perspektive des ersten Artikels zu entwickeln. Auch ließe sich der erste Artikel nur mit einem Verweis auf den zweiten und den dritten Artikel des Glaubensbekenntnisses nicht erschöpfend behandeln. Der Text führt aus, daß Gott im Wort und durch das Wort in die Schöpfung eintreten sei, durch die Menschwerdung des Sohnes der Schöpfer selbst Teil der Schöpfung, der Gott in der Schöpfung wurde. Weiter wird gesagt, daß die Schöpfung christologisch, inkarnatorisch, geistlich und sakramental als fortgesetztes Handeln der Trinität begriffen werden müsse.[11]

Nach dieser grundlegenden Erklärung kommt GG auf die Herrlichkeit Gottes in der Schöpfung zu sprechen. Die Kirche, so Nr. 79, bekräftige die Gegenwart der Herrlichkeit Gottes in der ganzen Schöpfung und erfreue sich daran mit Danksagung.

Es wird allerdings nicht verschwiegen, daß die Welt ständig durch Tod, Zerfall und Naturkatastrophen bedroht wird (Nr. 82).

In diesem Zusammenhang befaßt sich GG mit der Frage nach dem Bösen in der Welt. Die Welt des christlichen Glaubens sei die Welt Gottes, sie sei nicht außerhalb von Gottes Wirkung und Erhaltung und darum eine gute Welt. Die Auslegung von GG betont, Gott bewahre und erhalte durch sein ständiges Schöpferwirken seine Schöpfung in jedem Augenblick, sie bemerkt jedoch auch, daß die ganze Geschichte der Schöpfung durch eine gewisse Zweideutigkeit gekennzeichnet sei. Die vielfältigen Leiden der Geschöpfe seien ein Merkmal dieser Welt, wie sie täglich erfahren werde (Nr. 82). Die Christen erwarteten vom Erlösungswerk Christi, daß die ganze Schöpfung von den zerstörerischen Kräften des Dunklen und Bösen endgültig geheilt, befreit und wiederhergestellt würde (Nr. 82).

---

[11] Vgl. ebd., S. 43.

Der Kinshasa-Text betont, daß Ambiguität und Diskontinuität in der Schöpfung sich nicht nur in der Auflehnung von Menschen gegen Gott, sondern bei allen Geschöpfen in der ganzen Natur zeigten. So sei die Versöhnung zwischen Gott und Welt (also das Kreuzesgeschehen) nicht nur ein soteriologisches Geschehen, sondern der Beginn einer über alle Sünde und Gebrochenheit hinausgehenden Verwandlung.[12] Dieses Verständnis des Kreuzes als Mittel der vollen Verwirklichung des Menschen und der Verwandlung der Schöpfung könnte auch in der ekklesiologischen Diskussion hilfreich werden. Die Kreuzestheologie würde somit nicht nur in ihren moralischen oder politischen Aspekten verstanden.

Auf die Feststellung über die Zweideutigkeit der Schöpfung und die Verwandlung durch das Kreuzesgeschehen folgt in GG eine längere Passage, die von der Verantwortung der Menschheit in der Schöpfung und der Ethik der Schöpfung handelt. Das Dokument wendet sich darin gegen eine in der Vergangenheit biblisch falsch begründete, verantwortungslose und ausbeuterische Herrschaft über die Schöpfung und appelliert an eine rechte Haushalterschaft, die der Mensch dem dreieinigen Gott schulde (Nr. 84.-89).

Der Kinshasa-Text ist an dieser Stelle noch deutlicher, wenn er den Unterschied zwischen einer anthropozentrischen und einer trinitarischen Umweltethik artikuliert. Die anthropozentrische Umweltethik, bei der der Mensch als Haushalter Gottes sich gegenüber der Schöpfung nur auf eigene Verantwortung stütze, könne die unbegrenzte Ausbeutung und Zerstörung der Schöpfung legitimieren. Eine trinitarische Umwelt- und Schöpfungsethik betone hingegen die Gegenwart Gottes in der Schöpfung durch die Menschwerdung des Sohnes und die Wirkung des Geistes. Dadurch sei die Schöpfung geheiligt und müsse mit Verantwortung behandelt werden.[13]

Die Auseinandersetzung mit dem Bösen in der Welt wird darüber hinaus in GG im Abschnitt über Gott den allmächtigen Vater geführt.

Das Dokument distanziert sich zunächst von einem unqualifizierten Verständnis der Allmacht des Vaters, der „tun kann, was er will", und bekräftigt demgegenüber, daß der Vater einer ist, „in dessen Händen alles liegt"

[12] Vgl. ebd., S. 45.

[13] Vgl. ebd., S. 46ff.

(Nr. 57). Die Macht Gottes sei keine erzwingende Tyrannei, sondern die Macht der schöpferischen Liebe und liebender Sorge für seine Geschöpfe (Nr. 59).

Der Glaube an die Allmacht des Vaters müsse sich mit jenem Protest auseinandersetzen, den der Atheismus als seine stärkste Rechtfertigung anführt: an die Allmacht Gottes könne man in der gegenwärtigen Welt der Ungerechtigkeit, des Hasses, des Neides, der Eigennützigkeit und des Leidens nicht glauben. Es sei zu fragen, wie es möglich ist, daß die Mächte des Bösen in der guten Welt Gottes die Oberhand gewinnen.

GG betont, das Böse könne nicht nur eine Folge der menschlichen Freiheit sein, da es sich auch außerhalb des Bereiches menschlicher Verantwortung finde. Die letztgültige Antwort im Prozeß der Überwindung des Bösen, des Leidens und des Todes durch Gott liege in der Versöhnung der Welt durch den Sohn Gottes (Nr. 61). Der endgültige Sieg über die Mächte der Sünde und des Todes werde erst in der zukünftigen Welt vollkommen sein, in der Zwischenzeit solle Gott als letztgültige Macht gegen die Kräfte des Bösen angerufen werden. Die Zweideutigkeit der Welt werde im universalen Wirken Gottes durch Jesus Christus versöhnt.

An dieser Stelle fällt eine Veränderung im GG gegenüber dem Kinshasa-Text auf. Die Rede über das Kreuz aus dem Kinshasa-Text ist in GG (Nr. 49-62) fast völlig verschwunden. Das Thema über den allmächtigen Vater wird in beiden Texten unter dem Aspekt des Vaterseins und der Allmacht betrachtet, anschließend wird der Zusammenhang von beiden Aspekten erklärt. Die Rede über das Kreuz ist in der Kinshasa-Abhandlung sowohl im Teil über den Vater als auch im Teil über den Allmächtigen zu finden. Es wird gesagt, daß das Vatersein Gottes ganz besonders im Blick auf die zentrale Bedeutung des Kreuzes und der Auferstehung erfaßt werde.[14] Das Kreuz dürfe man nicht als eine zeitweilige Ausschaltung der Allmacht Gottes betrachten, auf die anschließend ihre siegreiche Rechtfertigung in

[14] Vgl. ebd., S. 31f. In den Vorträgen zur Vaterschaft Gottes aus der Perspektive der feministischen Theologie wurde in Kinshasa deutlich, daß das Vatersein Gottes sich im vollsten Sinne in seiner Beziehung zur zentralen Bedeutung des Kreuzes erfassen läßt. Die Verbindung der Vaterschaft Gottes mit dem Leiden des Sohnes, das Verlassensein des Sohnes vom Vater und des Vaters vom Sohn bedeute den Abschied von der Vorstellung des allgewaltigen und des leidensunfähigen Gottes. Ein Verständnis des leidensfähigen Gottes macht es den christlichen Feministinnen möglich, Gott als einen mütterlichen Vater zu bezeichnen und nach dem Muttersein Gottes zu fragen. Vgl. ebd., S. 63.

der Auferstehung folge. In der Machtlosigkeit des Kreuzes und im Tod des Gekreuzigten liege die Durchsetzung und Verwirklichung der Herrschaft und Vorsehung Gottes in einer von ihm entfremdeten Welt. So entsteht in Kinshasa-Text der Grundsatz: Die ganze Tiefe des ersten Artikels wird erst im zweiten Artikel deutlich. Dieser Grundsatz wird zwar auch in GG angewendet, jedoch abgeschwächt und weniger deutlich. Im GG wird über das Kreuz lediglich im Zusammenhang mit dem Theodizeeproblem gesprochen, das Kreuz als die Offenbarung des Wesens des Vaters, wie es im Kinshasa-Text dargestellt ist, kommt in GG nicht zum Ausdruck.[15]

Das Dokument merkt weiterhin an, das Verständnis des Vaters als eines Gottes, der das Universum nicht losläßt und nicht loslassen wird, beinhalte zugleich eine Kritik an allen anderen, die Anspruch auf universale Herrschaft der Welt erhöben (Nr. 57).

11.1.4. Christologie

Im zweiten Teil beschäftigt sich GG mit den christologischen Glaubensaussagen. Es erörtert aus biblischer Sicht die Problemlage der zeitgenössischen christologischen Fragestellungen, besonders die Spannung zwischen der Christologie des Jesus von Nazareth und der Präexistenzchristologie.

Das Glaubensbekenntnis bekenne mit dem Wort „homoousios" Jesus Christus als den präexistenten Sohn Gottes. Anders die zeitgenössischen biblischen Studien und besonders die historisch-kritische Exegese, die Jesus von Nazareth in den Mittelpunkt stellten. Der historische Kontext zur Zeit Jesu, sein irdisches Wirken, seine von den Aposteln bezeugte Auferstehung bilden laut GG den Ausgangspunkt für alle heutigen christologischen Studien. Im Unterschied dazu verfolge der gesamte patristische Ansatz in der Christologie die bekenntnishafte „nizänische" Linie.

Das Dokument faßt zusammen, daß beide Ansätze einander nicht ausschlössen, vielmehr miteinander vereinbar seien und einander sogar bereichern könnten. GG möchte jedoch wenigstens an dem impliziten, seit den frühesten Stadien der christlichen Tradition belegten Charakter der Präexistenzchristologie festhalten.

[15] Ebd., S. 37f.

„Das bedeutet, daß der ewige Sohn und das ewige Wort Gottes von Anfang an mit der menschlichen Wirklichkeit Jesu eins waren, obwohl die ausdrückliche Formulierung dieser Tatsache sich erst im Laufe der christologischen Tradition entwickelte.“ (Nr. 109)

Daß GG bei seiner Auslegung den Akzent auf die „nizänische“ Linie legt, läßt sich damit erklären, daß das nizänische Glaubensbekenntnis die Textgrundlage und somit die primäre Vorgabe für die Auslegung bildet. Abgesehen von einer Stelle, in der es um das Vatersein Gottes geht, bleibt diese Linie im christologischen Teil der Auslegung vorherrschend. Die Komplementarität der beiden Ansätze „von oben“ und „von unten“ kommt außer an dieser einen Stelle nicht weiter zum Ausdruck.[16] Die Auslegung bleibt vielmehr in einer apologetischen Haltung und plädiert dafür, die Vorstellung eines präexistenten Sohnes, der in Jesus Christus inkarniert wurde, nicht aufzugeben. Denn die präexistente Sohnschaft sage entscheidend aus, daß die menschliche Wirklichkeit Jesu in ihrer Verbindung zu Gottvater nur als Manifestierung des ewigen Gottes verstanden werden könne (Nr. 112).

Die Auslegung von GG erweckt hier den Eindruck, daß die Präexistenzchristologie nicht nur wegen der theologischen Vorgabe in NK Priorität erhält, sondern doch auch eine theologische Entscheidung für sie gefallen ist.

Für diese Annahme sprechen m. E. auch die Abschnitte über die Beziehung Jesu zu seinem Vater. Der transzendente Gott entziehe sich jedem Versuch, ihn mit Namen zu benennen und zu kategorisieren. Jesus habe zum transzendenten Gott eine familiäre Verbindung gepflegt, ihn Vater genannt. Dies sei ganz außergewöhnlich, betont der Text. Jesus beanspruche damit, der Einzige zu sein, der auf diese Qualität der Vaterbeziehung ein Recht habe, und dieses Vorrecht komme darin zum Ausdruck, daß Jesus als Sohn bezeichnet werde (Nr. 111).

Der Anspruch einer einzigartigen Beziehung Jesu zu Gott aufgrund seiner völlig analogielosen „Abba“- und der individuellen „Mein Vater“-Anrede, wurde zum Gemeingut der Theologie, seitdem J. Jeremias 1966 diese These in seinem Buch über die ipsissima verba Jesu formulierte. In einer

---

[16] „Das Vatersein Gottes bezieht sich an erster Stelle auf Jesus von Nazareth, der der Sohn ist. Ewiges Vatersein impliziert ewige Sohnschaft. Die Person des ewigen Sohnes wurde in Jesus von Nazareth Fleisch.“ (Nr. 53)

1991 herausgegebenen Dissertation von Strotmann wird jedoch eine Überprüfung und Korrektur der These von Jeremias verlangt.[17]
Strotmann zeigt in ihrer Untersuchung frühjüdischer Schriften, daß es für einen frommen Juden nicht ungewöhnlich war, Gott als Vater zu bezeichnen und anzurufen.[18] Demzufolge wäre die Anrede „Mein Vater" keine völlig analogielose Anrede und kein entscheidendes Argument für das einzigartige Bewußtsein Jesu als Sohn Gottes.
Die Betonung der außergewöhnlichen Beziehung Jesu zum Vater, wie sie auch in GG ihren Niederschlag findet, will der ewigen Sohnschaft Priorität einräumen und ist im Grunde eine Bestätigung der „nizänischen" Linie im christologischen Teil der Auslegung.
Auch die Äußerungen über den Vater, den Allmächtigen, scheinen die nizänische Linie zu bestätigen. Der Text der Konsultation in Kinshasa versteht Gott als Vater zunächst aufgrund seiner schöpferischen Tätigkeit. Erst in einem zweiten Schritt kommt der Text auf die ewige Sohnschaft Jesu Christi zu sprechen.[19] GG weist auch in diesem Punkt eine Schwerpunktverlagerung auf.
Diese Schwerpunktverlagerung wird deutlich, wenn man GG mit dem Text der ersten Konsultation über den zweiten Glaubensartikel aus Kottayam vergleicht. Der Kottayam-Text setzt sich in der Abhandlung über Jesus Christus im Sinne des christologischen Dogmas von Chalcedon separat mit den beiden christologischen Axiomen auseinander: Der Sohn Gottes – Jesus von Nazareth als Mensch; wahrer Gott – wahrer Mensch. GG verzichtet auf diese Unterteilung, folgt in seiner Auslegung den einzelnen Sätzen des NK.

[17] STROTMANN, A.; *„Mein Vater bist Du"*, S. 377-379.

[18] Strotmann will eine Vorarbeit zu einem besseren Verständnis der Vaterschaft Gottes im NT leisten. vgl., S. 377. „Nicht die individuelle Anrede Gottes mit 'mein Vater' im Vokativ oder gar mit 'Abba' ist Maßstab für die Intimität und Nähe zwischen Gott als Vater und den Menschen als Sohn oder Tochter, sondern die Art und Weise, in der sich Gott fraglos und selbstverständlich für seine Kinder einsetzt und sich ihren Wünschen und Bedürfnissen aussetzt. Eine besondere Nähe drückt dabei zweifellos die vor allem den Gerechten gewährte Teilhabe an Gottes Macht, Herrlichkeit und Erkenntnis aus, oder anders ausgedrückt, an seinem Erbe, ein Aspekt der Vaterschaft Gottes, der neben anderen dann auch im NT eine besondere Bedeutung erhält." Ebd., S. 379.

[19] Vgl. LINK,H-G; *Ein Gott – ein Herr – ein Geist*, S. 30 und 33f. Der Kinshasa-Text sagt außerdem, die relative Unabhängigkeit des ersten Glaubensartikels habe zur Folge, daß man sinnvoll über Gott den Schöpfer sprechen könne, ohne zuerst über Gott den Sohn oder Gott den Heiligen Geist gesprochen zu haben. Vgl. ebd., S. 43.

Dadurch erhält die Präexistenzchristologie wiederum eine gewisse Priorität vor der Christologie „von unten".

> Der Kottayam-Text selbst deutet bereits an, warum die Entscheidung für die „nizänische" Linie bei der Auslegung des Glaubensbekenntnisses getroffen und auf eine strengere theologische Unterteilung zwischen dem Sohn Gottes und Jesus von Nazareth verzichtet wurde. Der Kottayam-Text hält nämlich eine Christologie des Menschen Jesus von Nazareth für problematisch. Sie würde von Christen häufig auf widersprüchliche Weise verstanden, was zu Trennungen beitrage. Manche betrachteten Jesus auch als ein Lebensmodell ähnlich wie Karl Marx, Che Guevara oder Mahatma Gandhi. Darum resümiert der Kottayam-Text: Der Mensch Jesus von Nazareth komme zwar den Menschen nahe, Gott jedoch, den Jesus als seinen Vater beansprucht, rücke dabei immer mehr in die Ferne.[20]

Aus diesem Grund entschieden sich die Autoren von GG eher für die „nizänische" Linie der christologischen Auslegung. Damit optieren sie für die einheitliche Linie der Gottessohnschaft vor dem gefährlichen pluralistischen Verständnis von Jesus von Nazareth.

11.1.5. Pneumatologie

Die Behandlung des dritten Artikels in GG und seine Auslegung bauen auf die Ergebnisse der "Filioque"-Diskussion von 1979 auf und berufen sich ausdrücklich auf sie.

Der Text hält fest, daß der Geist aus dem Vater hervorgehe, und kommt mit dieser Formulierung den Interessen der östlichen Theologie entgegen. Zugleich wird hinzugefügt, daß es der Vater sei, der den Sohn zeuge. Damit wird implizit auch dem Anliegen der westlichen Theologie Rechnung getragen, nach der die Hauchung des Geistes vom Vater auch mit der Zeugung des Sohnes in Zusammenhang gebracht werden muß. Ausdrücklich heißt es:

> *„Der Geist ist beim Hervorhauchen und als hervorgehaucht immer in Beziehung zum Sohn."* (Nr. 209)

[20] Vgl. ebd., S. 82f.

Die wechselseitige Beziehung zwischen Sohn und Geist, wie sie an dieser Stelle zum Ausdruck gebracht wird, bezieht sich nach den Vorstellungen der westlichen Theologie auf das innere Leben der göttlichen Dreifaltigkeit. Die Betonung der wechselseitigen Beziehung zwischen Sohn und Geist und auch eine gewisse Vorordnung des Geistes vor Christus in der Heilsökonomie (z.B. in der Inkarnation) kann eine wichtige Korrektur für die hier zur Einseitigkeit neigenden westliche Theologie bedeuten. Sie wird diese Korrektur jedoch nur dann rezipieren, wenn der wechselseitigen Beziehung in der Heilsökonomie eine ähnliche Beziehung in der immanenten Trinität zugrundeliegt. Denn darin liegt die Bedingung der Möglichkeit für die Identität der immanenten und der heilsökonomischen Trinität.
Die Gottheit des Heiligen Geistes bekräftigt GG, wenn es heißt, alle drei göttlichen Personen sollten verherrlicht und angebetet werden. (Nr. 211) Darin sieht der Text den grundlegendsten Aspekt des christlichen Gebetes und einer trinitarischen Spiritualität. Letztere wird nachdrücklich hervorgehoben (Nr. 211, 212), da sie die Gefahr eines Pneumatomonismus banne. Dieser könne nämlich dann in Erscheinung treten, wenn behauptet würde, daß der Geist unabhängig von Vater oder vom Sohn handle.
In diesem Zusammenhang kommt das Dokument auf den Geist und die Propheten zu sprechen (Nr. 213) und bestätigt dabei die Kontinuität zwischen dem neuen Volk Gottes und dem Volk des Alten Bundes.
Der Text unterstreicht, es sei ein und derselbe Geist Gottes, der die Propheten Israels wie auch die kanonischen hebräischen Schriften inspiriert habe. Die Christen würden weiterhin vom Geist durch die Propheten unterwiesen, sonst müsse man leugnen, daß der Gott der Propheten der Gott und Vater Jesu Christi sei (Kommentar zu Nr. 213). GG bringt so den Wunsch zum Ausdruck, daß der Geist Gottes durch seine fortdauernde Wirksamkeit die Gemeinschaften beider Testamente näher zusammenführe.
In diesem Abschnitt wird indirekt auch auf eine gewisse Vorordnung des Geistes vor Christus abgehoben und damit ein anderer Aspekt der wechselseitigen Beziehung zwischen Sohn und Geist ins Licht gerückt. Weil der Geist Jesu Christi der Geist des Vaters ist, kann er in der Heilsgeschichte auch vor Christus – natürlich in Hinblick auf die volle Erfüllung in ihm – wirken.

> *„Alles, was vom Heiligen Geist inspiriert wird, ist gebunden an das, was Gott der Vater in seinem vom Geist erfüllten Christus getan hat.“* (Nr. 214)

Mit der Betonung der wechselseitigen Beziehung des Sohnes und des Geistes in der ökonomischen wie in der immanenten Trinität sowie mit der Betonung einer trinitarischen Spiritualität berücksichtigt GG bei der Auslegung des dritten Artikels die Anliegen und Ergebnisse der „Filioque"-Diskussion und baut sie konsequent in den Text ein.

11.1.6. Die Aussagen über die Kirche

Der ekklesiologische Teil der Auslegung des NK ist eng mit dem vorhergehenden pneumatologischen Teil verknüpft. Diese Tatsache hängt nicht nur mit der Anordnung und der Diktion des NK zusammen, sondern beinhaltet auch eine theologische Option: Die Kirche ist der Ort des Heilshandelns des Heiligen Geistes (Nr. 217).

Zugleich sind die wesentlichen Aussagen über die Kirche in GG trinitarische Aussagen. Es wird ausgeführt, der Ursprung der Kirche liege im Erlösungsplan des dreieinigen Gottes mit der Menschheit, das Ereignis ihrer Manifestierung sei mit Pfingsten verbunden und die Kirche habe ihren Grund im Wirken Christi (besonders in seiner Verkündigung in Wort und Tat).

Die Kirche beziehe sich auf die Trinität im kausalen Sinne, die Dreifaltigkeit sei der Grund für die Entfaltung der Kirche (Nr. 216). Weiter präzisiert der Text die trinitarische Grundaussage über die Kirche christologisch und pneumatologisch: die Kirche sei die Gemeinschaft derjenigen, die Gemeinschaft mit Christus und untereinander hätten; diese Gemeinschaft käme zustande durch den Glauben an Christus und die Taufe, durch das Wort Gottes und die Eucharistie; sie sei die verpflichtende Gemeinschaft der Liebe durch den Geist Jesu Christi (Nr. 224).

Noch expliziter spricht GG darüber, daß Leben und Einheit der Kirche in der Gemeinschaft der Trinität gründe, da die Kirche das Volk des Vaters (sein Eigentum), der lebendige Leib des Sohnes und die einzigartige Gemeinschaft des Geistes sei (Nr. 225). Der primäre Ort der Manifestation dieser Gemeinschaft ist für GG die Ortskirche.

Die Trinität sei nicht nur Grund und Ursprung der Kirche, es gelte zudem die trinitarische Gemeinschaft vor Ort zu verwirklichen. An dieser Stelle kommt das Dokument auf die defiziente Gestalt dieser Gemeinschaft zu sprechen. Die Kirche versage nämlich in ihrer historischen und menschlichen Wirklichkeit ständig, versäume es, ihrer göttlichen Berufung zu ent-

sprechen, und sei durch die Präsenz der einen Kirche in den getrennten Kirchen beeinträchtigt.
Im anschließenden Kommentar wird darauf hingewiesen, daß in Bezug auf die Sündhaftigkeit der Kirche die westliche und die östliche Ekklesiologie unterschiedliche Meinungen vertreten.
Das Verständnis der Kirche als communio wird weiter mit den drei klassischen biblischen Bildern entfaltet, unter denen das des Leibes Christi gegenüber dem Bild des Volkes Gottes und dem der Gemeinschaft der Heiligen im Geist hervorragt.

11.1.6.1. Kirche als Leib Christi

Wo in GG auf das biblische Zeugnis für die Aussagen von NK über die Kirche eingegangen wird (Nr. 221), beschreibt der Text vorrangig und mit großer Aufmerksamkeit das Bild vom Leib Christi. Von ihm wird behauptet, es sei mehr als ein Bild, da das Leib-Christi-Verständnis der Kirche auf die grundlegende Realität der Teilhabe am Leib Christi in der Eucharistie als Konstitutivum der Gemeinschaft (Koinonia) hinweise. Die tiefe Verbindung zwischen dem Leib-Christi-Gedanken und der Koinonia wird besonders anhand der paulinischen Theologie belegt.
Nicht ohne Grund liegt GG so viel an der Hervorhebung des Leib-Christi-Kirchenbildes. Ausdrücklich geht das Dokument darauf ein, daß die Gemeinschaft zwischen Gott und Menschheit, zwischen Menschen und Schöpfung durch das heilige Mysterium des Leibes Christi erneuert und wiederhergestellt werde (Nr. 227). Das Verständnis der Kirche als Leib Christi impliziert also die konstitutive Rolle der Sakramente für das christliche Leben und bringt die damit verbundene grundlegende Bedeutung der Leiblichkeit für das Heil der Welt zur Geltung.
Auch hier scheint es also im Prozeß der Formulierung von GG zu einer Akzentverschiebung gekommen zu sein. Der Text der ersten Konsultation von Chantilly über den dritten Artikel behandelt alle drei biblischen Kirchenbilder, allerdings in der Reihenfolge der klassischen trinitarischen Taxis: Die Kirche als Volk Gottes, die Kirche als Leib Christi, die Kirche als Gemeinschaft der Heiligen im Geist. Dennoch kommt es auch im Chantilly-Text zu einer gewissen Hervorhebung der Leib-Christi-Ekklesiologie, wenn dort gesagt wird, der Leib Christi spiegele die wirksame Gegenwart der Trinität

in der Welt wider, und die wiederhergestellte Koinonia werde durch das heilige Mysterium des Leibes Christi verwirklicht und erhalte darin seine Gestalt. Diese Aussagen wirken aber anders als in GG, weil im Chantilly-Text einige Seiten zuvor das trinitarische Konzept der Kirche als Koinonia weiter spezifiziert wurde im Sinne der konfessionspezifischen Verständnisse der Kirche als Schöpfung des Wortes, als sakramentale Gemeinschaft und als Pilgerschaft auf dem Weg zum Reich Gottes. Diese Kirchenverständnisse hatten im Rezeptionsprozeß des Lima-Papiers eine gewisse Korrektur an der epikletischen Lima-Ekklesiologie angebracht. Indem GG nun die anderen beiden konfessionspezifischen Kirchenverständnisse in seinem Koinonia-Konzept nicht erwähnt, bleibt der Leib-Christi-Gedanke und damit das sakramentale Verständnis der Kirche führend.

11.1.6.2. Die Kirche, die Gemeinschaft der Heiligen im Geist

Hierzu wird ausgeführt, die Kirche sei die Präfiguration des Gottesreiches, das sie erwarte und ankündige. Das Reich Gottes werde überall dort vorweggenommen, wo immer zwei oder drei Jünger Christi versammelt sind, weil in ihrer Mitte der Herr selbst gegenwärtig sei (Nr. 233).

11.1.6.3. Die Kirche, das Volk Gottes

Mit dem Bild der Kirche als Volk Gottes thematisiert der Text Kontinuität und Diskontinuität zum Volk Israel (Nr. 234). Die Kirche als Volk Gottes qualifiziere sich aufgrund der Gegenwart Christi in ihr als ein Mysterium. Zugleich stelle sie auch ein prophetisches Zeichen für die endgültige Vollendung des göttlichen Heilsplans dar. Als dieses prophetische Zeichen sei die Kirche auch das Mittel, durch das Gott in der Welt wirkend und verwandelnd gegenwärtig werde (Nr. 236).

Die anschließende Zusammenfassung über die „Eine, heilige, katholische und apostolische Kirche“ verknüpft die Einheit der Kirche mit dem Eucharistie-Gedanken und die Möglichkeit zur vollen Aktualisierung der sichtbaren Einheit allein in der einen eucharistischen Gemeinschaft (Nr. 238).

Mit dieser Aussage wird die Nähe zu einem sakramentalen Kirchenverständnis noch einmal bestätigt: Die Verknüpfung der trinitarischen Gemeinschaft mit dem Gedanken der eucharistischen Einheit rückt das Verständnis der Koinonia in die Nähe der „katholischen“ Tradition.

11.1.7. Auswertung

Geschichtliche Einordnung:
Das Dokument »Gemeinsam den einen Glauben bekennen« stellt das Beispiel einer bewußten trinitarischen Begründung des Gottes- und Kirchenverständnisses dar. Insofern markiert es die Tendenz zur vollen trinitarischen Ausformulierung des Gottes- und Kirchenverständnisses in den Dokumenten der Kommission.

Trinitarisches Gottesverständnis:
Die Auslegung der Gotteslehre und der Schöpfungslehre in GG bringt die Koinzidenz von Transzendenz und Immanenz Gottes mit einer trinitarischen Sprache zum Ausdruck und belegt, daß der trinitarische Glaube fähig ist, diese beiden Aspekte in Einheit zu denken. Darum kann dieser Glaube mit den anderen monotheistischen Religionen wie mit seinen modernen ideologischen Herausforderungen in Dialog treten, die den einen oder anderen Aspekt monistisch vertreten. In diesem Dialog hält GG bei der Auslegung des christlichen Glaubens seine trinitarische Haltung konsequent durch und verzichtet auf eine (zum Monismus tendierende) philosophische Spekulation oder Argumentation. Die trinitarische Sprache des Glaubens von GG hat ihren Schwerpunkt im geschichtlichen Heilswirken Gottes und nicht im immanenten Leben der Dreifaltigkeit. Damit stellt GG die Praxis des trinitarischen Lebens über die trinitarische Spekulation. Das Heilswirken Gottes in der Geschichte wird vorrangig mit den Worten „Leben“ und „Liebe“ beschrieben, die auch das innere Leben Gottes und seine ewige trinitarische Gemeinschaft bezeichnen und so den Zusammenhang der immanenten und der ökonomischen Trinität wahren. GG entscheidet sich gegenüber anderen theologischen Möglichkeiten für die Monarchie des Vaters in der Trinität als Quelle der Einheit. Die wechselseitigen Beziehungen zwischen den göttlichen Personen sollen das Monarchie-Konzept vor der Gefahr des Modalismus und des Subordinatianismus

schützen. Dennoch weisen einige Ausdrucksweisen im Dokument eine gewisse Tendenz zum Modalismus auf. In der Auseinandersetzung mit dem Theodizeeproblem und mit der Zweideutigkeit der Welt wird sichtbar, daß die trinitarische Rede von Gott nicht ohne die Rede vom Kreuz und vom Erlösungswerk Christi auskommt. Die kreuzestheologischen Einlassungen werden im Vergleich zu früheren Dokumenten in GG schwächer. Diese Tatsache deutet auf ein gewisses Ungleichgewicht zwischen dem Aspekt des Vater als östlichem Theologoumenon und der Kreuzestheologie als westlich-reformatorischem Anliegen hin. Im Bereich der Christologie ist ein Übergewicht der Präexistenz- und Deszendenzchristologie, der Christologie „von oben", gegenüber der Christologie des Jesus von Nazareth, der Christologie „von unten", festzustellen. Die Ergebnisse der „Filioque"-Diskussion, besonders die Betonung des Hervorgangs des Heiligen Geistes aus dem Vater und die wechselseitige Beziehung zwischen Geist und Sohn, werden in der Auslegung voll rezipiert.

Trinitarisches Kirchenverständnis:

Die trinitarische Koinonia stellt das primäre Kirchenverständnis von GG dar. Das Koinonia-Konzept wird allerdings mit dem Kirchenbild des Leibes Christi und dem sakramentalen Aspekt verknüpft. Andere konfessionelle Kirchenverständnisse, wie sie im Rezeptionsprozeß von Lima zum Ausdruck gekommen waren, sind etwas schwächer vertreten.

Fazit:

GG ist ein hervorragendes Beispiel für eine konsensfähige Auslegung des Glaubensbekenntnisses von Nizäa-Konstantinopel. Die großen theologischen Traditionen – orthodoxe, römisch-katholische, anglikanische und reformatorische – können die Anliegen ihrer Theologie darin wiederfinden. Auch bestimmte Akzente der östlichen und westlichen Theologie werden festgehalten und miteinander in Einklang zu bringen versucht. Dennoch kommt es an einigen Punkten zu einem gewissen Ungleichgewicht. Die Auslegung des Glaubensbekenntnisses von Nizäa-Konstantinopel steht der östlichen Denkform und Theologie näher als der westlichen und gerät somit in die Nähe des „katholischen" Kirchentypus.

12. Budapest 1989

Auf der Sitzung der Kommission für Glauben und Kirchenverfassung in Stavanger 1985 wurde das Projekt über die „Einheit der Kirche und die Erneuerung der menschlichen Gesellschaft“ beschlossen, obschon die Methoden und Perspektiven der Studie noch wenig geklärt waren.[1] In Stavanger lag aber schon der Text der Studie über die „Kirche als Mysterium und prophetisches Zeichen“ vor, der das Ergebnis einer Konsultation in Chantilly bei Paris in Januar 1985 war. Dieser Text sollte den kohärenten ekklesiologischen Rahmen für das ganze Studiendokument über Einheit und Erneuerung bilden. Die ekklesiologische Konzentration des Textes sollte ferner zu zwei Bereichen menschlicher Gebrochenheit, die der Erneuerung bedürfen, in Beziehung gesetzt werden.[2] Auf der Sitzung der Kommission in Budapest/Ungarn 1989 wurde ein erster Entwurf für ein Studiendokument vorgelegt, dieser diskutiert und zur weiteren Überarbeitung empfohlen. Die Studie sollte „einen wesentlichen Beitrag leisten zum Ringen der Kirche um ein angemessenes Verständnis des Wesens der Kirche und ihrer Einheit, zu ihrer Sendung und ihrem Dienst in der Welt“[3]. Die Studie wurde schließlich unter dem Titel »Kirche und Welt« 1990 veröffentlicht.

12.1. Kirche und Welt

12.1.1. Einführung

Am Anfang dieses Jahrhunderts besaß die weltweite Missionsarbeit in den christlichen Kirchen die Priorität schlechthin. Das Streben nach größeren Erfolgen bei der Mission gab der gesamten ökumenischen Bewegung und speziell der Bewegung für Glauben und Kirchenverfassung den vielleicht

---

[1] GASSMANN, G.; *Glauben und Kirchenverfassung: Gegenwart und Zukunft,* Bericht des Sekretariats, S. 13, in: *Glaube und Erneuerung Stavanger 1985,* Beiheft zur ÖR 55, Faith and Order Paper 131, Verlag Otto Lembeck, Frankfurt am Main 1986.

[2] GASSMANN, G.; *Stavanger 1985 bis Budapest 1989,* Bericht des Sekretariats, S. 38f., in: *Glauben und Kirchenverfassung 1985-1989,* Verlag Otto Lembeck, Frankfurt am Main 1990.

[3] Ebd., S. 39.

wichtigsten Anstoß. Denn die Trennung der Kirchen behinderte die Verkündigung des Evangeliums am meisten und machte die Weitergabe der Heilsbotschaft unglaubwürdig. Insofern war der ökumenische Prozeß von seiner Entstehung an von einem intensiven Interesse an der Welt geprägt. Es wurde jedoch bald klar, daß nicht nur über das Zeugnis der einzelnen Kirchen für die Welt, sondern auch über das Wesen der einen Kirche Christi in der Welt nachgedacht werden mußte. Darum gehörte das Thema „Kirche und Welt" seit der ersten Weltkonferenz der Kommission für Glauben und Kirchenverfassung zu den Hauptthemen der Studienarbeit. 1927 kam dies im Bericht »Die Botschaft der Kirche an die Welt: das Evangelium« zum Ausdruck, der als das wichtigste Ergebnis der ersten Weltkonferenz in der Öffentlichkeit und als »Die Botschaft von Lausanne« präsentiert wurde.

In Lausanne wurden die Unterschiede im Kirchenverständnis und in den einzelnen Elementen des kirchlichen Lebens überaus deutlich. Die Arbeit der Kommission konzentrierte sich darum nach Lausanne verständlicherweise vorrangig auf Themen, die sich mit dem Wesen der Kirche und mit den Elementen ihres Wesens befaßten, so daß der thematische Schwerpunkt „Welt" aus der Studienarbeit fast völlig verschwand, obwohl das Interesse für die Welt nach wie vor im Hintergrund präsent blieb. In den fünfziger Jahren wurden Stimmen laut, die in den Dokumenten der Kommission eine Konzentration auf rein kirchliche Angelegenheiten tadelten. Anfang der sechziger Jahre ist mit dem Erscheinen des christozentrischen Universalismus, der kosmischen Christologie und der anthropologischen Wende das Thema „Welt" wieder in die Studien aufgenommen worden und avancierte bald sogar zum zentralen Thema. Jetzt wurde es aber nicht mehr unter der Perspektive der Mission, sondern des Dienstes behandelt. Der Gedanke, daß die Kirche von Gott nicht für sich selbst, sondern für den Dienst an der Welt geschaffen worden sei, bewirkte eine Wende im theologischen Denken und einen Perspektivenwechsel. Die zentrale Frage in den Anfangsjahren der ökumenischen Bewegung lautete: „Wie sieht das Konzept einer vereinten Kirche aus, die der Welt das Evangelium verkünden muß?". In den sechziger Jahren fragte man statt dessen: „Wie ist die Welt, der die Botschaft der Kirche gilt. Und wie muß demnach die Kirche sein, damit sie der Welt ihre Botschaft glaubwürdig unterbreiten kann?". Mit dieser Fragestellung verabschiedete sich die Studienarbeit vorerst vom Ekklesiozentrismus. Die Umkehrung der Fragestellung leitete in der Arbeit

der Kommission für Glauben und Kirchenverfassung die Phase der „Säkularökumene“ ein, bei der das „Humanum“ in den Mittelpunkt trat. Aus den Texten sprach ein entschiedener Einsatz für Gerechtigkeit in der Gesellschaft. Am deutlichsten kam diese Orientierung in der Studienreihe »Einheit der Kirche – Einheit der Menschheit« zur Sprache. Die Phase der Säkularökumene wurde besonders von Seiten der östlichen Kirchen als eine unzulässige Verflachung und Politisierung der Einheitssuche kritisiert.
Mit den direkten Vorbereitungen auf die Lima-Konferenz Ende der siebziger Jahre trat wiederum eine neue Phase in der Arbeit der Kommission ein. Die Vision der Kommission als einer „epikletischen Gemeinschaft“, wie sie von Nissiotis in Bangalore 1978 dargestellt wurde, verlieh der Studienarbeit einen neuen Antrieb. Die Säkularökumene war der Perspektive „von unten“, d.h. den konkreten Nöten und Situationen der Menschheit und der Welt verpflichtet. Als die Kommission Ende der siebziger und Anfang der achtziger Jahre den Ansatz der Säkularökumene aufgab, verließ sie jedoch keineswegs die Perspektive „von unten“. Sie verschob lediglich die Blickrichtung ihrer Arbeit von der Welt wieder auf innerkirchliche Themen wie die Sakramente, das Glaubensbekenntnisses und das Wesen der Kirche. Die bewegende Frage lautete nun: „Was können wir als Kirchen gemeinsam über die Sakramente und den Glauben sagen?“. Mit dem Lima-Papier 1982 und dem Dokument über das Glaubensbekenntnis trat die Perspektive der Welt wieder in den Hintergrund, um Mitte der achtziger Jahre mit dem Thema »Einheit und Erneuerung« erneut aufzutauchen.
Auf diesem Hintergrund ist das Dokument »Kirche und Welt« entstanden. Es behandelt den dritten Aspekt der konziliaren Gemeinschaft: „Zeugnis und Dienst an der Welt“.[4]

12.1.2. Geschichtliche, methodologische und inhaltliche Einordnung

Der Titel des Dokumentes stellt bereits eine verkürzte Fassung des Studienprogramms dar, das auf der Tagung der Kommission in Lima 1982 in

---

[4] *Kirche und Welt*, Die Einheit der Kirche und die Erneuerung der menschlichen Gemeinschaft, Lembeck, Frankfurt am Main, 1991. Die englische Originalfassung stammt aus dem Jahre 1990 als Faith and Order Paper; No. 151.

die Wege geleitet wurde und sich mit der Einheit der Kirche und der Erneuerung der menschlichen Gemeinschaft beschäftigen sollte.
Das Dokument ist eine Zusammenfassung der Ergebnisse von sieben internationalen Konsultationen, die in Afrika, Asien, in der Karibik, in Ost- und Westeuropa, Latein- und Nordamerika zu jeweils spezifischen Aspekten von »Einheit und Erneuerung« durchgeführt wurden. Diese Konsultationen wurden durch Beiträge verschiedener örtlichen Studiengruppen angereichert und durch die Leitungsgruppe für »Einheit und Erneuerung« und die Ständige Kommission sowie die Plenarkommission überprüft. Der eigentliche Studienprozeß begann mit der Sitzung der Ständigen Kommission auf Kreta 1984 und dauerte bis zur ersten Fassung des Textes in Leuenberg 1989. Von der Plenarkommission wurde der Text bei der Tagung in Budapest 1989 überprüft, in Mandeville (Jamaika) 1990 überarbeitet und im selben Jahr auf der Tagung der Ständigen Kommission für Glauben und Kirchenverfassung in Dunblane (Schottland) zur Veröffentlichung, Verbreitung und zum Studium in den Kirchen gebilligt.
Das Dokument ist ein Ausdruck ökumenischer Konvergenz in Fragen der Einheit und der Erneuerung sowohl was die Kirche als auch was die menschliche Gemeinschaft angeht. Es will den Kirchen helfen, gemeinsame und konvergierende ekklesiologische Perspektiven des Kirchenverständnisses in ihrer Beziehung zu Einheit und Erneuerung zu erkennen. Die Kirchen sollen bedenken, welche Konsequenzen diese Perspektiven für Glauben, Ordnung, Leben und Zeugnis der Kirche an ihrem jeweiligen Ort sowie für die Kirchen auf ihrem gemeinsamen Pilgerweg zur sichtbaren Einheit nach sich ziehen. Das Dokument soll von den Kirchen untersucht und „getestet“ werden als Hilfe und Anstoß bei der Reflexion ihres eigenen Selbstverständnisses und ihren gemeinsamen Bemühungen um Einheit und Erneuerung.
Der Text will in seiner Präsentation die Verbindung verschiedener theologischer Ansätze und Methoden lebendig zugänglich machen. Darum wurde zusätzliches Material – Zeugnisse aus dem Leben von Christen und christlichen Gemeinschaften, Zitate aus alten und zeitgenössischen Quellen – aufgenommen, um Aussagen des Textes zu illustrieren, ihn mit Erfahrungen von Christen in Verbindung zu bringen und ihn in den Kontext der umfassenderen ökumenischen Bewegung zu stellen. Die Zusätze sind durch Umrahmung vom eigentlichen Text abgesetzt und gehören nicht zum

offiziellen Textbestand des Dokumentes. Sie machen jedoch die ökumenische Weite und Kontextualität sichtbar.
In jedem Kapitel sind Fragen zur Reflexion und Diskussion angefügt, um die Leser und Leserinnen zu einem Gespräch mit dem Text und mit anderen in der eigenen Kirche oder christlichen Gemeinschaft einzuladen. Insofern betrachtet die Kommission diesen Text als ein erstes Ergebnis des Studienprogrammes und ist an Überlegungen und Kommentaren interessiert, um dadurch einen weltweiten Rezeptionsprozeß in örtlichen Gruppen einzuleiten.
Das inhaltliche Ziel des Dokumentes liegt in der Überwindung der ökumenischen Polarisierung zwischen dem Wesen der Kirche und ihrer Sendung. Wie bereits in der Einführung dargestellt, wechselte die Betonung dieser beiden Aspekte in der Geschichte der Kommissionsarbeit mehrmals und führte mitunter zu erheblichen Spannungen im ökumenischen Bemühen.
Das Projekt der Kommission für Glauben und Kirchenverfassung »Kirche und Welt« (weiter: KuW) erwuchs zunächst jedoch nicht nur aus einem theologischen Desiderat, dessen Notwendigkeit sich aus der Geschichte ergeben hätte, sondern muß auch als Antwort auf ein aktuelles ökumenisches Problem gesehen werden.[5] Angesichts der weltweiten Probleme, wie Hunger, Unfreiheit, Nationalismus und Rassismus, erschien der theoretische Einheitsdiskurs bisweilen wie ein Sandkastenspiel. Angesichts der Nöte der Menschheitsökumene mußte die christliche Ökumene mit einer Stimme sprechen und das gerade in einer Christenheit, die von neuen Spaltungen bedroht war. Der materielle, wirtschaftliche und politische Einsatz für eine menschlichere Welt auf der einen Seite und die Suche nach Einheit der Kirche auf der anderen durften nicht wie feindliche Fronten erscheinen, sondern ihre Zusammengehörigkeit mußte reklamiert werden, auch wenn zwischen ihnen eine gewisse Spannung herrscht. Darum ist KuW um eine „*vitale und kohärente Theologie*" bemüht, die sich „*durch Vitalität und durch das Zusammenleben, Zusammendenken, Zusammenbringen und Zusammenhalten der unterschiedlichsten Elemente*"[6] auszeichnet.

---

5 Vgl. SCHEELE, P.-W.; *Das Studiendokument »Kirche und Welt«*, Eine ökumenische Herausforderung, in: Catholica 47, S. 108f.

6 Ebd., S. 109.

Das Dokument bekräftigt darum die wechselseitige Beziehung zwischen dem Wesen der Kirche und ihrer Sendung trotz der Neigung, das Eine oder das Andere als die wichtigste oder dringlichste Aufgabe auf Kosten des jeweils anderen Elementes zu betonen. Das Dokument will zeigen, daß diese beiden ökumenischen Aufgaben nicht nur zueinander gehören, sondern auch unlösbar wechselseitig miteinander verbunden sind.

Vier Hauptelemente bilden das Grundgerüst des ganzen Textes. Als erstes wird die Ekklesiologie unter der Perspektive der Einheit der Kirche und ihres Wesens in vier Themen behandelt: Begründung der Ekklesiologie im Reich-Gottes-Verständnis, die Kirche als Mysterium und als Zeichen, eschatologische und doxologische Sicht der Kirche. Als zweites Hauptelement findet eine Reflexion über die ekklesiologischen Implikationen des Engagements der Kirche in Fragen der Gerechtigkeit statt. Das dritte Hauptelement besteht in einer Reflexion über die ekklesiologische Bedeutung des Bemühens um eine umfassendere und glaubwürdigere Gemeinschaft von Frauen und Männern. Ein viertes Hauptelement der Studie ist der Reflexionsprozeß in örtlichen Gruppen überall in der Welt.

KuW will mit dieser betont ekklesiologischen Fragestellung Grundlagen einer ökumenischen Konvergenz in der Ekklesiologie vorlegen.

12.1.3. Das theologische Fundament

In der Einführung gibt das Dokument den Blickwinkel an, unter dem es die thematischen Hauptaspekte – die Einheit und die Erneuerung der Kirche und der Menschheit wie auch das Wesen der Kirche und ihre Sendung – betrachten will. Laut KuW richte sich der Blick der Christen auf die Welt mit ihren vielen Kulturen, Völkern, historischen Vermächtnissen und gegenwärtigen Situationen. Diese Welt sei von Gefahren, Hoffnungen und Ängsten gekennzeichnet, deren Ausmaß und Auswirkungen immer globaler würden (I.,1.). Immerhin gebe es in der Gebrochenheit und Spaltung auch hoffnungsvolle Zeichen und das Engagement von Einzelpersonen und Organisationen für Ganzheit und Einheit (I., 2.).

Der Ansatzpunkt des Textes zeigt, daß KuW sich in seinen Ausführungen für die Perspektive „von unten“ entscheidet und auf die konkrete Situation der Welt abhebt. In diesem Punkt erinnert es an die Option der Säkularökumene, zugunsten des Dienstes und des Zeugnisses dem „Humanum“

die ganze Aufmerksamkeit zu widmen und auf jede „ekklesiologische Nabelschau“ zu verzichten. Der Einsatz für die Welt in Dienst und Zeugnis nimmt in erster Linie ihre Ambivalenz und die Unvollkommenheit des menschlichen Bemühens wahr. In diesem Punkt erinnert KuW stark an das Dokument von Bangalore »Eine gemeinsame Rechenschaft von der Hoffnung« und auch an »Gaudium et spes«, auch wenn sein Wortlaut sich von beiden unterscheidet.

Ein weiteres Merkmal des Dokumentes ist der trinitarische Charakter seiner Aussagen. Es handelt sich dabei um eine implizite und eine explizite trinitarische Rede. Der trinitarische Charakter von KuW wird bereits auf den ersten Seiten der Einführung deutlich. KuW stellt dort die Christen und die Kirchen in einer Welt von Ängsten und Hoffnungen als diejenigen dar, die die Welt aus der Perspektive des Evangeliums betrachten (I., 3.). Die Christen lebten aus dem Segen des Kreuzes und der Auferstehung Christi und hofften aufgrund Gottes Heilshandeln in der Kraft des Heiligen Geistes auf Einheit und Erneuerung. Trinitarische Aussagen befinden sich in den ersten zwei ekklesiologischen Kapiteln über das Reich Gottes und seinen Zusammenhang mit Einheit und Erneuerung der Kirche und bilden dort die zentralen ekklesiologischen Aussagen.

KuW bekräftigt, daß die sichtbare Einheit der Kirche Christi und die Erneuerung der menschlichen Gemeinschaft im Willen des dreieinigen Gottes verwurzelt und deshalb eng miteinander verbunden seien (I., 26.). Einheit und der Erneuerung werden hier durch die zentrale ekklesiologische Perspektive des Reiches Gottes umfaßt. Weiter heißt es, in Gottes Reich fänden Kirche und Menschheit zu ihrem Ziel. Das Reich Gottes wird implizit trinitarisch, will sagen: durch christologische, pneumatologische und theozentrische Aussagen, ausgelegt (II.,10.). Auch die Beschreibung der Kirche als Mysterium und Zeichen fußt auf dem trinitarischen Verständnis der Koinonia (III., 5.). Im folgenden werden diese ekklesiologischen Aussagen näher betrachtet und analysiert.

Auch im Kapitel über das Streben nach Gerechtigkeit im Kontext der Einheit und Erneuerung wird die Dringlichkeit einer Ekklesiologie gefordert, die auf dem Mysterium der Trinität basiert (IV., 21.).

Im Kapitel über die neue Gemeinschaft zwischen Männern und Frauen befindet sich eine der schönsten und differenziertesten trinitarischen Aussagen des ganzen Textes. Die Beziehung zwischen Mann und Frau wird dort aus der theologischen Perspektive „in Christus“ gesehen und in ihrer

Ebenbildlichkeit als eine Gemeinschaft der Liebe in Bezug auf die trinitarische Gemeinschaft verstanden.

> *„In der christlichen Tradition sind Mann und Frau nach dem Bilde Gottes geschaffen, der als Gemeinschaft der Liebe von Vater, Sohn und Heiligem Geist offenbart wurde. Als Ebenbilder des dreieinigen Gottes sind Mann und Frau zutiefst miteinander verbunden. Sie werden im wahren Sinne dadurch Mensch, daß sie ein Leben führen, das die Beziehungen widerspiegelt, die zwischen den drei Personen der Trinität bestehen. Das kann nur in Christus und durch die Kraft des Heiligen Geistes geschehen.*" (V., 34.)

12.1.4. Die ekklesiologischen Aussagen

Wie KuW in der Einführung sagt (I., 12.), stellten seine ekklesiologischen Ausführungen zwar einen umfassenderen ekklesiologischen Ansatz dar, wollten zugleich jedoch noch keine umfassende Ekklesiologie aus ökumenischer Perspektive entwerfen. Statt dessen werden verschiedene Bilder und Themen zusammengeführt in der Absicht, das Zusammenwirken unterschiedlicher ekklesiologischen Ansätze zu fördern.
Zwei Schwerpunkte sind bei diesen unterschiedlichen Ansätzen erkennbar, die bereits im Kommentar zur Auslegung des Nizäno-Konstantinopolitanums erwähnt wurden. Es handelt sich um das Verständnis der Kirche als Mysterium einerseits, das sein Zentrum in ihrer einzigartigen göttlichen Identität und Heiligkeit hat, und um das Verständnis der Kirche als Zeichen mit dem Mittelpunkt in ihrer geschichtlichen Wirklichkeit. Die Spannung zwischen beiden Kirchenkonzepten wurde Thema bei der vorbereitenden Arbeit zu KuW 1985 in Chantilly und fand auch im Titel des Berichtes »Kirche als Mysterium und prophetisches Zeichen« ihren Niederschlag. Die Auslegung des Glaubensbekenntnisses ordnete das erste Verständnis der östlichen, das zweite der westlichen Tradition zu. Im weitesten Sinne kann man sagen, daß das erste Verständnis eher der katholischen, das zweite eher der reformatorischen Tradition nahesteht. Offensichtlich will KuW durch die thematische Zuordnung bereits in der Überschrift demonstrieren, daß beide Ansätze zueinander gehören und sich gegenseitig brauchen. Die Frage, die sich bei der Lektüre von KuW stellt, lautet: „Wie überwinden die ekklesiologischen Aussagen von KuW die Polarisierung

zwischen diesen beiden Ansätzen und wie vermögen sie die wechselseitige Beziehung zwischen ihnen auszudrücken?".
Die Bedeutung der ekklesiologischen Begriffe Mysterium und Zeichen, wie KuW sie verwendet, sei kurz erläutert.
Unter „Mysterium" versteht KuW eine Wirklichkeit, die menschliche Erkenntnis und Ausdrucksmöglichkeiten übersteigt. Biblisch meine Mysterium den Ratschluß Gottes, durch Jesus Christus das Heil aller Menschen zu wirken (vgl. Eph 1, 9-10; Kol 1, 15-20). Die Kirche gehöre ihrem Wesen nach zu diesem erlösenden Geschehen (III., 16.,17.). Das Mysterium der göttlich-menschlichen Beziehung, wie es in Jesus Christus offenbart wurde, sei die Grundlage der Einheit und der Gemeinschaft des Volkes Gottes. Mysterium besitze in erster Linie einen christologischen Charakter, es drücke die enge Beziehung zwischen Christus und Kirche aus (vgl. Eph 5, 32; III., 18., 19.). In zweiter Linie sei Mysterium pneumatologisch zu qualifizieren, denn durch das pfingstliche Geschehen seien die Gläubigen zum Leib Christi zusammengefügt worden. Als Leib Christi habe die Kirche teil am göttlichen Mysterium, was einen eucharistischen Aspekt impliziert. Die Kirche sei in die Welt gesandt als Vorgeschmack dessen, was die Welt werden soll. Das Verständnis von Mysterium wird schließlich eschatologisch ausgedeutet (III., 20., 21.).
Zum Wort „Zeichen" sagt KuW, daß es auf die Kirche angewandt werde, um auszudrücken, daß die Kirche für andere da ist. Den Zeichencharakter verdanke sie ihrem Herrn. Im biblischen Sinne verstehe sie sich als Zeichen, das über sich selbst hinausweist und gleichzeitig an dem teilhat, auf das es hinweist. Die Kirche weise auf Christus hin und sei mit ihm zutiefst vereinigt als sein Leib. Ebenso zeige sie auf das Reich Gottes und sei zugleich dessen Erstlingsfrucht (III., 24.-31.). Die bereits vorhin genannten theologischen Aspekte – christologische Zentrierung, pneumatologische Qualifizierung, Eucharistie und Eschatologie – kehren auch bei den Ausführungen über die Kirche als Zeichen wieder.
In früheren Dokumenten aus den siebziger Jahren, besonders in Accra 1974, wurden die Begriffe Mysterium und Zeichen theologisch unterschiedlich gewichtet. Die Kirche wurde dabei auf einer Seite in ihrem sakramentalen Charakter als Werkzeug und Instrument in der Funktion des Bewirkens, auf der anderen Seite in ihrer Beschaffenheit aus dem Wort als Zeichen und in ihrer Funktion des Hinweisens verstanden. KuW benutzt die Begriffe „Werkzeug" oder „Instrument" äußerst selten, um ein falsches

Verständnis von Instrumentalisierung der Kirche zu vermeiden. Statt dessen bevorzugt es den biblischen Ausdruck „Mysterium". Hinsichtlich der Zeichenhaftigkeit der Kirche bekräftigt KuW, daß die Kirche als Zeichen auch teilhabe an dem, worauf sie hinweise, nämlich an Christus. Weiter betont KuW, daß die Zeichenhaftigkeit der Kirche mit dem Mysterium zusammenhänge, vor allem mit dem Mysterium des Wortes und seines Leibes (III., 31.). KuW unterstreicht an mehreren Stellen, daß die Kirche als Mysterium und als Zeichen jeweils die beiden Funktionen des Bewirkens und des Hinweisens ausübe.

Vorrangig geht es KuW aber darum, die Zusammengehörigkeit von Kirche als Mysterium und Kirche als prophetisches Zeichen herauszustellen (III., 6., 7., 31.). Diesem Ziel dient im Text der Rekurs auf den Begriff des Reiches Gottes. Der theologische Begriff des Reiches Gottes wird explizit und implizit trinitarisch, explizit christologisch, pneumatologisch, theozentrisch, eucharistisch und eschatologisch begründet. Das Reich Gottes in der Kirche und in der Welt sei das Werk des dreieinigen Gottes, heißt es. Jesus Christus sei die wirksame Präsenz des Gottesreiches, der Heilige Geist befähige zur Annahme der Botschaft Christi im Glauben und in der Taufe. Gott rufe die Kirche zusammen und verpflichte sie auf die Zeichenhaftigkeit für die Welt. Kirche sei beides: ausgerichtet auf das endgültige Kommen des Reiches und zugleich dessen Vorgeschmack, den sie vor allem im Herrenmahl, in der Gemeinschaft des eschatologischen Mahles Christi mit seinem Volk erfahre (III., 7.).

Die Kirche als Ort der souveränen Herrschaft Gottes schließe die Notwendigkeit ständiger Umkehr und Erneuerung in der Kraft des Heiligen Geistes ein (III., 6.). Kirche stellt sich demnach in KuW als Ort dar, an dem das Reich Gottes schon präsent ist, der aber genauso auf das volle Kommen des Reiches Gottes in der Kirche selbst und in der Welt erst hinweist. Die Kirche sei Gemeinschaft jener, die die Gegenwart des Gottesreiches erfahren und dessen Vollendung aktiv erwarten (III., 8.).

In diesen Aussagen macht KuW deutlich, daß auch die unterschiedlichen eschatologischen Ansätze, nämlich eine aktualistische und eine finalistische Eschatologie, zueinander gehören und nicht einseitig einem einzigen Kirchenverständnis zugeschrieben werden dürfen. Beide Kirchenverständnisse – Kirche als Mysterium und Kirche als Zeichen – beinhalten jeweils den aktualistischen und den finalistischen Aspekt. KuW scheint es zu gelingen, die Zugehörigkeit der beiden Ansätze ausgewogen zum Ausdruck

zu bringen. So explizit und so ausführlich wurden sie in ihrer Komplementarität in keinem vorherigen Dokument dargelegt. Also stellt sich die Frage: „Welches Maß an Konvergenz leistet die Ekklesiologie von KuW?“.
Der Rezeptionsprozeß des Lima-Dokumentes entwarf das Konzept einer konziliaren Ekklesiologie, das im Koinonia-Verständnis eine Möglichkeit sah, die einzelnen konfessionellen ekklesiologischen Verständnisse miteinander zu versöhnen und in sich zu vereinen. Es scheint, als würden die unterschiedlichen konfessionellen Kirchenverständnisse indirekt in der Einführung von KuW angesprochen. Kirche als Leib und Institution, Kirche unter dem Gericht des Wortes Gottes und Kirche auf dem Weg zu ihrer Selbstwerdung – diese Aussagen weisen auf das sakramentale, worthafte und prozeßhafte Kirchenverständnis hin (I., 6.). KuW bekräftigt auch, daß die Bibel die Kirche mit einer Vielfalt von Bildern beschreibe, die ihre Beziehung zu Gott und zur Welt anzeigten (III., 2.).
Doch im Abschnitt über die Voraussetzungen der ekklesiologischen Ausführungen, wie auch weiter in den Abhandlungen über die Kirche als Mysterium und als Zeichen, fällt die zentrale Bedeutung des Begriffes „Leib Christi“ auf. Das Zentrum des Lebens der Kirche – wird ausgeführt – sei der auferstandene und herrschende Christus. Er sei in ihr als seinem Leib gegenwärtig und wirke durch die Kraft des Heiligen Geistes (III., 3.). Es sei die Teilhabe am Leben Gottes, die die Kirche zum Leib Christi mache; und eben diese Teilhabe geschehe durch den Heiligen Geist. Das gesamte Leben der Kirche sei überhaupt als ein fortdauerndes Pfingsten durch die Anrufung des Heiligen Geistes zu verstehen. Das fortdauernde Pfingsten bilde die Kirche zum Leib Christi, bewahre die Kirche trotz aller Gebrochenheit in der Gnade, mache sie zu einem erkennbaren und wirksamen prophetischen Zeichen für Menschen aller Kulturen und mache sie eins. Das Motiv des fortdauerndes Pfingsten wiederholt sich in KuW mehrmals (III., 4.,9., 20., 34., 35., 42.), was die Wichtigkeit dieses Begriffes unterstreicht. Da er im Text die beiden Aspekte der Kirche als Mysterium und als Zeichen, ihre Heiligkeit und ihre konkrete geschichtliche Gestalt zusammenhält, spielt er in den Ausführungen von KuW die entscheidende Rolle.[7]

[7] Wie wichtig der Begriff des fortdauernden Pfingsten für die Ekklesiologie von KuW ist, macht der Text des vorbereitenden Dokumentes von Chantilly 1985 klar. Dort heißt es: „Throughout this study, as is evidenced by several references in this report, the participants in the consultation have spoken of the continuing Pentecost by which

Die zentrale ekklesiologische Aussage des Dokumentes spricht über die Kirche als Koinonia.

„*Die Glaubenden haben als Leib Christi teil am trinitarischen Leben der Gemeinschaft und Liebe. Dies macht die Kirche zu einer 'koinonia' (Gemeinschaft), die in der Gemeinschaft von Vater, Sohn und Heiligem Geist verwurzelt ist und von ihr erhalten wird. Sie ist somit ein Geheimnis und ein Zeichen, das auf das Wirken des dreieinigen Gottes zur Erlösung und Erneuerung der ganzen Menschheit hinweist und diesem Wirken dient.*“ (III., 5.)

Das Argumentationsgefüge dieser zentralen ekklesiologischen Aussage besteht aus drei Schlüsselbegriffen: die trinitarische Koinonia, der Leib-Christi-Gedanke, die Vorstellung des fortdauernden Pfingsten.

12.2. Auswertung

Geschichtliche Einordnung:

Aufgrund des unbestrittenen trinitarischen Charakters seiner theologischen Aussagen gehört KuW in die Phase des trinitarischen Entwicklungsprozesses von Gottes- und Kirchenverständnis im Rahmen der Arbeit der Kommission für Glauben und Kirchenverfassung.

---

the church ist renewed in the love of the Holy Trinity to find the life in unity. So renewed, the church is both a sign and an instrument of renewal in the human community, a renewal which can only find its authencity and fullness as humankind is drawn together towards the consummation of God's creation in the perfected kingdom.“ „Etliche Bezugnahmen in diesem Bericht zeigen, daß während der Studienarbeit die Teilnehmer bei ihrer Konsultation über das fortdauernde Pfingsten sprachen, durch das die Kirche in der Liebe der heiligen Dreifaltigkeit erneuert wird und das Leben in Einheit findet. Auf diese Weise erneuert, ist die Kirche beides: Zeichen und Werkzeug der Erneuerung der menschlichen Gemeinschaft. Die Erneuerung findet ihren wahren Ausdruck und ihre Fülle nur, weil die Menschheit auf dem Weg zur Vollendung der Schöpfung Gottes im verwirklichten Reich Gottes ist.“ (Übersetzung von mir) *Report of the first consultation of the unity/renewal study*, S. 174. In: LIMOURIS, G. (Hrsg.); *Church, Kingdom, World*, Faith and Order Paper No. 130.

Trinitarische Gotteslehre:

Die grundlegenden Aspekte von KuW – Reich Gottes, Koinonia, neue Gemeinschaft zwischen Männern und Frauen – offenbaren eine klare Option für die trinitarische Theologie. Durch ihre Verwurzelung im dreieinigen Gott vermag KuW die Aspekte der Einheit der Kirche und der Erneuerung der menschlichen Gesellschaft komplementär auszudrücken.

Trinitarische Ekklesiologie:

Das Dokument der Kommission für Glauben und Kirchenverfassung »Kirche und Welt« darf als beispielhaft für eine konziliare und komplementäre Ekklesiologie gelten. Es zeigt, wie die Kirche sich selbst zu verstehen hat, wenn sie sich mit der Welt befassen will. Oder andersherum gesagt: wenn die Kirche Aussagen über sich selbst trifft, müssen diese Aussagen Zeugnis für und Dienst an der Welt sein. Der Kirche und der Welt ist beides aufgetragen: die Einheit und die Erneuerung. Die Kirche sucht die Einheit, um die Erneuerung der Welt zu bewirken. Aber gerade um diese Aufgabe erfüllen zu können, muß sie sich selbst ständig erneuern. Die Einheit der Welt geschieht durch die Erneuerung, in deren Dienst die Kirche steht. Die Welt bewirkt gleichsam die Einheit der Kirche, indem sie durch die Tatsache ihrer Existenz zur Einheit drängt und auffordert. Für diese komplementäre Ekklesiologie erwies sich die Komplementarität der ekklesiologischen Begriffe Mysterium und Zeichen hilfreich.

Fazit:

Die Komplementarität der beiden ekklesiologischen Ansätze, die sich hinter den Begriffen Mysterium und Zeichen verbergen, wird durch das Argumentationsgefüge zusammengehalten, das sich Begriffe aus der östlichen, d.h. „katholischen" Tradition bedient. Die ekklesiologische Struktur von KuW weist eine gewisse Betonung des epikletischen Elementes (das fortdauernde Pfingstgeschehen), der Leib-Christi-Ekklesiologie, des sakramentalen Verständnisses von Koinonia auf. Mit dieser Betonung gerät der Akzent der trinitarischen Begründung in die Nähe des östlichen Verständnisses der Koinonia und damit des katholischen Kirchentypus.[8]

[8] Dies bestätigt auch Anna Marie AAGAARD: „Das theologische Modell, das es der Arbeitsgruppe von Glauben und Kirchenverfassung erlaubt, 'Einheit' und 'Dienst' miteinander zu verbinden, ist der Sakramentstheologie entlehnt. Die Kirche ist ein 'wirksames Zeichen' des Reiches des dreieinigen Gottes, so wie die Eucharistie 'ein wirksames Zeichen' der personalen, rettenden Gegenwart des gekreuzigten und auferstanden Christus ist." *Kirche und Welt*, ÖR 2/1992, S. 145.

13. Santiago de Compostela 1993

13.1. Einführung

Dreißig Jahre nach der Weltkonferenz von Montreal 1963 veranstaltete die Kommission für Glauben und Kirchenverfassung in Santiago de Compostela wieder eine Weltkonferenz. Sie sollte die Kommissionsarbeit seit Montreal zusammenfassen und auswerten. Die Zusammenkunft von etwa 400 Teilnehmer/innen stand unter dem Thema „Auf dem Weg zur Koinonia im Glauben, Leben und Zeugnis". Die Ekklesiologie von Montreal und die theologische Einheitssuche der Kommission basierten in der Zeit zwischen Montreal und Santiago auf der Grundlage der sogenannten Einheitsformel von Neu-Delhi 1961. Darin war als Ziel des ökumenischen Bemühens eine „völlig verpflichtete Gemeinschaft" unter den Kirchen angegeben worden. „Verpflichtete Gemeinschaft" meinte jene sichtbare Einheit, die im gemeinsamen Bekenntnis des einen apostolischen Glaubens, in der Verkündigung des Evangeliums, im Brechen des Brotes und im gemeinsamen Zeugnis und Dienst zum Ausdruck kommen sollte. Die Einzelstudien der Kommission in den achtziger Jahren über die Sakramente, das Glaubensbekenntnis und über Zeugnis dienten der theologischen Entfaltung dieser Elemente der sichtbaren Einheit und wurden Ende der achtziger und in den frühen neunziger Jahren publiziert. In Santiago wurden die zuvor vertieften Elemente der sichtbaren Einheit – Glaube, Leben und Zeugnis – durch die Entwicklung der sogenannten „Koinonia"-Ekklesiologie in einen größeren ekklesiologischen Rahmen integriert. Dabei interpretiert der Begriff „Koinonia" im Kontext eines ökumenischen Kirchenverständnisses den Begriff „Einheit" und stellt das Zentrum der Diskussionen auf der Weltkonferenz von Santiago dar.[1]

13.2. Geschichtliche, inhaltliche und methodologische Einordnung

„Koinonia" ist für die theologische Einheitssuche der Kommission kein neuer Begriff, sondern spielte in ihrer Geschichte schon immer eine we-

[1] GASSMANN, Günther; *Montreal 1963 – Santiago de Compostela 1993,* S. 11. In: *Santiago de Compostela 1993*, Fünfte Weltkonferenz für Glauben und Kirchenverfassung, Beiheft zur ÖR 67, Verlag Otto Lembeck, Frankfurt am Main 1994.

sentliche Rolle (Nr. 2)[2]. Er wurde bei den Weltkonferenzen von Lausanne 1927 und Montreal 1963 ausdrücklich behandelt bzw. vertieft, im Rezeptionsprozeß des Lima-Papiers als die Grundlage einer konvergierenden Ekklesiologie dargelegt und stand in einer ganzen Reihe von bilateralen Gesprächen im Mittelpunkt. Nachdem in der Geschichte der Kommission unterschiedliche „Einheitsmodelle", wie z.B. die organische Einheit, die körperschaftliche Vereinigung, die konziliare Gemeinschaft oder die versöhnte Verschiedenheit, entwickelt worden waren, bildet nun Koinonia das neueste Konzept der sichtbaren Einheit der Kirche.

Die unmittelbare Vorbereitung auf die Weltkonferenz begann damit, daß die Kommission die Kirchen in ein Gespräch über die Situation der ökumenischen Bewegung insgesamt einbezog. Der erste Entwurf des Arbeitsdokumentes, der im April 1992 in Dublin verabschiedet worden war, wurde bei regionalen Konsultationen in verschiedenen Teilen der Welt durchgearbeitet. 70 Stellungnahmen von Kirchen, ökumenischen Gruppen, theologischen Fakultäten und Einzelpersonen gingen ein. Sowohl die Ergebnisse der Konsultationen als auch Anliegen und Hoffnungen sowie konkrete Vorschläge wurden bei der Überarbeitung in das Arbeitsdokument aufgenommen, das von der Ständigen Kommission für Glauben und Kirchenverfassung als Diskussionspapier von Stuttgart im April 1993 veröffentlicht wurde.[3]

Die Konferenz von Santiago begann mit Plenarsitzungen, die aus Referaten und Diskussionen bestanden. Aus den Plenarsitzungen verlagerte sich die Arbeit dann in vier Sektionen, die sich mit den Schwerpunkten des Konferenzthemas befaßten: Die Koinonia/Gemeinschaft (1) im Bekennen des Glaubens (2), in der Teilhabe am gemeinsamen Leben mit Christus (3) und im gemeinsamen Zeugnis für eine erneuerte Welt (4).[4] Bei den abschließenden Sektionssitzungen wurden die Berichte erarbeitet und angenommen.

---

[2] *„Das Verständnis der Koinonia und ihrer Implikationen"*, weiter KA, Bericht der Sektion I der Weltkonferenz von Santiago, ebd., S. 217-225.

[3] *„Auf dem Weg zur Koinonia im Glauben, Leben und Zeugnis",* Ein Diskussionspapier, Glauben und Kirchenverfassung Dokument No. 161, WCC Publications, Genf, April 1993, S. 7f.

[4] Vorwort zu den Dokumenten der Weltkonferenz, S. 6. In: Ebd.

Das Schlußdokument der Weltkonferenz von Santiago de Compostela besteht aus einer Botschaft der Konferenz und den vier Sektionsberichten.[5] Mit der Botschaft »Auf dem Weg zu einer umfassenderen Koinonia« wird das Dokument der Weltkonferenz eingeführt, darin wird das Thema angekündigt und die Versammlung vorgestellt. Zum ersten Mal nahm eine offizielle Delegation der römisch-katholischen Kirche teil, zu denen unter anderem der Präsident des Päpstlichen Rates zur Förderung der Einheit der Christen, Kardinal Edward I. Cassidy, die Bischöfe Paul-Werner Scheele (Würzburg), John Onaiyekan (Abuja/Nigeria) und Alfons Nossol (Oppeln) sowie dem Mitarbeiter der Kommission Prof. Jean-Marie Tillard OP gehörten.[6] Außer der römisch-katholischen Delegation wird in der Botschaft die Teilnahme der Christen aus Pfingstkirchen ausdrücklich begrüßt und auch die Beteiligung von Frauen und von jüngeren Theologen und Theologinnen.

Die Abschlußberichte der vier Sektionen bilden den eigentlichen „Stoff" des Dokumentes. Aus der theologisch-ekklesiologischen Perspektive stellt der Bericht der ersten Sektion das „Novum" der Weltkonferenz dar und ist auch inhaltlich der interessanteste, weil er sich mit dem Verständnis der Koinonia und ihrer Implikationen beschäftigt. Mit den Berichten der anderen drei Sektionen über den Glauben, das Leben und das Zeugnis „erntet" die Kommission die Früchte der Studienarbeiten aus früheren Jahren. In ihnen würdigt sie das Dokument über das Glaubensbekenntnis, das Lima-Papier, die Studie »Kirche und Welt« und bettet sie in den Koinonia-Rahmen ein.

In den vorbereitenden Dokumenten der Weltkonferenz von Santiago wird immer wieder die sich verändernde Situation der Welt und der Wandel in der Ökumene angesprochen.[7] Bei der Beschreibung der Situation in der Welt wird Bezug genommen auf die Ablösung der repressiven politischen Systeme, auf das wirtschaftliche und gesellschaftliche Gefälle zwischen Nord und Süd sowie zwischen West- und Osteuropa, auf das Aufkommen

---

[5] Die Sektionsberichte wurden veröffentlicht im Beiheft zur ÖR 67, S. 213-255.

[6] Vgl. RADANO, J. A.; *Die Fünfte Weltkonferenz für Glauben und Kirchenverfassung. Santiago de Compostela (Spanien), August 1993.* Eine katholische Perspektive. In: Catholica 47, 26f.

[7] *„Auf dem Weg zur Koinonia im Glauben, Leben und Zeugnis"*, Ein Diskussionspapier, S. 10.

nationalistischer Tendenzen. In diesen Phänomenen wird der eigentliche Anfang einer globalen Revolution gesehen. Die pluralistische und zunehmend interdependente Welt, die Wechselwirkung zwischen Vielfalt und globalem Zusammenhang stelle für die Christen eine Herausforderung dar.[8] Die Ökumene sehe sich mit verschiedenen Problemen konfrontiert, wie z.B. mit dem Nachlassen des ökumenischen Enthusiasmus und der Verpflichtung auf das Ziel der sichtbaren Einheit, mit dem Aufkommen eingefaßter partikularer Interessen innerhalb von Kirchen und Regionen. Die ökumenische Bewegung fühle sich herausgefordert, eine erneuerte ökumenische Vision anzubieten und die ökumenischen Aufgaben zu konzentrieren.[9]

Auf die Situation dieser Veränderungen in der Welt und in der Ökumene antwortet die Kommission mit dem Koinonia-Konzept, das die herausfordernde Vielfalt mit einem Modell der sichtbaren Einheit aufzufangen versucht. Die Kommission übernimmt dabei die ökumenische Vision der Einheit der Kirche, wie sie auf der Vollversammlung des ÖRK in Canberra 1991 entworfen wurde[10] und stellt sich die Aufgabe, das Bild der Einheit in der Canberra-Erklärung zu entfalten und zu entwickeln.

---

8 Vgl. ebd., S. 11.

9 Vgl. ebd., S. 13f.

10 *»Die Einheit der Kirche als Koinonia: Gabe und Berufung«, Canberra 1991.* In: Ebd., S. 15ff.

„Die Einheit der Kirche, zu der wir berufen sind, ist eine Koinonia, die gegeben ist und zum Ausdruck kommt im gemeinsamen Bekenntnis des apostolischen Glaubens, in einem gemeinsamen sakramentalen Leben, in das wir durch die eine Taufe eintreten und das in der einen eucharistischen Gemeinschaft miteinander gefeiert wird, in einem gemeinsamen Leben, in dem Glieder und Ämter gegenseitig anerkannt und versöhnt sind, und in einer gemeinsamen Sendung, in der allen Menschen das Evangelium von Gottes Gnade bezeugt und der ganzen Schöpfung gedient wird. Das Ziel der Suche nach voller Gemeinschaft ist erreicht, wenn alle Kirchen in den anderen die Eine, Heilige, Katholische und Apostolische Kirche in ihrer Fülle erkennen können. Diese volle Gemeinschaft wird auf der lokalen wie auf der universalen Ebene in konziliaren Formen des Lebens und Handelns zum Ausdruck kommen. In einer solchen Gemeinschaft sind die Kirchen in allen Bereichen ihre Lebens auf allen Ebenen miteinander verbunden im Bekennen des einen Glaubens und im Zusammenwirken im Gottesdienst und Zeugnis, Beratung und Handeln." Ebd., S. 16, Nr. 2.1.

Im Vorfeld der Weltkonferenz von Santiago wurden bezüglich der Koinonia-Erklärung von Canberra auch kritische Stimmen laut, die diesen Entwurf als Rückschritt betrachteten.[11]

Vischer kritisierte an diesem Koinonia-Entwurf, daß darin kein Wort über die Umkehr verloren werde, die früher einen wesentlichen Bestandteil der Einheitsentwürfe ausgemacht hätte. Nach Vischer's Interpretation der Canberra-Erklärung solle die Einheit erreicht werden, indem das Maß der Gemeinschaft unter den Kirchen, das bereits erreicht worden ist, vertieft würde. Hinter dieser Konzeption sieht Vischer den Einfluß der römisch-katholischen Ekklesiologie einer abgestuften Einheit, nach der man doch irgendwann die volle Gemeinschaft erreicht, wenn die bestehende Gemeinschaft vertieft wird. In dieser Vorstellung sieht Vischer das alte katholische Konzept der „Rückkehr"-Ökumene aufleben: „Die römisch-katholische Kirche ist das Maß: die übrigen Kirchen partizipieren in dem Maße an ihrer Einheit, als sie sich ihr annähern."[12]

Zum Begriff Koinonia selbst ist zu sagen, daß er vor allem von Paulus theologisch begründet und entwickelt wurde. Er besitzt kein hebräisches Äquivalent im AT, stammt aus der griechisch-römischen Sprachwelt und wurde von Jesus nicht verwendet. Weil es für diesen Begriff wegen unterschiedlicher Implikationen keine zureichende Übersetzung in moderne Sprachen gibt, wird das Wort meistens transskribiert. Koinonia wird im theologischen Kontext der vorbereitenden Dokumente bisweilen mit dem Wort Gemeinschaft synonym wiedergegeben.[13] Der biblische und der theologische Aspekt bilden die Grundlage der „Koinonia"-Ausführungen im Santiago-Text.

---

[11] Vgl. VISCHER, L..; *Ist das wirklich die „Einheit, die wir suchen"?,* in: ÖR 41, 1992, S. 7-24. Hier S. 23.

[12] Ebd., S. 16.

Ähnlich auch HOUTEPEN, A. noch nach der Weltkonferenz von Santiago: „Wird nicht allmählich auch die Tradition des östlichen Christentums an westlich-theologische Denklinien angepaßt?" *Wachsende Gemeinschaft, abwartende Kirchen,* in: ÖR 43/ 1994, S. 2-16. Hier S. 2.

„Vor allem der Gedanke, daß einige Kirchen noch die volle Koinonia und die wahre Tradition beibehalten haben, während die anderen diese nur unvollkommen haben, schafft eine unerträgliche Asymmetrie im ökumenischen Gespräch, die den Verdacht einer Wiederbelebung der Rückkehr-Ökumene nahebringt." Ebd., S. 4. Als Beleg für diese Entwicklung erwähnt Houtepen in Anm. 4. den Communio Brief der Glaubenskongregation vom 15. Juni 1992, in dem die zeitliche und die ontologische Überordnung der Universalkirche vor den Teilkirchen behauptet wird.

[13] REUMANN, J.; *„Koinonia in der Bibel",* S. 37f. In: *Santiago de Compostela 1993.*

Reumann lieferte der Weltkonferenz die neutestamentlichen Befund für das Koinonia-Konzept des Dokumentes. Sein Anliegen war, die biblische Bedeutung des Begriffs Koinonia von der Koinonia-Theologie zu unterscheiden, da es im NT eine Vielfalt an Bedeutungen dieses Begriffes gebe. Reumann bekräftigt, daß die Kommission für Glauben und Kirchenverfassung sich ganz auf dem Boden des Neuen Testaments befinde, wenn sie von Koinonia in Glauben, Leben und Zeugnis spreche.[14] Es ginge aber über das, was im Neuen Testament gesagt wird, hinaus, wenn man Koinonia mit der Kirche gleichsetzen würde, sie – wie in späteren Jahrhunderten – zu strukturellen Definitionen der "ekklesia" heranzieht oder auf das innere Leben der Trinität bezieht. Diese und andere Definitionen von Koinonia sollen sich in der nachneutestamentlichen Theologie herausgebildet haben. Auf die Frage, ob es im Neuen Testament eine „Koinonia-Ekklesiologie" gebe, antwortet Reumann, Koinonia sei keine Bezeichnung für eine Zwischenstation auf dem Weg zur christlichen Kirche noch für die Ekklesia selbst. Koinonia sei „vielmehr ein früher und wichtiger Aspekt der Kirche und ihrer Einheit, im Glauben, Zeugnis und Leben, einschließlich der Taufe und des Abendmahls."[15] Aber auch wenn Begriff und Konzept der Koinonia faktisch in der Hebräischen Schrift nicht vorkommen und von Jesus selbst nicht verwendet werden, können sie laut Reumann für „kirchliche Zwecke" und das Verständnis von Gott das „Gewicht tragen", das ihm die Kommission geben will.[16]

Die wichtigsten Inhalte einer Theologie der Koinonia lieferte Zizioulas mit seinem Vortrag über das Konferenzthema.[17] Aus der Schrift und aus der patristischen Überlieferung entwirft Zizioulas die Theologie der Koinonia als eine „Ekklesiologie der Gemeinschaft". Sein erstes Argument lautet, daß eine solche Ekklesiologie nicht in einer soziologischen Erfahrung oder in ethischen Handeln gründe, sondern im Glauben. Aufgrund des Glaubens, daß Gott dreieinig und ein „Sein-in-der-Beziehung" ist, baut die Ekklesiologie der Gemeinschaft auf der trinitarischen Theologie auf. Das zweite theologische Argument einer Ekklesiologie der Gemeinschaft basiert auf

---

[14] Vgl. ebd., S. 63ff.

[15] Ebd., S. 65.

[16] Ebd., S. 66.

[17] IOANNIS VON PERGAMON (ZIZIOULAS); *Die Kirche als Gemeinschaft,* Ebd., S. 95-104.

dem pneumatischen Verständnis der Person Christi als einer „gemeinschaftlichen Person". Für dieses Konzept, das sich von einem individualistischen Christusverständnis abwendet und sein Wesen als ein „In-Beziehung-Sein" erkennt, sind die „Vielen" ein konstitutives Element des „Einen". Weil Christus „ein pneumatologisches Wesen ist, geboren und gegenwärtig in der Koinonia des Geistes", ist die Kirche Leib Christi.[18] Die Trinitätstheologie und die Synthese von Christologie und Pneumatologie bilden demzufolge die theologischen Hauptpfeiler einer Ekklesiologie der Gemeinschaft. Alle anderen ekklesiologischen Aspekte, wie Synodalität und Primat, die Autorität in der Kirche, die Mission, die communio in sacris, werden mit Hilfe dieser beiden genannten theologischen Prämissen entfaltet.

13.3. Das Verständnis der Koinonia im Santiago-Dokument

Der Bericht der Sektion I in Santiago de Compostela »Das Verständnis der Koinonia und ihrer Implikationen«, weiter KA, ist in drei Hauptteile gegliedert, in denen Koinonia als Gabe und als Berufung sowie die Schritte auf dem Weg zu einer umfassenderen Koinonia behandelt werden.
Gleich zu Anfang betont KA die ekklesiologische Neutralität des Koinonia-Begriffes und zugleich seine Konvergenzfähigkeit. Auch wenn der Koinonia-Begriff nicht in der Theologie aller christlichen Traditionen geschätzt und gebraucht werde, bemerkt Zizioulas dazu, und auch wenn er vorwiegend bei den griechischen Kirchenvätern eine tiefe und vielfältige Bedeutung habe und darum eine große Affinität zur Theologie der Ostkirche aufweise, könne seine Verwendung im ökumenischen Sprachgebrauch kaum dem Einfluß der einen oder anderen christlichen Einzeltradition zugeschrieben werden.[19] Vielmehr wird die Tatsache herausgestellt, daß Koinonia im Verständnis der Kirche und in der Erfahrung der Christen zu allen Zeiten ein Schlüsselbegriff gewesen sei und das Thema eine wichtige Rolle in der Theologie der östlichen und westlichen Kirchenväter und in den Schriften der Reformatoren spiele (KA, Nr. 1).

---

[18] Ebd., S. 96f.

[19] Vgl. ebd., S. 95.

Der erste Teil über die Koinonia als Gabe spiegelt im wesentlichen die theologischen Ausführungen von Zizioulas wider. Offensichtlich übte seine theologische Grundlegung auf die Koinonia-Überlegungen den stärksten Einfluß aus. So wird die Koinonia zunächst durch das pneumatisch qualifizierte Verständnis von Christus definiert.

> *„'Koinonia' ist vor allem eine gnadengewirkte Gemeinschaft in Christus, die den Reichtum der Gabe zum Ausdruck bringt, die Schöpfung und Menschheit von Gott empfangen haben."* (Nr. 4)

Der Text präzisiert weiter, die Menschen seien erschaffen, um in Beziehung zu Gott und zueinander zu leben,

> *„so daß ihre Identität durch die Begegnung mit anderen geprägt wird, als Gabe und Berufung"*. (Nr. 5)

Christus offenbare in seinem irdischen Leben die innige Beziehung der Liebe zu seinem Vater im Geist und lebe so in der göttlichen Gemeinschaft. Koinonia sei die dynamische Beziehung, die auf der Teilhabe an der Wirklichkeit von Gottes Gnade beruhe (Nr. 8). Koinonia wurzele im dreieinigen Gott: Die Einheit von Vater, Sohn und Heiliger Geist sei die höchste Verwirklichung eines Lebens-in-der-Beziehung. Der dreieinige Gott mache im Heiligen Geist Menschen zu Mitgenossen seines eigenen Lebens-in-der-Beziehung (Nr. 10). So verwirkliche in der Kirche der Heilige Geist die Gemeinschaft der Koinonia (Nr. 9). Sichtbar gemacht werde diese durch das Herrenmahl unter der Leitung eines zugleich persönlichen und gemeinschaftlichen Amtes, und habe als ihren Auftrag, in Wort und Zeugnis das Evangelium zu verkündigen (Nr. 9). Die als Leib Christi manifest gewordene Koinonia sei ein Vorgeschmack des Gottesreiches und ein Zeichen der Liebe Gottes für die ganze Menschheit (Nr. 12). Die relationale Struktur der Kirche komme auf lokaler und universaler Ebene zum Ausdruck (Nr. 14). Die relationale Dynamik der Katholizität, die jede Ortskirche zur universalen Kirche streben lasse, sei ein Spiegelbild der Beziehung zwischen den drei Personen der Trinität.

> *„Die Heilige Trinität verwirklicht den einen Leib Christi, indem sie jede Ortskirche zu einer vollständigen und 'katholischen' Kirche macht."* (Nr. 18)

Diese Ausführungen über die Koinonia stützen sich weitgehend auf die theologischen Prämissen des Koinonia-Konzeptes von Zizioulas und können als eine klassische Koinonia-Theologie bezeichnet werden. Das Koinonia-Konzept von Zizioulas geht von einer relationalen Ontologie aus, deren Schlüsselbegriff „Sein-in-der-Beziehung" lautet.

Auffallend ist, daß in diesem Kontext der Aspekt des Kreuzes im Vortrag von Zizioulas keine Erwähnung findet, während er in KA eine zentrale Bedeutung erhält und ich ihn für das Schlüsselmotiv der ganzen Ausführungen über die Koinonia halte. Das Kreuzesgeschehen wird nämlich als zentral sowohl für die Gemeinschaft von Vater, Sohn und Geist wie auch für die Koinonia der Kirche angesehen. KA sagt, daß sich die Beziehung zwischen Jesus Christus, seinem Vater und dem Geist in einem Leben des Schenkens und des Empfangens vollziehe, zwischen ihnen Liebe fließe, die sie eine Gemeinschaft sein lasse,

„ ... in deren Zentrum das Kreuz steht..." (Nr. 7)

Die Verknüpfung zwischen Koinonia und Kreuz war offensichtlich ein Anliegen der Verantwortlichen der Kommission, da sie hauptsächlich von ihnen und in dem Diskussionspapier unterstrichen wird.[20] Der Aspekt des Kreuzes sei es nämlich, heißt es im Text, der die Koinonia zwischen Christus, Vater und Geist und die kirchliche Koinonia verknüpfe. Bereits im Teil über die Koinonia als Gabe wird die Bedeutung der Taufe, der Nachfolge Christi, des Glaubens und der Metanoia betont (Nr. 9). Erst dann wird bekräftigt, daß die Kirche *„zu einem gemeinsamen Leben in Christus"* berufen sei (Nr. 9), und erst daraufhin die Bedeutung des Herrenmahls für die Sichtbarkeit der Koinonia herausgestellt.

Durch das Motiv des Kreuzes wird die vertikale Perspektive der Koinonia als Gabe („von oben") mit der horizontalen Perspektive der Koinonia als Berufung („von unten") zusammengehalten. Die Koinonia der göttlichen Dreifaltigkeit wird auf die menschliche Gemeinschaft durch das „Sein-in-der-Beziehung" nicht einfach übertragen, sondern durch das menschliche Zutun übersetzt, auch wenn sie eine Gabe Gottes bleibt. Diese Übersetzung wird im zweiten Teil der Ausführungen über die Koinonia als Berufung weiter entfaltet. Dort wird gesagt, daß zum dynamischen Prozeß der Koinonia die Anerkennung der menschlichen Komplementarität gehöre: die einzelnen und die Gemeinschaften seien mit dem Anderssein der Anderen theologisch, kulturell und ethnisch konfrontiert (Nr. 20). Das Bemühen um

---

[20] *Vgl. »Auf dem Weg zur Koinonia im Glauben, Leben und Zeugnis«,* Ein Diskussionspapier, S. 21. Die Stelle zitiert auch TANNER, M.; *Die Aufgaben der fünften Weltkonferenz für Glauben und Kirchenverfassung im Blick auf die Zukunft,* S. 23, 25. In: *Santiago de Compostela,* Beiheft zur ÖR.

die Verwirklichung von Koinonia erfordere eine „*Kenosis – eine Selbsthingabe und Selbstentäußerung*" (Nr. 20). Es bedeute Angst vor Identitätsverlust, es bedeute Schmerzen und Verletzungen, die man mit anderen mittrage, es bedeute Bußfertigkeit und selbstkritische Haltung (Nr. 21, 22). KA bekräftigt:

> „*Als einzelne und als Gemeinschaften sind wir berufen, Koinonia durch den Dienst der Kenosis zu errichten.*" (Nr. 20)

Darum fordert das Dokument zum Schluß eine ökumenische Spiritualität, welche die Bemühungen um die Förderung von Koinonia untermauern solle (Nr. 27), und verweist auf die Eschatologie: durch die Kraft des Heiligen Geistes würden die Christen mit Christus sterben, jedoch zu einem neuen Leben erweckt und so mit dem Vater vereint (Nr. 8).

Es ist offensichtlich, daß mit der Kenosis, wie sie KA verlangt, nicht einfach der konfessionelle Tod und die Verschmelzung der Konfessionen in einer Superkirche, also ein Art Unionismus propagiert werden, sondern es um das Finden einer neuen Identität durch die Relation mit den anderen Konfessionen und damit um eine Relativierung geht. Das Ziel der sichtbaren Einheit beschreibt das Dokument von Canberra folgendermaßen:

> „*Das Ziel der Suche nach voller Gemeinschaft ist erreicht, wenn alle Kirchen in den anderen die Eine, Heilige, Katholische und Apostolische Kirche in ihrer Fülle erkennen können*"[21].

Die Schwäche des Kenosis-Aspektes in KA muß wohl darin gesehen werden, daß er nicht weiter ausgeführt und nicht gezeigt wird, was dies im Konkreten bedeutet.[22] In den Berichten der Sektionen II, III, und IV wird zwar der Aspekt der gegenseitigen Anerkennung mehrmals angesprochen, das Ringen um eine neue Identität durch die Beziehung zu anderen Konfessionen hat jedoch bei weitem nicht jene zentrale Bedeutung, die man

---

[21] »*Auf dem Weg zur Koinonia im Glauben, Leben und Zeugnis*«, Ein Diskussionspapier, S. 16.

[22] Ein beeindruckendes Konzept der interkonfessionellen Kenosis enthält das Dokument der GRUPPE VON DOMBES; *Für die Umkehr der Kirchen,* Identität und Wandel im Vollzug der Kirchengemeinschaft, Lembeck/Knecht Frankfurt, 1994, besonders S. 27-40, 80-102. Das Santiago-Dokument läßt nicht direkt erkennen, welchen Einfluß das Konzept der Gruppe von Dombes auf die endgültige Fassung des Santiago-Textes hatte. Das Konzept der Gruppe von Dombes stieß in Santiago jedoch auf großes Interesse.

nach der Beschreibung in KA annehmen würde.[23] Die Berichte bestehen vielmehr aus Würdigungen der Einzelstudien über das Glaubensbekenntnis, die Sakramente und das Zeugnis und aus der Beschreibung der Hindernisse, die dem Weiterkommen in einer umfassenderen Koinonia im Wege stehen. Aus dem trinitarischen Neuansatz der Koinonia werden keine Korrekturen der Einzelstudien vorgenommen. Aber wenn festgestellt wird, daß *„Taufe, Eucharistie und Amt insgesamt neu in Beziehung zur Koinonia untersucht werden"* müssen (Bericht der Sektion III, Nr. 30), sollte dies nicht nur für die Sakramente gelten, sondern auch für die anderen Elemente der sichtbaren Einheit wie Glaube und Zeugnis.

13.4. Auswertung

Geschichtliche Einordnung:
Das Koinonia-Konzept von Santiago de Compostela stellt in der theologischen Entwicklung der Kommission für Glauben und Kirchenverfassung auf dem Weg zur vollen Ausformulierung des trinitarischen Kirchenverständnisses zweifellos den bisherigen Höhepunkt dar. Die höchste Stufe der trinitarischen Entwicklung wird an der Konvergenzfähigkeit des Koinonia-Konzeptes gemessen.

Trinitarisches Gottesverständnis:
Der theozentrische, der christologische und der pneumatologische Aspekt sind im Koinonia-Konzept vertreten und halten die Perspektiven „von oben" und „von unten" zusammen. Die Trinität als Schwerpunkt der ostkirchlichen theologischen Tradition und das Kreuz als Schwerpunkt der

[23] „Wir sollten damit rechnen, daß Kriterien und die Praxis einer anderen Tradition uns bisweilen in Frage stellen und verändern und uns zum Kern unserer eigenen Tradition zurückführen, so daß wir ihn neu entdecken." Bericht der Sektion II, Nr. 11. In: *Santiago de Compostela,* Beiheft zur ÖR.

westlichen, speziell reformatorischen, Tradition präsentieren sich hier in einer Synthese.[24]

Trinitarisches Kirchenverständnis:
Durch den Aspekt des Kreuzes, speziell der Kenosis und der Metanoia, wird Koinonia als Gabe in die Koinonia als Berufung übersetzt. So gewinnt das Koinonia-Konzept von Santiago einen größeren konvergenten Charakter, als es im Lima-Dokument, im Glaubensbekenntnis oder in „Kirche und Welt" der Fall war. Bekanntlich wurden diese drei Texte vom epikletischen Konzept der ostkirchlichen Theologie beeinflußt, wodurch das sakramentale bzw. katholische Element der Ekklesiologie stärker ausgeprägt wurde als andere konfessionelle Elemente wie z.B. das Wort Gottes und die Kirche.

Fazit:
Trotz des unbestrittenen Beitrags des Kenosis-Aspektes als einer Übersetzung der Koinonia in die menschliche Gemeinschaft und als Perspektive für das Erreichen der sichtbaren Einheit, wäre eine nähere Bestimmung dessen wünschenswert, was die Kenosis im Konkreten für die Kirchen bedeutet. In den vorherigen Kapiteln wurde deutlich, daß die ekklesiologischen Vorentscheidungen den theologischen Charakter der Einzelstudien maßgeblich beeinflußten, auch wenn in allen der trinitarische Begriff der Koinonia angewandt wurde. Ohne eine Verankerung der Koinonia-Konzeption in der Kreuzestheologie rückt diese nämlich in die Nähe der sa-

---

[24] Im Verstehen der zentralen Bedeutung des Kreuzesereignisses sieht Moltmann den Punkt, aus dem eine echte biblisch begründete und lebendige interkonfessionelle Einheit erwachsen könnte: „Der eigentliche Ursprung der Kirche liegt in der Hingabe Christi zum Tod am Kreuz. Wo immer in der ökumenischen Bewegung getrennte Kirchen von ihren verschiedenen Traditionen auf die eine Tradition zurückkommen, von der sie alle leben, da kommen sie gleichsam von den verzweigten Flußarmen auf die eine Quelle zurück. Und diese ursprüngliche Tradition ist die Hingabe des Sohnes durch den Vater für die Annahme der dahingegebenen und verlorenen Menschen am Kreuz auf Golgotha. Was immer sonst die Kirche am Leben erhält und ihre Gestalt bestimmt, das fundamentale Geheimnis der Kirche ist das Geheimnis des versöhnenden und erlösenden Kreuzestodes Christi." MOLTMANN, J.; *Neuer Lebensstil,* Schritte zur Gemeinde, Chr. Kaiser Verlag München, 1977, S. 100ff.

kramentalen Ekklesiologie und verliert somit ihren konvergenzfähigen ekklesiologischen Charakter.[25] Darum müßte ein konvergentes Koinonia-Konzept nicht nur die Herrlichkeits- mit der Kreuzestheologie verbinden, sondern auch alle anderen Aspekte, welche die sichtbare Einheit der Koinonia ausmachen, unter dieser Perspektive neu überdenken.

[25] REUMANN z.B. kritisiert, daß die Koinonia, losgelöst von ihrer biblischen Grundlage, zu einer Chiffre werde, die beinahe „alles oder jedes bedeuten" könne. In: *Santiago de Compostela 1993,* S. 64. KLEIN sagt ebenfalls: „Im Gebrauch des Wortes 'Koinonia' können sich verschiedene, miteinander oft nicht vereinbare Erwartungen verbergen." KLEIN, N.; *Koinonia in einer zerrissenen Welt,* in: *Orientierung,* Nr. 17/ 1993, S. 179-182, hier 180.

14. Ertrag

Die Kommission für Glauben und Kirchenverfassung hat in ihrer über siebzigjährigen Geschichte einen wesentlichen Beitrag zum Ringen um die Einheit unter den christlichen Kirchen geleistet und setzt dieses Engagement auch heute fort. Mit ihren 120 Mitgliederinnen und Mitgliedern stellt sie in der ökumenischen „Landschaft" ein einmaliges Phänomen dar. Ihre gegenwärtige Zusammensetzung spiegelt die Vielfalt nicht nur der christlichen Traditionen, sondern auch der unterschiedlichsten sozialen, kulturellen, politischen und religiösen Kontexte wider. Damit stehen der theologischen Arbeit der Kommission eine beabsichtigte Vielzahl von Positionen und Methoden sowie verschiedenste Perspektiven und Gesichtspunkte zur Verfügung. In jüngster Zeit bezog man zunehmend jüngere Theologen und Theologinnen in die Arbeit ein. Es wurde bei den Mitgliedern auch stärker auf einen Ausgleich zwischen der Zahl an Männern und Frauen geachtet. Seit 1968 nehmen römisch-katholische Theologen teil, derzeit zwölf, unter ihnen auch einige wenige Frauen, obwohl ihre Kirche nicht dem Ökumenischen Rat der Kirchen angehört. Mit Recht behauptet der ehemalige Direktor der Kommission für Glauben und Kirchenverfassung Gassmann: „In gewisser Hinsicht ist die Kommission das repräsentativste theologische Forum in der Welt."[1] Sie hat in der Geschichte der ökumenischen Bewegung, besonders in Krisenphasen, entscheidende theologische Impulse setzen können, die häufig die ökumenische Entwicklung weitertrieben. Heute, da sich Hoffnungen auf eine baldige Einheit der Kirchen nicht erfüllt haben und der ökumenische Enthusiasmus spürbar nachläßt, ist die Kommission neu herausgefordert, die in ihren Statuten festgelegte Aufgabe wahrzunehmen, nämlich auf das Zentrum ihrer ökumenischen Berufung, das Ringen um die sichtbare Einheit der Kirche, hinzuweisen.[2]

---

[1] GASSMANN, G.; *Glauben und Kirchenverfassung in Stavanger,* S. 7, in: *Glaube und Erneuerung Stavanger 1985,* Beiheft zur ÖR 55, Faith and Order Paper 131, Verlag Otto Lembeck Frankfurt am Main 1986.

[2] GASSMANN, G.; *Stavanger 1985 bis Budapest 1989,* Bericht des Sekretariats, S. 44f., in: *Glauben und Kirchenverfassung 1985-1989,* Verlag Otto Lembeck Frankfurt am Main 1990. GASSMANN, G.; *Glauben und Kirchenverfassung in Budapest,* S. 7, in: ebd.

14.1. Geschichtliche Entwicklung

Die theologische Arbeit der Kommission für Glauben und Kirchenverfassung von 1920 bis heute hat eine Flut von unterschiedlichen Dokumenten, Studien, vorbereitenden Berichten, Konsultationen sowie unzählige Monographien von Theologen und Theologinnen hervorgebracht. In der Untersuchung ging es um die Entwicklung des trinitarischen Gottes- und Kirchenverständnisses in den offiziellen Dokumenten. Es ist gelungen, in dieser Entwicklung drei verschiedene Phasen festzustellen.

Eine erste Phase läßt sich von der ersten Weltkonferenz in Lausanne 1927 bis zu der in Montreal 1963 erkennen. Die kontinuierliche Betonung der Einheit in Christus und die theologische Ausarbeitung der Beziehung zwischen Christus und der Kirche erlauben es, diesen Entwicklungszeitraum als eine christologische Phase zu bezeichnen. Auf der Weltkonferenz von Lund 1952 zeichnet sich eine Wende ab, die in Montreal 1963 vollzogen wird. Die vorherrschende Christologie, die von der göttlichen Natur und Würde Christi geprägt war und daher seine Macht und Herrlichkeit hervorhob, erfährt eine Akzentverschiebung durch die Auseinandersetzung mit der Taufe und durch eine neue Betonung des Kreuzes und der Auferstehung Christi. Mit der Fokussierung der kreuzestheologischen Aspekte in der Christologie kommt auch die trinitarische Bedeutung des Christusgeschehens stärker in den Blick. Die trinitätstheologische Beschreibung bleibt eher formal und bekenntnishaft und geprägt von einer Christologie „von oben“ und einer Neigung zum Christomonismus. Insgesamt läßt sich diese Phase als „inkarnatorisch-christologisch“ typisieren und im weiteren Sinne der katholischen Tradition anglikanischer Prägung zuordnen.[3]

Gleichzeitig wird in Montreal mit dem christozentrischen Universalismus eine neue Phase eingeleitet, die sich bis Bangalore 1978 erstreckt. Sie ist erkennbar an einem grundlegenden Paradigmenwechsel: der umfassende Horizont der Einheitssuche bildet nun nicht mehr die Einheit der Kirchen, sondern die Einheit der Welt, in deren Dienst die geeinte Kirche steht. Das Aufkommen der „kosmischen Christologie“ liefert die theologische Perspektive für dieses neue Paradigma. Mit ihrer Redefiniton des Verhältnis-

---

[3] Vgl. oben den Abschnitt 2.1.1. über den anglikanischen ekklesiologischen „Typus“, wo ausgeführt wird, daß die Notwendigkeit einer sichtbaren Kirche sich vom Leib-Christi-Gedanken herleitet und die Inkarnation des Gottessohnes sich in ihr fortsetzt .

ses von Kirche und Welt aus dem Blickwinkel eines christozentrischen Universalismus wird die Welt nicht mehr bloß als Missionsgebiet, sondern in ihrer Positivität und Autonomie als eine bereits christusbezogene Welt verstanden. Die Wahrnehmung der menschlichen Wirklichkeit in Kirche und Welt bildet nun den hermeneutischen Schlüssel für die theologische Einheitssuche und verweist angesichts der Gebrochenheit und Ambivalenz von Natur und Geschichte stärker auf die Botschaft vom Kreuz und damit auf eine Christologie „von unten". Die trinitätstheologische Begrifflichkeit bleibt implizit und kreist um das Kreuz, die Verborgenheit Gottes und die eschatologische Enthüllung im Heiligen Geist. Darum läßt sich diese Phase als „kreuzestheologisch-christologisch" typisieren und wird vorrangig von der reformatorischen Tradition lutherischer Prägung getragen.[4]

Bereits im Dokument über das „Filioque" 1979 und endgültig im Lima-Papier 1982 läßt sich in der Theologie der Kommission eine pneumatologische Wende erkennen. Sie wurde zuvor vorbereitet durch eine intensivere Reflexion auf die Rolle des Heiligen Geistes im Heilsgeschehen und durch die Beschäftigung mit der Universalität und Katholizität der Kirche. Das Auftauchen des epikletischen Kirchenkonzeptes in Bangalore 1978 und sein Durchbruch in Lima prägt in konfessionell relevanten Fragen das theologische Denken, wie die einschlägigen Dokumente, vor allem die drei Studiendokumente über die Sakramente, das Glaubensbekenntnis und das Zeugnis, belegen. Diese pneumatologische Phase wird von der katholischen Tradition orthodoxer Prägung getragen und dominiert in der Kommissionsarbeit bis zur Weltkonferenz von Santiago de Compostela 1993.

Das Koinonia-Dokument von Santiago könnte darauf hindeuten, daß die theologische Einheitssuche auf eine trinitarische Wende zugeht.

14.2. Trinitarisches Gottesverständnis

In allen besprochenen Dokumenten werden die theologischen Aussagen über die Kirche durchgehend in einen trinitarischen Kontext eingebettet, auch wenn sich die trinitarische Sprache der einzelnen Dokumente in den verschiedenen Phasen je nach ihrer Akzentsetzung deutlich unterscheidet.

---

[4] Vgl. oben 6.6. Auswertung des Kapitels Bristol 1967.

So bildet beispielsweise die frühere formale und bekenntnishafte trinitarische Ausdrucksweise hauptsächlich den Rahmen für die christologischen Aussagen, die den eigentlichen Charakter der Texte ausmachen. In den gleichen Texten kann man sogar eine gewisse christomonistische Tendenz kritisieren, weil das Konzept der „Trinität als Ganzer durch Christus" das heilsgeschichtliche Handeln des Vaters und des Heiligen Geistes zu ignorieren scheint. Durchgängig belegt die trinitarische Sprache in allen Dokumenten, daß die heilsgeschichtliche Bedeutung der Dreifaltigkeit für die theologische Einheitssuche von überragender Bedeutung ist. Bis auf das „Filioque"-Dokument vermeidet die Kommission jede Reflexion über die Trinität an sich. Das Dokument über das Glaubensbekenntnis begründet indirekt diese Haltung, die fast ausschließlich an der Bedeutung der Dreifaltigkeit für das Leben der Christen interessiert ist, mit dem Hinweis, daß die trinitarische Spekulation zu Monismus und lebensfremder Sterilität neige. Dennoch zeigt sich in den Dokumenten von Montreal und im „Filioque"-Dokument, daß sich die Schwerpunktsetzung in der unumgänglichen Auffassung von der immanenten Trinität auf das Kirchenverständnis auswirkt. Besonders zu vermerken ist, daß sich gerade bei der „Filioque"-Frage das Desiderat einer Korrektur am Kirchenverständnis durch die Betonung der Wechselbeziehung zwischen Sohn und Geist ergibt. Ansonsten bedienen sich die Dokumente bei der Beschreibung des trinitarischen Gottesverständnisses häufig einer doxologischen und apophatischen Ausdrucksweise.

Jede der drei oben genannten Phasen seit Lausanne 1927 weist einen eigenen theologischen Schwerpunkt im Gottesverständnis auf. Während der ersten christologischen Phase steht, wie bereits erwähnt, eine inkarnatorisch geprägte Christologie, die man auch als eine Deszendenzchristologie bezeichnen könnte, im Vordergrund.

Die Phase von Montreal bis Lima, die auch Säkularökumene heißt, wird beherrscht von einer kreuzestheologisch geprägten Christologie und einer nichtformalen impliziten trinitarischen Konzeption. Fortschreitend qualifiziert dieser Ansatz die Situation der Menschen und der Welt theologisch im Licht des Kreuzes Christi, das Solidarität mit den Leiden der Menschen und Hoffnung auf Heil bedeutet. Wir haben es hier vorrangig mit einer kreuzestheologischen Korrektur „von unten" an der Deszendenzchristologie zu tun.

Nach der pneumatologischen Wende von Lima 1982 bestimmt das epikletisch-ekklesiologische Konzept die theologische Arbeit der Kommission. Zwar sind in dieser Phase die inkarnatorische und die kreuzestheologische Dimension der Christologie innerhalb des trinitarischen Ansatzes weiter vertreten, erhält jedoch die Deszendenzchristologie weitgehend ein stärkeres Gewicht.
Will man diese drei Phasen der ökumenischen Einheitssuche den großen Konfessionsfamilien und Traditionsströmen zuordnen, dann läßt sich die inkarnatorisch-christologische Phase bis Montreal mehr einer „katholischen“, die kreuzestheologisch-christologische Phase bis Lima einer „evangelischen“ Richtung der Theologie zuweisen, während die pneumatologische Phase seit Lima beide Richtungen umfaßt, die zwar vom epikletischen Ansatz zusammengehalten werden können, allerdings nicht ohne wiederum die Deszendenzchristologie und eine „katholische“ Prägung zu bevorzugen.

14.3. Trinitarisches Kirchenverständnis

Der ganze Prozeß der ökumenischen Einheitssuche in den Dokumenten der Kommission für Glauben und Kirchenverfassung kann im weitesten Sinne als eine trinitarische Vertiefung der Ekklesiologie verstanden werden, die auf dem Weg zu einem trinitarischen Konzept der Kirche fortschreitet. Insofern läßt er sich auch als ein Prozeß der Ekklesiogenese[5] verstehen, der nach einem kohärenten und komplementären Kirchenverständnis sucht, das die Einheit der christlichen Kirchen auszudrücken vermag.
Die Ansätze der verschiedenen Phasen erwiesen sich gerade in diesem Punkt immer wieder als ungenügend. Dem inkarnatorisch-christologischen Ansatz konnte vorgeworfen werden, daß er die empirische Wirklichkeit der Trennung der Kirchen nicht genügend wahrzunehmen imstande war, während das mehr kreuzestheologisch-christologische Denken der Säkularökumene zu einer gewissen Verweltlichung, Politisierung und Verflachung der Einheitssuche geführt hatte. Erst in den letzten zwanzig Jahren wird

---

[5] Vgl. HOUTEPEN, A; *Auf dem Weg zu einem ökumenischen Kirchenverständnis*. In: Una Sancta 44 (1989), 29-44. Siehe auch RAISER, K.; *Ökumene im Übergang*, S. 130, der eine neue, „lebendige und zusammenhängende“ Theologie als einen Aspekt des neuen ökumenischen Paradigmas bezeichnet.

eine explizit ausgearbeitete trinitarische Begründung der Ekklesiologie in der Arbeit der Kommission deutlicher sichtbar und immer entschiedener betrieben, wie es vor allem die Texte von Bangalore, Lima, Santiago sowie die Dokumente »Gemeinsam den einen Glauben bekennen« und »Kirche und Welt« belegen. Diese Beobachtung deutet darauf hin, daß eine weitere Phase vorbereitet wird und sich eine trinitarische Wende in der Ökumene ankündigt[6]. Mit anderen Worten: die theologische Arbeit der Kommission befindet sich auf dem Weg zu einer vollen Ausformulierung des trinitarischen Kirchenverständnisses.

In der Untersuchung habe ich nachzuweisen versucht, daß aus einem trinitarischen Gottesverständnis unmittelbar auch ein trinitarisches Kirchenverständnis resultiert. Die Dokumente sehen diesen Zusammenhang und beschreiben die gegenseitige Bezogenheit von Gottes- und Kirchenverständnis kausal, ontologisch, analog und doxologisch.[7] Wenn also die Zuordnung und gegenseitige Beziehung von Trinität und Kirche selbstverständlich zur Sprache gebracht wird, müßte die Analogie zwischen Trinität und Kirche weiter reflektiert und ausgearbeitet werden. Dies ist aber bisher noch nicht geschehen, weil es ökumenisch nicht unproblematisch scheint und zu Kontroversen besonders mit der Theologie der reformatorischen Tradition führen wird.

Der Prozeß der Ekklesiogenese zielt auf ein Kirchenkonzept jenseits der einzelnen konfessionellen Kirchenverständnisse ab. Dabei kommt zum Vorschein, daß der Prozeß der Vertiefung des trinitarischen Gottesverständnisses und jener der Ekklesiogenese nicht nur parallel zueinander verlaufen, sondern sich auch reziprok zueinander verhalten: ein als unzulänglich empfundenes Kirchenverständnisses ruft eine weitere Vertiefung der trinitarischen Reflexion hervor, die wiederum nach einem trinitarisch umfassenderen Kirchenkonzept verlangt.

Trinitarische Vertiefung und Ekklesiogenese müssen als globaler Prozeß begriffen werden, der jedoch nicht nur kontinuierlich verläuft, sondern es in jeder Phase zugleich mit diskontinuierlichen Elementen, Brüchen und Wenden zu tun hat, auch wenn diese unterschiedlich stark auf ihn einwirken. Entsprechend zeigt sich die Verknüpfung von Trinität und Kirche in jeweils unterschiedlicher Intensität, wie die vorliegende Untersuchung er-

---

[6] Vgl. RAISER, K.; *Ökumene im Übergang*, S. 131.

[7] Vgl. BRANDNER, T.; *Einheit geschenkt – verloren – erstrebt*, S. 117f.

geben hat. Dafür lassen sich verschiedene Gründe anführen: die häufige Fluktuation der Mitarbeiter in der Kommission; das variierende Gewicht der konfessionellen Präsenzen und die damit verbundene Färbung der theologischen Perspektiven, der Wahl der Begriffe und letztlich auch der Studienergebnisse; nicht zu vergessen auch die wechselnde theologische Kompetenz der Mitarbeiter, der Einfluß der politischen und kulturellen Umstände und der bilateralen Beziehungen. Trotz dieser vielen Variablen bleibt der Wille der Kirchengemeinschaften konstant, miteinander den multilateralen Dialog fortzusetzen. Und es bleibt vor allem das Thema der Einheit der Kirche und die Suche nach dem Konzept einer trinitarischen Kirche, die den Traum von der Einheit in Vielfalt erfüllen soll.

Trotz verschiedener implizit und explizit ekklesiologischer Dokumente hat die Kommission noch kein abschließendes Dokument über das Wesen der Kirche formuliert. Die bisherigen ekklesiologischen Arbeiten behandeln unterschiedliche biblische Bilder und Vorstellungen von der Kirche und versuchen sie für den multilateralen Dialog fruchtbar zu machen.

Wie die Stellungnahmen der Kirchen zum Lima-Text zeigen, soll sich eine konziliare Ekklesiologie aus Elementen zusammensetzen, die sowohl einem konziliaren wie jedem einzelnen konfessionellen Kirchenverständnis gerecht werden. Die Entwicklung in den Dokumenten der Kommission – besonders in den letzten zwanzig Jahren – macht deutlich, daß das Koinonia-Verständnis dieser Anforderung bisher am ehesten entspricht.

Dennoch muß festgehalten werden, daß die trinitarische Begründung der Kirche bis heute noch zu keinem zufriedenstellenden Abschluß gekommen ist. Wir sahen, daß die bisherigen Entwürfe zwar einen wesentlichen Fortschritt gebracht haben, aber trotzdem von einer konfessionelle Eigenart geprägt blieben. Angesichts sowohl dieser Tatsache als auch der Unabgeschlossenheit des Prozesses stellt sich die Frage, in welche Richtung die trinitarische Vertiefung weiterentwickelt werden soll, um zu einem kohärenten und komplementären Konzept der Kirche zu führen. Gerade in diesem Punkt läßt sich aber eine gewisse Unschlüssigkeit[8] konstatieren.

---

[8] RAISER spricht über die Unschlüssigkeit der ökumenischen Bewegung. Ebd., S. 11ff.

14.4. Fazit

Ein Kirchenverständnis, das es den Konfessionsfamilien ermöglichen würde, ihr eigenes wiederzufinden, muß komplementär und kohärent sein. Die diesbezügliche Untersuchung der Dokumente der Kommission für Glauben und Kirchenverfassung bis 1993 hat gezeigt, daß bestimmte theologischen Aspekte wie der inkarnatorisch-christologische, der kreuzestheologische und der epikletisch-pneumatologische die Konzeption eines solchen Kirchenverständnisses entscheidend beeinflußt haben, es jedoch auch konfessionell färbten. Daher konnten andere Konfessionen ihre eigene Optionen darin nicht ganz wiederfinden oder empfanden sie vernachlässigt. Darin liegt m.E. eine Hautursache für die Unschlüssigkeit der bisherigen ekklesiologischen Einheitssuche. Sie käme an ihr Ziel, wenn es gelänge, das Wesen der Kirche so zu beschreiben, daß alle Konfessionsfamilien die wesentlichen Aspekte ihres eigenen Kirchenverständnisses darin wiederfänden und in den anderen Kirchengemeinschaften ebenfalls die eine Kirche Christi verwirklicht sähen.

Das Verständnis der Kirche als Koinonia, wie es in Santiago 1993 entfaltet wurde, kann als wichtiger Schritt zu diesem Ziel gelten, weil es den inkarnatorisch-christologischen, den kreuzeschristologischen und den pneumatologischen Aspekt miteinander zu verbinden weiß. Die Fruchtbarkeit dieses Konzeptes läßt sich auch darauf zurückführen, daß hier wesentliche Aspekte der Kreuzestheologie aufgenommen und verarbeitet wurden. Die Befunderhebung macht darauf aufmerksam, daß die kreuzestheologischen Einlassungen in den Dokumenten bisher vor allem korrigierende Funktionen an einer inkarnatorischen oder kosmischen Christologie ausübten. Demgegenüber scheint eine grundlegende Reflexion auf den theologischen Ort und die ekklesiologische Relevanz des Kreuzesgeheimnisses angezeigt, so daß ein Reichtum der lutherisch-reformatorischen Tradition zu einem gemeinsamen ökumenischen Erbe werden könnte.[9] Eine kreuzestheologisch zentrierte Trinitätstheologie ist im übrigen für die ökumenische Theologie seit Jahren ein unerfülltes Desiderat.[10] Von einem kreu-

---

[9] Vgl. in diesem Zusammenhang die Ausführungen von BLAUMEISER, H.; *Martin Luthers Kreuzestheologie*, Schlüssel zu seiner Deutung von Mensch und Wirklichkeit, Eine Untersuchung anhand der Operationes in Psalmos (1519-1512), Bonifatius, Paderborn 1995, S. 478-553.

[10] Diese Überzeugung äußerte bereits 1977 beim 50-jährigen Jubiläum der Weltkonferenz von Lausanne J. MOLTMANN. Er forderte eine kreuzestheologisch

zestheologisch-trinitarischen Ansatz kann auch erwartet werden, daß er die unausweichlichen Konflikte und Spannungen beim Prozeß der Einheitssuche und in einem künftigen Zusammenleben in Einheit nicht um einer menschlichen Harmonie willen negieren muß, sondern sie durch eine Verankerung im Theodrama des Kreuzes zu versöhnen und zu überwinden vermag. Dabei ist ernsthaft darauf zu achten, daß ein solcher Ansatz weder zu einer Vereinheitlichung im Sinne eines konfessionellen Identitätsverlustes durch Aufhebung des tiefsten Unterschiedes noch – wie geschehen – zu einer Politisierung der Einheit führt. Vielmehr könnte eine kreuzestheologische Trinitätstheologie gerade die Vielfalt in der Einheit garantieren und deutlich machen, daß jede Einheit im Kreuz ihr Zentrum und ihren Schlüssel besitzt.[11]

Wenn bei der Untersuchung des trinitarischen Gottes- und Kirchenverständnisses in den Dokumenten der Kommission Phasen einer christologi-

---

begründete Ekklesiologie nach dem Motto: „Je näher wir zum Kreuz kommen, desto näher kommen wir zueinander". *Welche Einheit?,* Der Dialog zwischen den Traditionen des Ostens und des Westens, in: ÖR 26/1977, S. 287-296, hier S. 291. Moltmann führte aus: „Zwei große theologische Traditionen kommen hier zusammen und verschmelzen: die evangelische Kreuzestheologie und die orthodoxe Trinitätslehre. Zwar waren sie nie wirklich getrennt, doch ihre Einheit ist nicht immer deutlich erkannt worden." Ebd., S. 292. Moltmann hält die Zusammengehörigkeit dieser Elemente, der Trinität und des Kreuzes, in beiden Traditionen für eine Selbstverständigkeit: „Der Gemeinschaft dieser Erkenntnisse ist nichts hinzuzufügen als die notwendige Konsequenz. Diese ist für die evangelische Theologie sicher die Überwindung des modernen Monotheismus und Monismus kraft trinitarischen Denkens. Diese könnte für die orthodoxe Theologie die Überwindung ihrer Neigung zum Platonismus und zum Dualismus kraft der Kreuzestheologie sein." Ebd.

[11] Der italienische Theologe P. CODA weist darauf hin, daß die theologische Entwicklung der Trinitätstheologie sich gegenwärtig „in einer Phase der systematischen Umgestaltung der Dogmatik befindet, die beim hermeneutischen Schlüssel des Osterereignisses und des trinitarischen Horizontes, den das Osterereignis eröffnet, ansetzt." (Übersetzung von mir.) CODA, P.; *Quali prospettive per la teologia trinitaria?*, in: Nuova Umanità XVI novembre-dicembre 1994/6, 96, S. 119-128, hier S. 120. „...ci troviamo ancora nella fase di una risistemazione della dogmatica a partire dalla chiave ermeneutica dell'evento pasquale e dell'orizzonte trinitario che esso dischiude." CODA sagt weiter: „Noch tiefer mit dem Denken und dem Leben in das Ostergeheimnis einzudringen bedeutet, die Theo-logie (Das Reden Gottes und das Reden über Gott) in Jesus dem Verlassenen und in Jesus dem Auferstandenen zu fokussieren." (Übersetzung von mir.) Ebd., S. 125. „Penetrare ancora più a fondo nel mistero pasquale – come pensiero e come vita – significa focalizzare la teo-logia (il *logos* di/su Dio) in Gesù abbandonato e in Gesù risorto."

schen und pneumatologischen Akzentsetzung herausgestellt werden konnten, stellt sich die Frage nach der theologischen Bedeutung des Vaters in diesem Prozeß. Der Befund aus den vorliegenden Texten zeigt, daß die Person des Vaters aus inkarnatorisch-christologischer Perspektive als diejenige erscheint, die den Sohn sandte, und vorwiegend im Rahmen der Schöpfungstheologie und der Deszendenzchristologie zum Tragen kommt. In der kreuzestheologisch-christologischen Phase tauchen theozentrische Elemente im Zusammenhang mit der Verborgenheit Gottes auf. Eine theozentrische Perspektive „von unten" war in Bangalore 1978 zu erwarten, das zugehörige Dokument enthält aber keine dynamische und in sich geschlossene trinitarische Rede, sondern lediglich eine Aufzählung des christologischen, pneumatologischen und theozentrischen Aspektes.

Hier zeigt sich noch einmal die Bedeutung der Kreuzestheologie für die Entfaltung einer theozentrischen Perspektive. Wenn nämlich ein kreuzestheologischer Ansatz nicht nur wie in der Phase der Säkularökumene zur Begründung der Solidarität mit den Leidenden oder gar negativ zur reinen Legitimierung der Vielfalt im Sinne von distanzierter Indifferenz oder einer Ästhetik der Differenz[12] führt, sondern das ganze Ostergeheimnis in seiner Untrennbarkeit von Kreuz und Auferstehung auszudrücken vermag, dann mündet der Prozeß der Versöhnung im Ausrufen jenes Wortes, das uns in Christus geschenkt und vom Geist eingegeben ist: Abba, Vater! (vgl. Röm 8,15) Damit wäre auch die Gefahr abgewendet, daß die Vorstellung des neuen ökumenischen Paradigmas zum Verständnis eines unpersönlichen Gottes[13] neige.

Es gibt gute Gründe anzunehmen, daß in der Theozentrik die verheißungsvollste Perspektive für die Zukunft nicht nur der Ökumene, sondern der

[12] Vgl. BRANDNER, T.; *Einheit geschenkt – verloren – erstrebt,* S. 300ff.

[13] Ratzinger weist auf diese Gefahr eines unpersönlichen Gottesverständnisses hin, die sich hinter dem Begriff der „ökumenischen Haushalterschaft", der vielleicht das wichtigste Element des neuen ökumenischen Paradigmas darstellt, verbergen könnte. Er kritisiert an diesem Paradigma auch eine synkretistische Tendenz, die die lehrmäßigen Unterschiede zwischen den Konfessionen nicht mehr für wichtig hält, sondern alles an der gemeinsamen ökumenischen Praxis messen will. Vgl. RATZINGER, J.; *Zur Lage der Ökumene*, S. 231-244. hier S: 237. In: *Perspectives actuelles sur l'oecumenisme.* Sous la direction de JEAN-LOUIS LEUBA, Artel, 1995. Ratzinger bezieht sich auf WAGNER, H.; *Ekklesiologische Optionen evangelischer Theologie als mögliche Leitbilder der Ökumene,* S. 124-141. In: *Catholica*, 1993.

Menschheit überhaupt liegt. Dieser Hoffnung geben jedenfalls der Generalsekretär des Ökumenischen Rates der Kirchen, Konrad Raiser, und Johannes Paul II. je auf ihre Weise gemeinsam Ausdruck:

> „... *daß die befreiende Gegenwart Gottes in der messianischen Verkündigung Jesu nicht nur unter dem Bild des 'Reiches' oder der 'Herrschaft' Gottes erscheint, sondern auch im Gleichnis des Hausvaters, des Gastgebers in einem großen Haus.*"[14]
>
> „*Die Religion, die im Geheimnis der erlösenden Menschwerdung ihren Ursprung hat, ist die Religion des 'Verweilens in den Tiefen Gottes', der Teilhabe an seinem inneren Leben ... Der Heilige Geist, der die Tiefen Gottes ergründet (vgl. 1 Kor 2,10) führt uns Menschen kraft des Opfers Christi in diese Tiefen ein.*"[15]

---

[14] RAISER, Konrad; *Ökumene im Übergang*, Paradigmenwechsel in der ökumenischen Bewegung, Kaiser Taschenbücher, Chr. Kaiser Verlag, München 1989, S. 141.

[15] JOHANNES PAUL II.; *Tertio millenio adveniente,* Verlautbarungen des Apostolischen Stuhls, Sekretariat der deutschen Bischofskonferenz, Bonn 1994, Nr. 8.

LITERATURVERZEICHNIS

Die Reihenfolge der Quellentexte ist chronologisch. Die Reihenfolge des Verzeichnisses der verwendeten Sekundärliteratur ist alphabetisch.

1.1. Quellensammlungen

VISCHER, L. (Hrsg.); *Die Einheit der Kirche*, Material der ökumenischen Bewegung, Chr. Kaiser Verlag, München 1965.

THON, N.; *Quellenbuch zur Geschichte der Orthodoxen Kirche*, Paulinus-Verlag, Trier 1983.

GASSMANN, G. (Hrsg.); *Documentary History of Faith and Order 1963-1993* (Faith and Order Paper 159) Geneva 1993.

1.2. Berichte der Vollversammlungen des ÖRK

GOODALL, N. (Hrsg.); *Bericht aus Uppsala 1968*, offizieller Bericht über die Vierte Vollversammlung des ÖRK Uppsala 4.-20. Juli 1968, ÖRK Genf 1968.

KRÜGER, H., MÜLLER-RÖMHELD, W. (Hrsg.); *Bericht aus Nairobi 1975*. Ergebnisse – Erlebnisse – Ereignisse. Offizieller Bericht der sechsten Vollversammlung des Ökumenischen Rates der Kirchen. 23. November bis 10. Dezember 1975 in Nairobi/Kenia, Frankfurt 1976.

»Die Einheit der Kirche als Koinonia: Gabe und Berufung«, Canberra 1991. In: *„Auf dem Weg zur Koinonia im Glauben, Leben und Zeugnis“,* Ein Diskussionspapier, Glauben und Kirchenverfassung Dokument No. 161, WCC Publications, Genf, April 1993.

1.3. Berichte der Plenarversammlungen und Weltkonferenzen von der Kommission für Glauben und Kirchenverfassung

Lausanne 1927

SASSE, H.: *Die Weltkonferenz für Glauben und Kirchenverfassung*, deutscher amtlicher Bericht über die Weltkonferenz zu Lausanne 3.-21. August, Im Furche-Verlag, Berlin, 1929.

SIEGMUND-SCHULZE, F.; *Bericht über die Präliminarversammlung der Weltkonferenz über Glaube und Kirchenverfassung in Genf vom 12. bis 20. August 1920*, In: *IKZ* 1921.

SIEGMUND-SCHULTZE, F.; *Die Weltkonferenz in Lausanne (3.-21. August 1927)*. Ein Schritt zur Einigung der Kirche Christi in Glaube und Verfassung. Erster Gesamtbericht; Evangelischer Preßverband für Deutschland Berlin 1927.

BATE, H.N. (ed); *Faith and Order Proceedings of the World Conference Lausanne, August 3-21, 1927*; Garden City, New York 1928.

BATE, H.N., BROWN, R. W.; *Convictions: A selection from the Responses of the Churches to the report of the World Conference of Faith and Order, Lausanne 1927*; London, SCM. 1934.

Edinburgh 1937

Das vorbereitende Dokument als Bericht der Kommission IV über »*Die Einheit der Kirche in Leben und Gottesdienst*« mit der Überschrift: „*Was verstehen wir unter Einheit*“, Faith and Order Paper 82, deutsche Ausgabe.

Das vorbereitende Dokument der Sektion IV über »*Die Gemeinschaft der Heiligen*«, Faith and Order Paper 83, in: *Programm für die zweite Weltkonferenz für Glauben und Kirchenverfassung zu Edinburgh (Schottland) 3.-18. August 1937.*

Das vorbereitende Dokument »*Die Kirche und das Wort Gottes*« für die Weltkonferenz von Edinburgh 1937, Faith and Order Paper 87, deutsche Ausgabe.

HODGSON, L.; (Hrsg.); *The Second World Conference on Faith and Order, Edinburgh, August 3-18, 1937*, London 1938.

HODGSON, L., STAEHLIN, W., (Hrsg.); *Das Glaubensgespräch der Kirchen*, die zweite Weltkonferenz; Zürich 1940.

Lund 1952

STÄHLIN, W. (Hrsg.); *Kirche, Gottesdienst, Abendmahlgemeinschaft*, Bericht einer Weltkonferenz; Lund, Dritte Weltkonferenz der Kirchen für Glauben und Kirchenverfassung; Der Konferenzbericht mit den wichtigsten Reden und Dokumenten samt einer Einführung von Bischof i. R. D. Dr. Wilhelm Stählin, Luther-Verlag + Witten/Ruhr; 1954.

STÄHLIN, W.; *Lund,* Dritte Weltkonferenz der Kirchen für Glauben und Kirchenverfassung, Witten 1954.

Die Kirche, Bericht der theologischen Kommission für Glauben und Kirchenverfassung, Verlag Walter de Gruyter und Co., Berlin 1955.

TOMKINS, O.; *Um die Einheit der Kirche*, Eine Einführung in die Tätigkeit des Ausschusses für Glauben und Kirchenverfassung im Ökumenischen Rat der Kirchen, Chr. Kaiser Verlag, München 1951.

»*The Nature of the Church*«, a report of the American Theological Committee, Faith and Order Paper 100.

Montreal 1963

TOMKINS, O. (Hrsg.); *One Lord One Baptism*, World Council of Churches, Commission on Faith and Order, Report on The Divine Trinity and the Unity of the Church and Report on the Meaning of Baptism by the Theological Commission on Christ and the Church; Faith and Order Paper 29, Studies in Ministry and Worship, 17, London 1960. Deutsche Übersetzung des I. Teiles: *„Die Bedeutung der Taufe"*, in: Kerygma und Dogma 1/1962, des II. Teiles: *„Die göttliche Trinität und die Einheit der Kirche"*, Interimsbericht der theologischen Kommission über Christus und die Kirche, in: Ökumenische Zentrale in Frankfurt am Main, TCCC 1959.

Berichte der amerikanischen und der europäischen Sektion unter dem Titel »*Christus und die Kirche*«, Berichte der Theologischen Kommission über Christus und die Kirche an die Vierte Weltkonferenz für Glauben und Kirchenverfassung Montreal, Kanada (1963).

RODGER, R./ VISCHER, L.; *Montreal 1963.* Bericht der vierten Weltkonferenz für Glauben und Kirchenverfassung. Montreal, 12.-26. Juli 1963, ÖRK Genf 1963.

Aarhus 1964

Aarhus 1964, Faith and Order Paper 44.

Bristol 1967

GROSCURTH, R. (Hrsg.); *Bristol 1967,* Studienergebnisse der Kommission für Glauben und Kirchenverfassung, Beiheft zur ÖR 7/8, Stuttgart 1967.

New Directions in Faith and Order, Bristol 1967, Faith and Order Paper 50.

Löwen 1971

MÜLLER-FAHRENHOLZ, G. (Hrsg.); *Einheit in der Welt von heute*, Lembeck, Frankfurt, 1978.

RAISER, K. (Hrsg.); *Löwen 1971,* Studienberichte und Dokumente der Kommission für Glauben und Kirchenverfassung, Beiheft zur ÖR 18/19, Stuttgart 1971.

Accra 1974

MÜLLER-FAHRENHOLZ, G.; *Accra 1974*, Sitzung der Kommission für Glauben und Kirchenverfassung, Berichte, Reden, Dokumente, Beiheft zur ÖR Nr. 27, Evang. Missionsverlag GMBH, Korntal bei Stuttgart1975.

Bangalore 1978

MÜLLER-FAHRENHOLZ, G.; *Bangalore 1978*, Beiheft zur ÖR 35, Verlag Otto Lembeck, Frankfurt/M 1979.

Lima 1982

LINK, H.-G. (Hrsg.); *Schritte zur sichtbaren Einheit. Lima 1982.* Sitzung der Kommission für Glauben und Kirchenverfassung. Berichte, Reden, Dokumente. Beiheft zur ÖR 45, Verlag Otto Lembeck, Frankfurt am Main 1983.

Taufe, Eucharistie und Amt, Konvergenzerklärungen der Kommission für Glauben und Kirchenverfassung des Ökumenischen Rates der Kirchen, Verlag Otto Lembeck Frankfurt am Main, Verlag Bonifatius-Druckerei Paderborn, 5. Auflage 1983.

Stavanger 1985

Glaube und Erneuerung Stavanger 1985, Beiheft zur ÖR 55, Faith and Order Papers 131, Otto Lembeck Verlag Frankfurt am Main 1986.

BEST, T.F. (ed.); *Faith and Renewal, Stavanger 1985*; Geneva WCC, 1986.

Budapest 1989

Glauben und Kirchenverfassung 1985-1989, Verlag Otto Lembeck, Frankfurt am Main 1990.

Santiago de Compostela 1993

„Auf dem Weg zur Koinonia im Glauben, Leben und Zeugnis", Ein Diskussionspapier, Glauben und Kirchenverfassung Dokument No. 161, WCC Publications, Genf, April 1993.

GASSMANN, G., HELLER, D. (Hrsg.); Santiago *de Compostela 1993*, Fünfte Weltkonferenz für Glauben und Kirchenverfassung, Beiheft zur ÖR 67, Verlag Otto Lembeck, Frankfurt am Main 1994.

BEST, T. F. & GASSMANN, G. (eds.); *On the Way to Fuller Koinonia*, official Report of Santiago, WCC, 1994.

1.4. Studiendokumente und andere Veröffentlichungen von der Kommission für Glauben und Kirchenverfassung

»The Anguish of Man, the Praise of God and the Repentance of the Church«, in: Study Encounter/68; X/4, 1974, S. 1-8.

VISCHER, L.; *Geist Gottes-Geist Christi*, Ökumenische Überlegungen zur Filioque-Kontroverse. Bericht und Vorträge zweier Tagungen auf Schloß Klingenthal (Frankreich),Beiheft der ÖR 39, Verlag Otto Lembeck, Frankfurt am Main 1981.

LIMOURIS, G. (Hrsg.); *Church, Kingdom, World,* Faith and Order Paper 130. WCC Geneva 1985.

THURIAN, M. (ed.); *Churches respond to BEM,* Official responses to the „Baptism, Eucharist and Ministry text, Vol. 1-6, Faith and Order Papers No. 129, World Council of Churches, Geneva 1986.

LINK, H.G.(Hg.); *Gemeinsam glauben und bekennen*, Verlag Bonifatius, Paderborn 1987.

LINK, H.-G.(Hrsg.); *Ein Gott – ein Herr – ein Geist*, Zur Auslegung des apostolischen Glaubens heute, Beiheft zur ÖR 56, Verlag Otto Lembeck, Frankfurt am Main, 1987.

ÖKUMENISCHER RAT DER KIRCHEN, KOMMISSION FÜR GLAUBEN UND KIRCHENVERFASSUNG; *Die Diskussion über Taufe, Eucharistie und Amt 1982-1990,* Stellungnahmen, Auswirkungen, Weiterarbeit, Verlag Otto Lembeck, Frankfurt am Main, 1990.

KOMMISSION FÜR GLAUBEN UND KIRCHENVERFASSUNG; *Gemeinsam den einen Glauben bekennen.* Eine ökumenische Auslegung des apostolischen Glaubens, wie er im Glaubensbekenntnis von Nizäa-Konstantinopel (381) bekannt wird, Verlag Otto Lembeck, Frankfurt 1991.

KOMMISSION FÜR GLAUBEN UND KIRCHENVERFASSUNG; *Kirche und Welt,* Die Einheit der Kirche und die Erneuerung der menschlichen Gemeinschaft, Lembeck, Frankfurt am Main, 1991.

Teure Einheit. Konsultation von F/O und JPIC, in: ÖR 3/93.

1.5. Dokumente der bilateralen Dialoge

GEMEINSAME RÖMISCH-KATHOLISCHE EVANGELISCH-LUTHERISCHE KOMMISSION: *Einheit vor uns*, Modelle, Formen und Phasen katholisch/lutherischer Kirchengemeinschaft, Verlag Bonifatius-Druckerei Paderborn, Verlag Otto Lembeck, Frankfurt am Main 1985.

MEYER, H., PAPANDREOU, D., URBAN, H.J., VISCHER, L. (Hrsg.); *Dokumente wachsender Übereinstimmung.* Sämtliche Berichte und Konsenstexte interkonfessioneller Gespräche auf Weltebene. Band 1 1931-1982, Lembeck, Bonifatius, Frankfurt am Main und Paderborn 1991, Band 2 1982-1990, Lembeck, Bonifatius, Frankfurt am Main und Paderborn 1992.

1.6. Texte der römisch-katholischen Kirche

LEXIKON FÜR THEOLOGIE UND KIRCHE; *Das Zweite Vatikanische Konzil,* Konstitutionen, Dekrete und Erläuterungen, lateinisch und deutsch, Kommentare, Teil I, II, III, zweite, völlig neu bearbeitete Auflage, Herder Freiburg Basel Wien, 1966, 1967, 1968.

DENZINGER, H.; *Enchiridion symbolorum definitionum et declarationum de rebus fidei et morum.* Kompendium der Glaubensbekenntnisse und kirchlichen Lehrentscheidungen. Lateinisch-Deutsch, hrsg. von HÜNERMANN P., Herder Verlag, Freiburg 1991.

PÄPSTLICHER RAT ZUR FÖRDERUNG DER EINHEIT DER CHRISTEN; *Direktorium zur Ausführung der Prinzipien und Normen über den Ökumenismus,* Verlautbarungen des Apostolischen Stuhls 110, 25. März 1993; Herausgeber: Sekretariat der Deutschen Bischofskonferenz.

JOHANNES PAUL II.; *Tertio millenio adveniente,* Verlautbarungen des Apostolischen Stuhls, Sekretariat der deutschen Bischofskonferenz, Bonn 1994.

2. Sekundärliteratur

AAGAARD, A. M.; *Kirche und Welt*, ÖR 2/1992, S. 145ff.

BARTH, H.-M.; *„Apostolizität" und „Sukzession" in den Konvergenz-Erklärungen von Lima,* in: ÖR 33/1984, S. 352ff.

BERGJAN, S.-P.; *Ecclesiology in Faith and Order Texts*, in: The ecumenical Review, 1/94.

BERKHOF; *Die Wiederaufnahme des Gesprächs mit den „Horizontalisten".* In: ÖR, 19/1970, S. 139ff.

BLAUMEISER, H.; *Martin Luthers Kreuzestheologie*, Bonifatius, 1995.

BONHOEFFER, D.; *Sanctorum Communio*, Trowitzsch & Sohn, Berlin und Frankfurt/Oder, 1930.

BRANDNER, T.: *Einheit – gegeben, verloren, erstrebt*, Denkbewegungen von Glauben und Kirchenverfassung, Vandenhoeck & Ruprecht, Göttingen 1996.

CODA, P.; *Quali prospettive per la teologia trinitaria?*, in: Nuova Umanità XVI novembre-dicembre 1994/6, 96, S. 119-128.

CONGAR, Y.; *Fünfzig Jahre der Suche nach Einheit,* in: ÖR 26/1977, S. 296-285.

DANTINE, J.; *Zur Konvergenzerklärung über Taufe, Eucharistie und Amt*, in: ÖR 32 (1983), S. 17ff.

DEISSMANN, D. A.; *Die Stockholmer Weltkonferenz*, amtlicher deutscher Bericht, Im Furche-Verlag, Berlin 1926.

DESCHNER, J.; *Eine Würdigung der Studie*, in: *Accra 1974*, hrsg. v. MÜLLER-FAHRENHOLZ, Beiheft zur ÖR 27, Stuttgart 1975.

DUCHROW, U.; *Konflikt um die Ökumene*, Christusbekenntnis – in welcher Gestalt der ökumenischen Bewegung?; Chr. Kaiser Verlag, München 1980.

FREITAG, J.; *Geist-Vergessen – Geist-Erinnern.* Vladimir Losskys Pneumatologie als Herausforderung der westlicher Theologie. Würzburg: Echter 1996.

FREITAG, J.; *Vorrang der Universalkirche?, Ecclesia in et ex Ecclesiis – Ecclesiae in et ex Ecclesia?* Zum Streit um den Communio-Charakter der Kirche aus der Sicht einer eucharistischen Ekklesiologie, ÖR 1995, Januar, S. 74-92.

FRIELING, R; *Die Bewegung für Glauben und Kirchenverfassung 1910-1937*, Vandenhoeck & Ruprecht in Göttingen 1970.

FRIELING,R; *Der Weg des ökumenischen Gedankens*, Vandenhoeck & Ruprecht, Göttingen 1992.

GASSMANN, G.; *Glauben und Kirchenverfassung in Budapest,* in: *Glauben und Kirchenverfassung 1985-1989,* Verlag Otto Lembeck, Frankfurt am Main 1990.

GASSMANN, G.; *Glauben und Kirchenverfassung in Stavanger,* in: *Glaube und Erneuerung Stavanger 1985,* Beiheft zur ÖR 55, Faith and Order Paper 131, Verlag Otto Lembeck, Frankfurt am Main 1986.

GASSMANN, G.; *Konzeptionen der Einheit in der Bewegung für Glauben und Kirchenverfassung 1910-1937*; FSÖTh 39, Göttingen 1979.

GASSMANN, G.; *Montreal 1963 – Santiago de Compostela 1993,* in: *Santiago de Compostela 1993*, Fünfte Weltkonferenz für Glauben und Kirchenverfassung, Beiheft zur ÖR 67, Verlag Otto Lembeck, Frankfurt am Main 1994.

GASSMANN, G.; *Stavanger 1985 bis Budapest 1989,* Bericht des Sekretariats, in: *Glauben und Kirchenverfassung 1985-1989,* Verlag Otto Lembeck, Frankfurt am Main 1990.

GRUPPE VON DOMBES; *Für die Umkehr der Kirchen,* Identität und Wandel im Vollzug der Kirchengemeinschaft, Lembeck/Knecht Frankfurt, 1994.

HAVRILAK, G.; *Karl Rahner and the greek Trinity*; in: St. Vladimir Theological Quarterly 1/90; 61-77.

HOUTEPEN, A.; *Auf dem Weg zu einem ökumenischen Kirchenverständnis*. In: Una Sancta 44 (1989), 29-44.

HOUTEPEN, A.; *Wachsende Gemeinschaft, abwartende Kirchen*, in: ÖR 43/1994, S. 2-16.

IBEBUIKE, P. Ch.; *The Eucharist,* The discussion on the Eucharist by the Faith and Order Commission of the World Council of Churches Lausanne 1927 – Lima 1982, Series XXIII Theology Bd. 380, Peter Lang, Frankfurt am Main, Bern, New York, Paris 1989.

ISERLAND, O. (Hrsg.); *Die Kirche Christi*, Grundfragen der Menschenbildung und Weltgestaltung; Verlagsanstalt Benziger & Co. Einsiedeln/Köln 1955.

JEDIN, Hubert; REPGEN, Konrad (Hrsg.): *Handbuch der Kirchengeschichte*, Band I-I-VII, Herder, Freiburg Basel Wien 1962-1979.

JÜNGEL, E.; *Die Kirche als Sakrament?*; ZThK 80, 1983; S. 432-457.

KASPER, W.; *Kirche als Ort der Sündenvergebung*; in: Communio 1/89; S.1-10.

KASPER, W.; *Taufe, Eucharistie und Amt in der gegenwärtigen ökumenischen Diskussion*. Bemerkungen zum Lima-Papier, in: LOTHAR, L.; (Hrsg.), Praesentia Christi, Patmos Verlag, Düsseldorf 1984; S. 293-308.

KEHL, M.; *Die Kirche,* Eine katholische Ekklesiologie, Echter Verlag Würzburg 1992.

Kirche als Communio, Ein Dokument der Glaubenskongregation, in: HK 92, S. 319ff.;

KLEIN, A.; *Im Zeichen der Koinonia*. Die fünfte Weltkonferenz für Glauben und Kirchenverfassung, in: Catholica 47; S. 310ff.

KLEIN, N.; *Koinonia in einer zerrissenen Welt,* in: *Orientierung,* Nr. 17/1993, S. 179-182.

KRÜGER, H., LÖSER, W., MÜLLER-RÖMHELD, W.; *Ökumene Lexikon*, Kirchen, Religionen, Bewegungen, Verlag Otto Lembeck, Verlag Josef Knecht, Frankfurt am Main 1987.

KÜRY, U.; *Die dritte Weltkonferenz für Glauben und Kirchenverfassung in Lund vom 15. bis 29. August 1952*; in: IKZ 43/1953.

LINK, H.-G.; *Auf dem Weg zum gemeinsamen Glauben.* Bemerkungen zum Projekt der Kommission für Glauben und Kirchenverfassung, in: ÖR 33 (1984), S. 495-510.

LÖSER, W.; *Das erste und das dritte Rom-Annäherungen im Dialog,* in: Catholica, S. 42ff.

LÖSER, W.; *Die Gegenwart Jesu Christi und die Apostolizität der Kirche – ein katholischer Beitrag zur Rezeption der Konvergenzerklärung „Das Amt" Lima 1982,* ThPh 59 (1984), S. 381.

LÖSER, W.; *Die Konvergenzerklärung von Lima über die Eucharistie – eine katholische Stellungnahme*, ThPh 60/1985, S. 487f.

LÖSER, W. (Hrsg.); *Die Römisch-Katholische Kirche,* Reihe: Die Kirchen der Welt, Band XX S. 88-97, 331-346, Evangelisches Verlagswerk, Frankfurt am Main 1986.

LÖSER, W., KEHL, M (Hrsg.); *In der Fülle des Glaubens*, Hans Urs von Balthasar-Lesebuch, Herder Verlag, Freiburg 1980.

LÖSER, W.; *Im Geiste des Origenes*, Hans Urs von Balthasar als Interpret der Theologie der Kirchenväter, Josef Knecht Verlag, Frankfurt am Main 1976.

LÖSER, W.; *„Lehrverurteilungen-Kirchentrennend?"*, Überlegungen zu einer kirchlichen Rezeption des Dokuments „Rechtfertigung, Sakramente und Amt im Zeitalter der Reformation und heute" ,in: Catholica 41, S. 177-196.

LÖSER, W.; *Marienlehre und Marienfrömmigkeit in der katholischen Kirche – nach neueren lehramtlichen Verlautbarungen*, in: ÖR 31 (1982), S. 411ff.

LÖSER, W.; *Papst und Konzil im Anglikanisch/Römisch-katholischen Dialog*, in: ThPh 67/1992, S. 413-423.

LÖSER, W.; *Trinitätstheologie heute – offene Fragen,* in: RAHNER , K. (Hrsg.); *Der eine Gott und der dreieine Gott*, Das Gottesverständnis bei Christen, Juden und Muslimen, Verlag Schnell & Steiner, München Zürich 1983. S. 9-27.

LÖSER, W.; *„Universale concretum" als Grundgesetz der oeconomia revelationis,* in: KERN, W., POTTMEYER, H.-J., SECKLER, M. (Hrsg.); *Handbuch der Fundamentaltheologie* 2, Traktat Offenbarung, Herder, Freiburg 1985.

LÖSER, W.; *Verbindliches Lehren in der Katholischen Kirche,* in: Catholica 44, S.187ff.

MARTIN, G. M.; *Hoffnung weltweit*, Verlag Otto Lembeck, Frankfurt/M 1979.

MEEKING, B.; *Die Beziehung zwischen der römisch-katholischen Kirche und dem Ökumenischen Rat der Kirchen,* Die Erfahrungen von 20 Jahren, in: ÖR 27/1978, S. 314-324.

MEYENDORFF, J.; *Einheit der Kirche – Einheit der Menschheit,* in: ÖR 21/1972.

MEYENDORFF, J.; *Zum Eucharistieverständnis der orthodoxen Kirche*; in: Concilium 3/1967; 291 ff.

MEYENDORFF, J.; *Vision of the Church,* Russian theological Thought in modern times, in: St. Vladimir Theological Quarterly 1/90; S. 5-14.

MEYER, H.; *„Einheit in versöhnter Verschiedenheit“ – „konziliare Gemeinschaft“ – „organische Union“*. Gemeinsamkeit und Differenz gegenwärtig diskutierter Einheitskonzeptionen, in: ÖR 27/1978, S.377-400.

MIGUEZ-BONINO, J.; *Stellungnahme zu dem Vortrag "Einheit der Kirche – Einheit der Menschheit"*, in: ÖR 21, 1972.

MIKLUŠCÁK P.; *Einheit in Freiheit,* Subsidiarität in der Kirche als Anliegen des Zweiten Vatikanischen Konzils, in der Reihe: Studien zur Theologie und Praxis 19, Seelsorge/Echter Verlag, Würzburg 1995.

MILIC-LOCHMANN; *Auf dem Weg zu einer ökumenischen Rechenschaft von der Hoffnung*, in: MÜLLER-FAHRENHOLZ; *Bangalore 1978,* S. 43ff.

MOLTMANN, J.; *Neuer Lebensstil,* Schritte zur Gemeinde, Chr. Kaiser Verlag München, 1977.

MOLTMANN, J.; *Welche Einheit?*, Der Dialog zwischen den Traditionen des Ostens und des Westens. In: ÖR 26/1977.

MÜLLER-FAHRENHOLZ, G.; *Heilsgeschichte zwischen Ideologie und Prophetie.* Profile und Kritik heilsgeschichtlicher Theorien in der ökumenischen Bewegung zwischen 1948 und 1968, Freiburg, Basel, Wien 1974.

NISSIOTIS, N.; *Berufen zur Einheit oder Die epikletische Bedeutung der kirchlichen Gemeinschaft*. In: ÖR 26/1977, S. 297f.

NISSIOTIS, N.; *Der pneumatologische Aspekt der Katholizität der Kirche,* in: GROSCOURTH, R. (Hrsg.), *Christliche Einheit,* Forderungen und Folgerungen nach Uppsala, Studien des Ökumenischen Rates Nr. 7., Genf, 1969.

NISSIOTIS, N.; *Die Theologie der Ostkirche im ökumenischen Dialog*. Kirche und Welt in orthodoxer Sicht; Stuttgart 1968.

NISSIOTIS, N.; *Glauben und Kirchenverfassung – eine theologische Konsensus-Gemeinschaft*, in: ÖR 33/1984, S. 322-338.

PANNENBERG, W., LEHMANN, K., (Hrsg.); *Glaubensbekenntnis und Kirchengemeinschaft: Das Modell des Konzils von Konstantinopel (381)*, Herder Verlag, Freiburg 1982.

PANNENBERG, W.; *Die Arbeit von FO im Kontext der ökumenischen Bewegung*, in: ÖR 31/1982, S. 47-59.

PANNENBERG, W.; *Die Bedeutung des Bekenntnisses von Nizäa-Konstantinopel für den ökumenischen Dialog heute*. In: ÖR 31 (1982), S. 129-140.

PANNENBERG, W.; *„Die Hoffnung der Christen und die Einheit der Kirche“*, Bericht über die Sitzung der Kommission für Glauben und Kirchenverfassung vom 15. bis 30. August 1978 in Bangalore/Indien. In: ÖR 27/1978, S. 473ff.

PUTNEY, M. E.; *The Presence and Activity of the Holy Spirit in the Church, in the Studies of the Commission on Faith and Order (1927-1983)*, Pontificia Universitas Gregoriana, facultas theologiae, Romae 1985.

RADANO, J. A.; *Die Fünfte Weltkonferenz für Glauben und Kirchenverfassung. Santiago de Compostela (Spanien), August 1993.* Eine katholische Perspektive. In: Catholica 47, 26ff.

RAISER, K.; *Inkarnation und Kreuz*, Beobachtungen zur Funktion der Christologie im ökumenischen Denken. In: *Als Boten des gekreuzigten Herrn*, Festgabe für Bischof Dr. Dr. Werner Krusche zum 65. Geburtstag, herausgegeben von H. FALCKE, M. ONNASCH, H. SCHULTZE, Evangelische Verlagsanstalt Berlin, 1982, S. 47-67.

RAISER, K.; *Ökumene im Übergang*, Paradigmenwechsel in der ökumenischen Bewegung, Kaiser Taschenbücher, Chr. Kaiser Verlag, München 1989.

RATZINGER, J.; *Zur Lage der Ökumene*, S. 231-244. In: *Perspectives actuelles sur l'oecumenisme.* Sous la direction de JEAN-LOUIS LEUBA, Artel, 1995.

REUMANN, J.; *„Koinonia in der Bibel"*, S. 37f. In: *Santiago de Compostela 1993,* Fünfte Weltkonferenz für Glauben und Kirchenverfassung, Beiheft zur ÖR 67, Verlag Otto Lembeck, Frankfurt am Main 1994.

RITTNER, R. (Hrsg.); *Lima und das reformatorische Proprium*, Lutherisches Verlagshaus Hannover 1984.

SAUCA, Ioan; Santiago de Compostela – Ein wichtiger Schritt auf dem Weg zu umfassender christlicher Koinonia; in: ÖR 1/94; 16.

SCHAEFER, H.; *An einem gemeinsamen Leben mit Christus teilhaben,* in: ÖR 1/94; S. 47ff.

SCHÄFER, R.; *Die Einheit der Kirche im Studiendokument »Den einen Glauben bekennen«,* in: ÖR 38/1 (1989); S. 47-61.

SCHARBERT, J. (Hrsg.); *Eine Kirche – Eine Menschheit*; Stuttgart 1971.

SCHEELE, P.-W.; *Das Studiendokument »Kirche und Welt«*, Eine ökumenische Herausforderung, in: Catholica 47, S. 108ff.

SCHREINER, J., WITTSTADT, K.; *Communio sanctorum*, Einheit der Christen – Einheit der Kirche; Festschrift für Bischof P.W. Scheele; Echter Verlag, Würzburg 1988.

SCHÜTTE, H.; *Auf dem Weg zu einem gemeinsamen Ausdruck des apostolischen Glaubens heute,* in: Catholica 43 (1989); S. 209-230.

SCHÜTTE, H.; *Zum Gedenken einer trinitarischen Entfaltung der Ekklesiologie,* in: Catholica 39; S. 173ff.

SITTLER, J.; *Zur Einheit berufen,* in: LÜPSEN Focko (Hrsg.), *Neu-Delhi Dokumente, Berichte und Reden auf der Weltkonferenz in Neu-Delhi 1961,* Luther-Verlag, Witten, 1962.

SKYDSGAARD, K. E.; *Die Verborgenheit Gottes und die Einheit der Kirche*, in: GROSCOURTH, R. (Hrsg.); *Studien des ÖR Nr. 7, Christliche Einheit, Forderungen und Folgerungen nach Uppsala*, ÖRK Genf 1969, S. 55-67.

SLENCZKA, R.; *Ostkirche und Ökumene*, Vandenhoeck & Ruprecht, Göttingen 1962.

SLENCZKA, R.; *Zeugnis, Dienst, Einheit in orthodoxer Sicht*, in: ÖR 11/1962.

STROTMANN, A.; *»Mein Vater bist du!« (Sir 51, 10)*, Zur Bedeutung der Vaterschaft Gottes in kanonischen und nichtkanonischen frühjüdischen Schriften. Frankfurter Theologische Studien 39. Band, Verlag Josef Knecht, Frankfurt am Main, 1991.

TANNER, M.; *Die Aufgaben der fünften Weltkonferenz für Glauben und Kirchenverfassung im Blick auf die Zukunft,* in: *Santiago de Compostela 1993,* Fünfte Weltkonferenz für Glauben und Kirchenverfassung, Beiheft zur ÖR 67, Verlag Otto Lembeck, Frankfurt am Main 1994.

THURIAN, M. (Hrsg.); *Ökumenische Perspektiven von Taufe, Eucharistie und Amt*, Lembeck/Bonifatius, Frankfurt am Main, 1983.

TORRANCE, Thomas F.; *Trinitarian Perspectives*, T&T Clark, Edinburgh 1994.

TUCCI, R.; *Die ökumenische Bewegung, der Ökumenische Rat der Kirchen und die Römisch-katholische Kirche,* S. 341-351, in: GOODALL, N. (Hrsg.); *Bericht aus Uppsala 1968,* offizieller Bericht über die Vierte Vollversammlung des ÖRK Uppsala 4.-20. Juli 1968, ÖRK Genf 1968.

VISCHER, L..; *Ist das wirklich die „Einheit, die wir suchen"?,* in: ÖR 41, 1992, S. 7-24.

WAGNER, H.; *Ekklesiologische Optionen evangelischer Theologie als mögliche Leitbilder der Ökumene,* S. 124-141. In: *Catholica*, 1993.

IOANNIS VON PERGAMON (ZIZIOULAS); *Die Kirche als Gemeinschaft,* in: *Santiago de Compostela 1993,* Fünfte Weltkonferenz für Glauben und Kirchenverfassung, Beiheft zur ÖR 67, Verlag Otto Lembeck, Frankfurt am Main 1994, S. 95-104.

ZOELLNER, W., STÄHLIN, W. (Hrsg.); *Die Kirche Jesu Christi und das Wort Gottes,* Ein Studienbuch über das Wort Gottes als Lebensgrund und Lebensform der Kirche, Im Furche-Verlag/Berlin 1937.